Mouhanad Khorchide

Scharia – der missverstandene Gott

Mouhanad Khorchide

Scharia –
der missverstandene Gott

Der Weg zu einer modernen
islamischen Ethik

FREIBURG · BASEL · WIEN

Für meinen Sohn Uways Khorchide

 MIX
Papier aus verantwor-
tungsvollen Quellen
FSC® C106847
www.fsc.org

© Verlag Herder GmbH, Freiburg im Breisgau 2013
Alle Rechte vorbehalten
www.herder.de

Satz: Barbara Herrmann, Freiburg
Herstellung: fgb · freiburger graphische betriebe
www.fgb.de

Printed in Germany

ISBN 978-3-451-30911-3

Inhalt

1. Einleitung

Als ich mich im Mai 2013 im Flughafen von Casablanca
einfand, um von einer Tagung, die eine Menge progressiver
muslimischer Intellektueller versammelt hatte, zurück nach
Deutschland zu fliegen, bat mich ein Beamter der Passkontrolle um die Adresse des Hotels, in dem man mich während
meines Marokko-Aufenthaltes untergebracht hatte. Leider
wusste ich den Namen des Hotels nicht. Ich war bei meiner
Ankunft am Flughafen abgeholt und direkt ins Hotel ge-
bracht worden. Und kaum dort angekommen, war ich
schon in intensive Gespräche mit vielen verschiedenen Intel-
lektuellen verwickelt, die ich bis dahin nur aus ihren Büchern und Veröffentlichungen kannte. So ging es das ganze
Wochenende. Ich war so in Anspruch genommen, dass es in
meinem Kopf keinen Platz gab für Dinge wie den Namen
oder die Adresse eines Hotels. Der Beamte der Passkontrolle
war darüber irritiert und bat mich, an die Seite zu treten, bis
der Leiter der Abteilung der Passkontrolle käme.

Kurze Zeit später erschien eine Frau Mitte dreißig, die
sich mir als Leiterin der Passkontrolle vorstellte und mich
nach dem Grund meines Aufenthaltes in Casablanca fragte.
Ich erklärte ihr, dass ich im Vorfeld eingeladen worden war,
an einer Tagung teilzunehmen, die den Titel »Religion und
Kultur im Austausch« trug. Da ich eine Tagungsmappe samt
Programm bei mir trug, zeigte ich ihr die Unterlagen. Ich
hatte bei der Suche nach dem Tagungsprogramm mein
Buch »Islam ist Barmherzigkeit« aus der Tasche heraus-
genommen und hielt es in der Hand. Als sie meinen Namen
auf dem Buch las, fragte sie mich, ob ich ihr den Inhalt des
Buches in einem Satz zusammenfassen könne. Ich antworte-

te ihr, dass dies nicht leicht sei. Ich könne aber so viel zum Buch sagen, dass es mir darum ginge, unsere Beziehung zu Gott kritisch zu reflektieren und statt einer Beziehung basierend auf Angst und Misstrauen bzw. auf Nützlichkeit eine Beziehung basierend auf gegenseitiger Liebe und Wertschätzung aufzubauen.

Kaum hatte ich zu Ende gesprochen, da bat mich die Beamtin ganz aufgeregt, mit ihr beiseite zu gehen, wo man ungestört reden könne. Sie ergriff sofort das Wort: »Ich empfinde Gott gegenüber nur Angst. Ich trage das Kopftuch erst seit einem Jahr. Vorher habe ich auch kaum gebetet. Jetzt bemühe ich mich, regelmäßig zu beten, aber wenn ich an den Tod denke, dann ergreift mich Panik. Gott wird mich sicher für die vielen Jahre, in denen ich kein Kopftuch getragen habe, in der Hölle bestrafen. Ich habe Angst vor Gott. Sie sagen, die Beziehung zu Gott soll auf Liebe basieren. Aber Gott liebt mich nicht. Schauen Sie zum Beispiel meine Kleidung an. Wir müssen hier im Flughafen diese Uniform tragen. Wie Sie sehen, trage ich eine Hose, das ist aber im Islam *haram* (verboten). Sonntags trage ich eine andere Uniform mit einer Kappe. Da sieht man etwas von meinen Haaren. Wie soll Gott mich da überhaupt lieben?! Ich denke öfters, ich sollte zu Hause bleiben und nicht mehr arbeiten, das ist sicher viel besser für meine Religion, aber im Moment brauche ich das Geld.«

Ich antwortete: »Aber genau hier sehe ich das Problem in unserer Beziehung zu Gott. Wir sind Menschen, und wir machen manchmal vielleicht Fehler. Wenn wir unsere Beziehung zu Gott über die Kategorie Angst definieren, dann bleibt unsere Beziehung zu Gott gestört. Wie würden Sie sich als Mutter fühlen, wenn Ihre Kinder zu Ihnen kämen und Ihnen sagten, dass sie Sie nur lieben, weil sie Angst vor Ihnen haben? Wie würden Sie sich fühlen, wenn Sie mitkriegten, dass Ihre Kinder permanent Panik vor der Begegnung mit Ihnen haben? Anstatt dass sie sich freuen, wenn Sie nach Hause kommen, fürchten sie sich davor. Sie wären traurig und würden sich wünschen, Ihre Kinder würden Sie wirklich von Herzen lieben und sich auf die Begegnung mit Ihnen freuen, statt Angst davor zu haben.«

Die Beamtin war einen Moment sprachlos, ihre Augen waren geweitet und es zeichnete sich ein Lächeln auf ihren Lippen und ihrem Gesicht ab. Sie fragte mich nach meiner Boardingzeit. Und sie schlug vor, mich bis zum Gate zu begleiten, um das Gespräch fortsetzen zu können. Es war offensichtlich, dass sie viele Fragen und Gedanken hatte, unter denen sie nur schwer die erste auswählen konnte. Sie begann: »Es leuchtet mir ein, dass unsere Beziehung zu Gott wie die Beziehung zwischen einer Mutter und einem Kind aussehen sollte …«, ich unterbrach: »Sie soll noch inniger sein als die zwischen einer Mutter und ihrem Kind. Der Prophet Muhammad sagte, dass Gott zu uns Menschen noch liebevoller ist als die Mutter zu ihrem Kind.[1] Seine Sorge und Liebe für uns übersteigen die Sorge und die Liebe einer Mutter.« Sie fuhr fort: »Das hört sich sehr schön an, es berührt mein Herz zutiefst, so von Gott zu hören, aber ich höre das zum ersten Mal. Ich liebe Gott, aber ich habe Angst vor ihm, weil ich mich nicht an alles in der Religion halte. Ich muss aber in meiner Arbeit diese Uniform tragen, ich muss überhaupt arbeiten gehen. Schauen Sie meine Hände an, ich trage seit meinem fünfzehnten Lebensjahr regelmäßig Nagellack. Ich lebe so in Sünde, Gott liebt mich sicher nicht, ich habe große Angst vor dem Tod. Ich hoffe, ich schaffe es, irgendwann zur Pilgerfahrt nach Mekka zu fliegen, hoffentlich sterbe ich nicht vorher.« Ich versuchte, ihre Augen für andere Aspekte in der Religion zu öffnen,

---

[1] Überliefert nach *al-Buchārī*, Hadith-Nr. 5569.

die eigentlich viel zentraler sind, als die Frage nach Nagellack oder nach den Haaren.

Ich erinnerte sie an zentrale Tugenden im Islam, wie zum Beispiel Aufrichtigkeit, Ehrlichkeit, Bescheidenheit, Verantwortung usw., und fragte sie: »Merken Sie nicht, dass wir Muslime schnell Schuldgefühle und ein schlechtes Gewissen bekommen, wenn wir gegen etwas verstoßen, was der Koran so gar nicht explizit erwähnt, wie Nagellack, oder Hosentragen, dass wir uns aber kaum Gedanken darüber machen, wenn wir gegen Dinge verstoßen, die explizit im Koran geboten oder verboten wurden? Der Koran sagt zum Beispiel ›Und richtet nach Gerechtigkeit‹[2], er sagt sogar, dass der Einsatz für Gerechtigkeit ein Hauptanliegen der Sendung des Propheten war: ›Wir [Gott] entsandten unsere Gesandten mit klarer Botschaft und schickten mit ihnen das Buch und die Waage herab, auf dass die Menschen Gerechtigkeit üben möchten.‹[3]

Wir Muslime leben in den meisten islamischen Ländern unter diktatorischen Regimen, die nicht nur ungerecht handeln, sondern unsere Länder auch ausbeuten, ethnische und religiöse Minderheiten diskriminieren, sich kaum für die Entwicklung unserer Länder interessieren und nur wenig in Bildung und Forschung investieren, sodass unsere klugen Köpfe systematisch ins ferne Ausland auswandern, wo sie die gebotene Anerkennung finden und die Möglichkeiten, sich zu entfalten. Wer von uns hat dann wegen dieser Zustände ein schlechtes Gewissen und fragt sich nach seinem Beitrag, um diese Situation zu verändern? Aber wegen Nagellack oder Kopftuch haben wir ein schlechtes Gewissen! Ich gebe Ihnen einige Beispiele aus unseren zwischenmensch-

---

[2] Koran 6:152. Alle Koran-Zitate wurden vom Verfasser des Buches aus dem Arabischen mit Rückgriff auf die Koranübersetzung von Milad Karimi übersetzt.
[3] Koran 57:25.

lichen Beziehungen. Der Koran verbietet explizit die üble Nachrede und zählt sie unter die größten Sünden. Er stellt sie gleich mit dem Essen eines toten Mitmenschen: ›Und führt nicht üble Nachrede übereinander! Würde einer von euch das Fleisch eines toten Menschen essen? Gewiss würdet ihr es verabscheuen. So fürchtet Gott!‹[4] Es ist in unserem Alltag allerdings so, dass üble Nachrede zu einem zentralen Bestandteil der Gespräche und Mitteilungen etwa in Facebook und Twitter geworden ist. Niemand entwickelt deswegen ein ähnlich schlechtes Gewissen bzw. ein Gefühl der Angst vor Gott. In derselben Sure verbietet der Koran explizit, sich über jemanden lustig zu machen und sich auf Vermutungen zu verlassen, um Urteile über Menschen und Sachverhalte zu fällen: ›Ihr, die ihr glaubt, vermeidet viele von den Vermutungen! Denn manche Vermutung ist Sünde. Und spioniert einander nicht aus.‹[5] Wem ist bewusst, dass es sich bei diesen und vielen ähnlichen Dingen, die unsere zwischenmenschlichen Beziehungen betreffen, um göttliche Gebote handelt, die einen zentralen Stellenwert im Islam haben? Wem ist bewusst, dass das Einhalten dieser Gebote die Religiosität eines Muslims definiert?

Ich kenne viele Muslime, die penibel darauf achten, dass bloß keine Gelatine im Essen enthalten ist. Es gibt so viele kontroverse Diskussionen zu dieser Thematik, und die theologisch stärkere Position sagt, dass Gelatine nicht verboten ist, da sich die Anteile an Schwein, die in die Bearbeitung eingehen soweit in ihren Eigenschaften verwandelt haben, dass der Verzehr unbedenklich ist. Ich kenne aber kaum einen Muslim, der so penibel darauf achtet, kein schlechtes Wort über andere zu verlieren oder nur nicht durch ein Wort, ein Zeichen oder eine Geste in irgendeiner Weise zu

---

[4] Koran 49:12.
[5] Ebd.

verletzen. Schauen Sie sich an, was unser Prophet gesagt hat: ›Wenn drei Menschen untereinander sind, dann dürfen zwei von Ihnen nicht miteinander flüstern und den dritten ausschließen.‹[6] Niemand soll verletzt werden durch das Gefühl, ausgeschlossen zu sein. Und genau auf diese Dinge kommt es an. Sein Umgang mit diesen Dingen zeugt von der Größe eines Menschen. Das ist Religion, und das ist Religiosität. Unser Prophet sagte: ›Jeder Mensch schuldet für jeden Knochen seines Körpers Dankbarkeit. Jeden Tag, an dem er zwischen zwei streitenden Menschen vermittelt, liegt Dankbarkeit vor; wenn er einem Menschen hilft, auf sein Reittier zu steigen, oder ihm hilft, seine Taschen auf das Reittier zu laden, liegt Dankbarkeit vor; und das schöne Wort ist Ausdruck von Dankbarkeit und in jedem Schritt zum Gebet liegt Dankbarkeit, und das Beseitigen von Schädlichem von der Straße ist ebenfalls Ausdruck von Dankbarkeit.‹[7] Sie merken, der Prophet hat nicht mit dem Gebet begonnen, sondern mit lebensnahen Aspekten, von denen Menschen in ihrem Alltag betroffen sind. Das Gebet ist einer von mehreren Aspekten, die Ausdruck von Dankbarkeit sind, für das, was dem Menschen alles gegeben wurde.

In unserem Bewusstsein ist es so, dass wir einen Muslim nur dann als einen praktizierenden Muslim bezeichnen, wenn er das rituelle Gebet verrichtet bzw. im Ramadan fastet. Niemand würde auf die Idee kommen, einen Muslim, der zwar regelmäßig betet und fastet, jedoch üble Nachrede betreibt, als nichtpraktizierend zu bezeichnen. Niemand würde einen Muslim, der sich an das Ritual des Betens und Fastens hält, jedoch überheblich ist, als nichtpraktizierend bezeichnen. Dabei heißt es im Koran: ›Und schreite nicht einher auf der Erde überheblich! Du kannst nicht die Erde

---

[6] Überliefert nach *Ahmad*, Musnad, Hadith-Nr. 4525.
[7] Überliefert nach *al-Buchārī*, Hadith-Nr. 2827.

durchdringen und du kannst die Berge an Höhe nicht erreichen. All dieses Schlimme ist verhasst bei deinem Herrn.«[8]
Und genau hier liegt unser Problem, wir reduzieren den Islam
auf einige Elemente, manche davon gehören in der Tat zum
Islam, wie das Gebet und das Fasten, und manche nicht, wie
Diskussionen um Nagellack oder Piercing. Wir blenden zugleich sehr viele andere Elemente aus, die zentral sind, und
dementsprechend ist unser islamisches Bewusstsein geprägt.
Deshalb haben wir Schuldgefühle, wenn es um Nagellack
oder Gelatine geht, jedoch kaum, wenn es um Ungerechtigkeit oder unfreundliche zwischenmenschliche Gesten geht.«

Die Beamtin hörte meiner langen Ausführung sehr interessiert zu. Leider mussten wir das Gespräch abbrechen.
Ich musste an Bord meines Flugzeugs. Sie bedankte sich
ganz herzlich und sagte mir beim Abschied, dass sie nun
vorhabe, sich mit dem Islam und dem Koran zu beschäftigen. Sie habe das Gefühl, es gebe sehr viel über den Islam
zu erfahren, was sie bis jetzt nicht gewusst habe bzw. es
gebe vieles in ihrem Kopf über den Islam, das ihr nicht ermöglicht habe, diese Religion wirklich zu verstehen. So ver-
abschiedete sie sich mit den Worten: »Ich muss erst einmal
meinen Kopf von vielem befreien, was ich bislang für den
Kern des Islams gehalten habe, was aber offensichtlich,
wenn ich all das höre, was Sie mir erzählt haben, nicht unbedingt den Kern des Islams ausmacht.«

Ich wollte dieses Buch zum Thema Scharia mit der Erzählung dieser Begegnung am Flughafen von Casablanca
beginnen, um dem Leser etwas von der Innenwelt eines
durchschnittlichen Muslims[9] mitzuteilen. Die Flughafen-
beamtin fürchtet sich die ganze Zeit vor Gott und ist voller

---

[8] Koran 17:37–38.
[9] Der Lesbarkeit halber verwende ich die Maskulinform »Muslim« bzw.
»Muslime« als Bezeichnung für beide Geschlechter.

Schuldgefühle, weil sie das Kopftuch erst seit einem Jahr trägt, weil sie Nagellack trägt, weil sie eine Hose trägt, weil sonntags durch eine andere Uniform die Haare nicht völlig bedeckt sind usw. Sie überlegt gar, mit der Arbeit aufzuhören, um als fromme Muslimin leben zu können, braucht aber das Geld dringend und nimmt daher die Schuldgefühle in Kauf, aber auch die Angst vorm Sterben, die Angst vor Gott und vor seiner Strafe. Für die Beamtin war ich als Theologe eine gewisse Autorität, der sie ihre inneren Ängste anvertrauen konnte.

Eigentlich kennt der Koran so etwas wie religiöse Autoritäten gar nicht. Er spricht von den klassifizierten Wissenden: »So fragt die Leute des Wissens, wenn ihr nicht wisst!«[10] Es ist also eine Frage des Wissens und nicht der religiösen Autorität bzw. Macht. Was mich jedoch zu einer Autorität in den Augen dieser Dame gemacht hat, sind zwei wesentliche Elemente: Bei dem ersten Element handelt es sich um eine gewissermaßen selbstverantwortete emotionale Unterdrückung, da sie sich stark einbildete, Gott liebe sie nicht bzw. er warte mit einer Strafe auf sie. Gelehrte jedoch seien religiöser als andere Menschen, weshalb sie in der Lage seien, für Gott zu sprechen und Menschen entweder Angst zu machen oder sie zu beruhigen. In mir sah sie eine Art Sprecher für Gott, sie versuchte zu entschuldigen, warum sie sich an das eine oder andere Gebot nicht hält und hoffte unbewusst, ich würde diese Entschuldigung an Gott weiterleiten und sie dann von ihren Ängsten erlösen. Und so wurde aus mir eine Autorität, die stellvertretend für Gott spricht. Das zweite Element, das die Konstruktion einer religiösen Autorität unterstützt, liegt im Verständnis vieler Muslime vom Islam selbst. Denn wenn der Islam und vor allem der Weg zur ewigen Glückseligkeit über juristische

---

[10] Koran 16:43.

Kategorien definiert werden, dann brauchen wir Muslime Juristen, die uns genau sagen, was erlaubt und was verboten ist. Wir sind auf klar definierte juristische Aussagen angewiesen, um zur Gottesgemeinschaft, also zur ewigen Glückseligkeit zu gelangen. Und so fragte mich die Dame, ob es sehr schlimm sei, wenn sie bei der Arbeit eine Hose trage. Sie überbewertete mich als Theologen noch einmal und machte aus mir eine religiöse Autorität, die die Kompetenz besitzt, stellvertretend für Gott zu sprechen und zu formulieren, was Gott genau und wie haben will.

Zusätzlich zu der selbstverantworteten emotionalen Unterdrückung kommt nun eine selbst auferlegte Bevormundung. Und genau diese beiden Aspekte verhindern die Entwicklung einer selbstverantwortlichen und aufrichtigen persönlichen Beziehung zu Gott. Denn wenn man seine Beziehung zu Gott über juristische Kategorien definiert, braucht man zwangsläufig einen Juristen, der einen über die Urteile Gottes aufklärt. Dann ist es aber vorbei mit einer direkten persönlichen Beziehung zu Gott. Nun ist der Jurist dazwischen. Er spricht für und anstelle von Gott. Gott spricht nicht mehr. Der Muslim setzt sich nicht mehr mit Gott auseinander, sondern mit dem Juristen bzw. mit seinen Aussagen und Urteilen. Eine noch fatalere Folge wäre, dass auch die Juristen bestimmen, was moralisch vertretbar ist und was nicht. Moral wird von außen aufgesetzt. Moralisches Handeln ist demnach nichts anderes als die Befolgung von Instruktionen, die die Juristen ausarbeiten und bestimmen. Auch wenn sich die Juristen dabei auf den Koran bzw. auf die prophetische Tradition (Sunna) stützen, letztendlich interpretieren sie diese Texte. Und so kommen sie zu ihren Aussagen und Urteilen.

Es ist keine Frage, dass diese Interpretations- und Ableitungsarbeit notwendig und hilfreich ist, das ist nicht das Problem. Das Problem beginnt erst, wenn aus den For-

schungsergebnissen und Meinungen dieser Gelehrten und
Juristen autoritäre Texte werden, die zum Teil mehr Ge-
wicht und Aufmerksamkeit erhalten als der Koran selbst.
Dem Muslim werden diese Ergebnisse und Meinungen als
letzte göttliche Wahrheiten präsentiert, die er unhinterfragt
hinnehmen muss. Und so werden die Gelehrten und Juristen
zu Göttern. Dazu sagt der Koran: »Genommen haben sie
sich ihre Gelehrten und Mönche zu Göttern außer Gott.
Und den Messias, den Sohn der Maria. Und doch war ihnen
befohlen zu dienen dem Gott, dem Einzigen. Kein Gott außer Ihm. Preis Ihm, über das, was sie neben Ihn stellen! Sie
wollen Gottes Licht mit ihrem Mund auslöschen, aber Gott
will nichts anderes, als sein Licht zu vollenden, auch wenn
dies den Leugnern nicht gefällt.«[11] Diese koranische Kritik
richtet sich an Juden und Christen, die ihren Gelehrten unhinterfragt gehorcht haben. Doch wenn der Koran diese
Kritik ausübt, dann keineswegs, um Juden oder Christen zu
diskreditieren, sondern damit Muslime sich angesprochen
fühlen, um ihre Lehren daraus zu ziehen. Solche Verse lediglich als Kritik am Judentum und am Christentum zu verstehen, reduziert ihren Sinngehalt. Der Prophet Muhammad
kommentierte diesen Vers aus der neunten Sure wie folgt:
»Die Juden und Christen haben ihre Gelehrten und Mönche
nicht direkt angebetet, vielmehr haben sie sich das erlaubt,
was ihre Gelehrten ihnen erlaubt haben und sich das verboten, was ihre Gelehrten ihnen verboten haben.«[12] Der
koranische Vers bezeichnet diese unhinterfragte Hinnahme
von Gelehrtenurteilen über Erlaubtes und Verbotenes als
»Beigesellung« (arab.: *Schirk*) und spricht vom Auslöschen
des göttlichen Lichtes. Denn Gott leuchtet nicht wie eine
Lichtquelle, er leuchtet im Herzen des Menschen. Der

[11] Koran 9:31–32.
[12] Überliefert nach *at-Tirmidhī*, Hadith-Nr. 3039.

Koran spricht das Herz des Menschen an. Das will er läutern, darin sieht er eine Erkenntnisquelle für das Schöne, Menschliche, Emotionale, Empathische, Zuvorkommende, aber auch für das Spirituelle: »Wahrlich, nicht die Augen erblinden, sondern die Herzen in der Brust.«[13]

Das Herz zu läutern ist keine primär intellektuelle Aufgabe, sondern vielmehr eine emotionale und spirituelle. Ein juristisches Verständnis vom Islam blendet die Arbeit an der Läuterung des Herzens aus. Das Herz soll in die Lage versetzt werden, das Schöne, das Menschliche zu erkennen und von Unschönem, Unmenschlichem zu unterscheiden. Wenn Religiosität aber als Befolgung von juristischen Aussagen definiert wird, rückt nicht nur das Herz in den Hintergrund, sondern auch die Freiheit des Menschen und damit eine aufrichtige moralische Haltung, in der Moralität von Innen als Selbstverpflichtung bestimmt wird. Wenn gutes Handeln fremdbestimmt ist, wenn ich also zum Beispiel jemandem helfe, weil mir dies vorgeschrieben wurde, habe ich keine innere Haltung. Ich helfe, weil ich helfen muss, nicht weil ich helfen will.

Der Islam will, dass der Mensch hart an sich arbeitet, bis er das Gute um des Guten willen verrichtet. Dieses Verständnis vermeidet eine Reduktion des Islams auf juristische Aspekte. Muslime sollten sich an erster Stelle Sorgen über ihre innere Vollkommenheit machen und nicht primär über Fragen des Erlaubten und Verbotenen von Nagellack, Kopftuch, Piercing, Gelatine usw. Die Verwendung von Nagellack sagt nichts über die Religiosität einer Frau, ein Bart sagt nichts über die Religiosität eines Mannes, das Tragen eines Kopftuches sagt genauso wenig über die Religiosität einer Frau, wie das Tragen einer »Galabeya« statt einer Hose etwas über die Religiosität eines Mannes aussagt. Die

---

[13] Koran 22:46.

Reinheit des Herzens des Menschen sagt jedoch sehr viel über seine Religiosität und über seine Beziehung zu Gott aus. Gott sagt im Koran bezüglich des Jenseits und des ewigen Lebens in Glückseligkeit: »An dem Tag werden weder Geld noch Kinder helfen, erfolgreich sein wird der, der mit einem gesunden Herzen zu Gott kommt.«[14]

Über kaum einen Begriff wurde in den letzten Jahren und wird noch immer so kontrovers diskutiert, wie über den Begriff »Scharia«. Der Begriff Scharia bedeutet im Arabischen »der Weg zur Quelle«. Auf den Islam übertragen bedeutet Scharia »der Weg zu Gott«. Welcher Weg führt aber zu Gott? Im vorliegenden Buch möchte ich ein neues Verständnis von Scharia darlegen: Scharia nicht als Schema, das die Gott-Mensch-Beziehung über juristische Kategorien definiert, sondern als Beschreibung eines Weges zu Gott, als ein Weg des Herzens, der nah an der koranischen Vorstellung ist. Das Praktizieren des Islams beginnt mit dem Praktizieren des Herzens.

In meinem Buch »Islam ist Barmherzigkeit« ging es mir darum, die Gott-Mensch-Beziehung im Islam zu reflektieren und zu hinterfragen: Werden wir Muslime Gott und den Menschen wirklich gerecht? Im Schlusswort habe ich eine Aufforderung an eine islamische Theologie formuliert, die »sowohl Gott als auch dem Menschen gerecht werden will«[15]. Diese »muss Gott und auch den Menschen ernst nehmen. Gott ernst zu nehmen heißt, sich vertrauensvoll in die Hände Gottes fallen zu lassen und sich auf die Suche nach seiner Nähe zu begeben. Damit diese Suche aufrichtig ist, muss sie frei sein: frei von allen dogmatischen Hindernissen und frei von ideologischer Verblendung. Davor warnt

---

[14] Koran 26:88–89.
[15] *Mouhanad Khorchide*, Islam ist Barmherzigkeit. Grundzüge einer modernen Religion, Freiburg 2012, S. 215.

der Koran mit Nachdruck: ›Sollen Wir euch sagen, wer die richtigen Verlierer sind? Das sind jene, deren Bemühungen im diesseitigen Leben verfehlt sind, während sie meinen, sie täten Gutes. Das sind jene, die die Zeichen ihres Herrn nicht ernst nehmen.‹[16] Eine islamische Theologie, die Gott ernst nimmt, muss den Menschen ernst nehmen. Der Mensch ist Gott wichtig, und deshalb muss dieser Mensch im Zentrum der islamischen Theologie stehen. Diese Theologie muss das Ziel haben, dem Menschen einen Zugang zu Gott zu verschaffen. Sie kann dies nicht, wenn sie dem Menschen lediglich einen Katalog an Geboten und Verboten präsentiert und ihm das Bild eines repressiven Gottes vermittelt.«[17]

An diese Überlegungen möchte ich in meinem neuen Buch anknüpfen und einen Entwurf vorlegen, wie ein Verständnis von Scharia aussehen kann, das sowohl Gott als auch dem Menschen gerecht wird und Scharia nicht auf juristische Gesichtspunkte reduziert. Viele Muslime verbinden Scharia mit göttlichen Gesetzen und meinen, zu Gott eben über das Einhalten von Gesetzen zu finden, und viele Nichtmuslime assoziieren Scharia ebenfalls mit Gesetzen, allerdings mit menschenfeindlichen Gesetzen, Körperstrafen etwa oder frauendiskriminierenden Maßnahmen. Gott selbst lädt die Menschen in seine Gegenwart ein und stellt nur eine Bedingung dafür auf: das gesunde Herz. Religion auf juristische Maßnahmen zu reduzieren, bedeutet weniger Arbeit am Herzen und mehr Befolgung von Gesetzen. Manche argumentieren damit, dass Gesetze wichtig für die Bewahrung gesellschaftlicher Ordnung seien. Es ist keine Frage, dass es auch ein Anliegen des Islams ist, eine funktionierende Gesellschaftsordnung zu etablieren, sodass Rahmenbedingungen für den Menschen geschaffen sind, um

---

[16] Koran 18:103–105.
[17] *Khorchide* 2012, S. 215.

sich und sein Inneres konstruktiv zu entfalten. Der Islam
beschreibt allgemeine Prinzipien, wie Gerechtigkeit oder
Gleichheit, sagt jedoch nicht, wie und durch welche konkreten Maßnahmen dafür gesorgt werden kann. Letzteres
ist nicht mehr Aufgabe von Religionen. Eine Gesellschaftsordnung basierend auf Gerechtigkeit, Gleichheit, Freiheit,
Bewahrung der Menschenwürde und sozialer Verantwortlichkeit ist kein Selbstzweck. Scharia richtig verstanden zielt
letztendlich darauf, den Weg des Menschen zu Gott zu beschreiben. Es ist der Weg des Herzens. Er bedarf der harten
Arbeit am eigenen Inneren. Diese Arbeit wird begünstigt,
wenn bestimmte gesellschaftliche Rahmenbedingungen gegeben sind. Wenn zum Beispiel in einer Gesellschaft weniger Armut herrscht, haben die Menschen mehr Raum, um
sich mit ihrem Inneren auseinanderzusetzen, anstatt sich
und ihre Kräfte bei der Befriedigung von Grundbedürfnis-
sen zu verbrauchen. Andererseits spiegelt eine konstruktiv
funktionierende Gesellschaftsordnung, in der Gerechtigkeit
und Menschenwürde oberste Maximen sind, das Innere der
Menschen dieser Gesellschaft wieder. Und so stehen die beiden Aspekte – die Arbeit am Inneren und die Arbeit an der
Herstellung einer gerechten Gesellschaftsordnung – kom-
plementär zueinander. Beide sind zwei Seiten der Scharia-
Medaille. Daher geht es, wenn von Scharia die Rede ist,
um eine Wechselwirkung zwischen der Läuterung des
menschlichen Herzens und der Bewahrung von Gerechtigkeit und Menschenwürde in einer Gesellschaft.

Die fünf Säulen und die sechs Glaubenssätze des Islams
sind konstituierende Elemente des Islams, aber auch der Religiosität des Muslims, allerdings nur dann, wenn sie das
Herz ergreifen und nicht lediglich als äußere Form zum Ausdruck kommen. Daher gehe ich im zweiten Kapitel auf die
fünf Säulen und die sechs Glaubenssätze des Islams als Wegbegleiter des Muslims auf der Reise zur Gottesgemeinschaft

ein. Mir geht es dabei nicht um die juristischen Regelungen, die man in einer Einführung über den Islam nachlesen kann, sondern um die Frage, wie das Herz von religiösen Ritualen und Glaubenssätzen ergriffen werden kann. Nach einer kurzen Erläuterung zum Begriff Scharia im dritten Kapitel stelle ich im vierten Kapitel die Quellen und die wichtigsten traditionellen Methoden der Ableitung von religiösen Normen vor. Mir ist dabei wichtig, auf Methoden einzugehen, die die Lebenswirklichkeit der Menschen als Ausgangspunkt der Überlegungen, Normen im Sinne einer gerechten Gesellschaftsordnung abzuleiten, würdigen. Das fünfte Kapitel ist ein Exkurs zum Thema Salafismus, in dem exemplarisch gezeigt wird, wie viel Intoleranz und Gewaltpotentiale eine falsch verstandene Scharia in sich trägt. Eine Kernthese dieses Buches wird im sechsten Kapitel entfaltet: Scharia als der Weg zu Gott ist der Weg des Herzens. Dieser beginnt mit der Selbsterkenntnis. Das Buch wird mit einem Resümee abgerundet, in dem unterstrichen wird, dass Scharia als Ansammlung von Gesetzen, die unhinterfragt zu befolgen sind, weder Gott noch dem Menschen gerecht werden kann, da Gott seine Beziehung zum Menschen als dialogische Beziehung gestalten möchte und keineswegs als bevormundendes restriktives Verhältnis.

Ich sehe dieses Buch als Fortsetzung meines Buches »Islam ist Barmherzigkeit« und Teil eines größeren Projekts mit dem Ziel, einen Beitrag zur Etablierung eines islamischen Diskurses zu leisten, in dem Gott und Mensch als Kooperationspartner Seite an Seite stehen, um gemeinsam an der Verwirklichung von Gottes Intention nach Liebe und Barmherzigkeit zu arbeiten. Ein »Ja« zu Gottes Liebe und Barmherzigkeit bedeutet zugleich ein »Ja« zur Würde, zur Vernunft, zur Freiheit, zur Verantwortlichkeit und zur Einzigartigkeit eines jeden Menschen als edelsten Geschöpf Gottes.

Das Buch richtet sich sowohl an Muslime als auch Nichtmuslime und möchte auf eine einfache und auch für Laien
verständliche Weise ein Angebot machen, Scharia jenseits
eines juristischen Verständnisses neu zu reflektieren.

2. Der Islam ist mehr als fünf Säulen und sechs Glaubenssätze

Im Jahre 2011 wurde auf Empfehlung des deutschen Wissenschaftsrats der Prozess der Einführung und Etablierung der islamischen Theologie an mehreren deutschen Universitäten in Gang gesetzt. Mit »islamischer Theologie« wird die bekenntnisorientierte Erforschung des Islams bezeichnet. Anders als bei der Islamwissenschaft steht bei der islamischen Theologie die normative Auseinandersetzung mit dem Islam im Vordergrund. Die islamische Theologie erforscht den Islam primär aus einer Innenperspektive, während die Islamwissenschaft dies aus einer Außenperspektive tut. Da es sich um bekenntnisorientierte Studiengänge handelt, wurden an den Universitäten, an denen islamische Theologie eingeführt wurde, islamische Beiräte eingerichtet, die ähnliche Aufgaben wahrnehmen sollen wie die großen christlichen Kirchen. Diese haben ein Vetorecht bei der Berufung von Professorinnen und Professoren und bei der Einführung von Lehrplänen für die bekenntnisorientierten Studiengänge. Die Beiräte dürfen allerdings – ähnlich wie bei den großen christlichen Kirchen – ein Veto ausschließlich aus religiösen Gründen einlegen. Die große Herausforderung für die muslimischen Beiräte ist, diese religiösen Gründe zu definieren. Es ergibt sich dabei die ernste Frage, was ein Muslim tun muss, um als Muslim zu gelten, bzw. wer nicht als Muslim bzw. als schlechter Muslim gelten soll und daher keine Professur für das bekenntnisorientierte Fach bekleiden darf. Im Zuge dieser Diskussion habe ich mehrfach von Muslimen die Aussage gehört: »Es kommt auf das Fünf mal Sechs an.« Die Formel »Fünf mal Sechs« bezeichnet die sogenannten fünf Säulen und die sechs Glaubensgrundsätze des Islams.

Unter den fünf Säulen des Islams versteht man: 1. das Aussprechen des Glaubensbekenntnisses (arab. *Schahāda*): »Ich bezeuge, dass es keine andere Gottheit außer dem einen Gott gibt und ich bezeuge, dass Muhammad der Gesandte Gottes ist«; 2. das Verrichten des rituellen Gebets (*Salāt*); 3. das Fasten im Monat Ramadan (*Saum*); 4. das Entrichten der sozialen Abgabe (*Zakāt*) und 5. die Pilgerfahrt nach Mekka (*Hadsch*). Die Bezeichnung »Säule« beruht auf einem bekannten Ausspruch des Propheten Muhammad, in dem er den Islam mit einem Gebäude verglichen hat: »Der Islam steht auf fünf Säulen (…)«[1], die er dann in der Folge aufzählt.

Mit den sechs Glaubenssätzen ist gemeint: der Glaube an Gott, die Engel, Gottes Offenbarungen (gemeint ist nicht nur der Koran, sondern auch andere Schriften, wie zum Beispiel die Thora und die Bibel), die Gesandten Gottes, die Wiederauferstehung und das göttliche Schicksal.

So gut wie jedes muslimische Kind kann diese fünf Säulen und sechs Glaubenssätze aufzählen. Das Aufzählen dieser Elemente ist allerdings eine kognitive Leistung des Gehirns und sagt über den Glauben eines Menschen nichts aus. Auch ein Nichtmuslim kann sie auswendig lernen und einwandfrei wiedergeben. Auch das Sprechen der Worte »Ich glaube an …« vor der Aufzählung der Glaubenssätze sagt erst einmal nichts über die Religiosität eines Menschen aus, auch wenn er wirklich meint, daran zu glauben. Was heißt das genau, an Gott, an die Engel, an die Bücher usw. zu glauben? Das Reduzieren des Muslimseins auf die Aufzählung der fünf Säulen und auf das Bezeugen der sechs Glaubenssätze höhlt den Islam inhaltlich aus. Eine lediglich mechanische Ausübung der in den fünf Säulen verankerten Handlungen höhlt ihn ebenfalls aus.

---

[1] Überliefert nach *Muslim*, Hadith-Nr. 16.

Bevor ich auf andere zentrale Gehalte des Islams eingehe, möchte ich das Angebot machen, die fünf Säulen des Islams und die Glaubenssätze zu reflektieren und mit der Lebenswirklichkeit des Menschen hier und jetzt in Beziehung zu bringen. Denn was nutzt das Bekenntnis, selbst wenn es aus innerer Überzeugung kommt, dass man an die Existenz von Engeln oder von früheren Propheten oder Schriften glaubt, wenn diese Glaubenssätze nicht ihren Ausdruck im Leben des Menschen finden? Die Frage, die sich ein Muslim stellen sollte, lautet: Warum glaube ich an die fünf Säulen und warum bezeuge ich die sechs Glaubenssätze des Islams? »Weil es so geschrieben steht?«, »Weil Gott dies so will?« Doch warum steht es so geschrieben? Warum will Gott dies so? Erst wenn der Lebensbezug der Säulen und Glaubenssätze hergestellt wird, wird Religion langsam einen echten Platz im Leben des Muslims einnehmen. Und ich sage langsam, weil es sich dabei um einen lebenslangen Prozess handelt. Es ist kein Moment, in dem sich Glaube vollzieht, nötig ist das lebenslange Reflektieren und Arbeiten an der Einbindung des Glaubens in das Leben. Ein Muslim ist ein Muslim, nicht nur während er betet oder fastet bzw. wenn er in der Moschee sitzt, sondern auch wenn er an seinem Arbeitsplatz ist, wenn er in seiner Schule ist, wenn er läuft, wenn er schläft, wenn er isst, wenn er denkt, wenn er spricht, wenn er Entscheidungen trifft usw.

Was heißt das aber konkret? Der Prophet Muhammad hat dies erläutert, indem er folgende Stufen des Glaubens unterschieden hat: »Islam ist, dass du bezeugst, dass es keine Gottheit gibt außer Gott, und dass Muhammad der Gesandte Gottes ist, dass du das Gebet verrichtest, die Sozialabgabe entrichtest, im Ramadan fastest und nach Mekka pilgerst, wenn es dir möglich ist. *Imān* (Glaube) bedeutet: Du sollst an Gott glauben, an seine Engel, seine Bücher, seine Propheten, und an den Letzten Tag, und an die Göttliche

Vorsehung, sei sie nun gut oder schlecht. *Ihsān* (gütig) ist solch ein Zustand, als ob du Gott sähest, und wenn du Ihn auch nicht siehst, so sieht Er doch dich.«[2] Hier stellt der Prophet Muhammad den Islam stufenweise vor und gibt zu verstehen, dass man sich nicht mit einer Aufzählung von Glaubenssätzen zufriedengeben soll, diese sind kein Selbstzweck. Die Stufe, die ein Muslim anstreben soll, ist *Ihsān*. Das ist die Stufe, auf der der Mensch so aufrichtig und gütig lebt, als würde er Gott immer vor sich sehen. Das ist der Zustand, in dem das Herz nur das Gute kennt, mit dem Guten und für das Gute lebt.

Muhammad ging es nie um eine formalistische Anwendung des Glaubens, sondern um das Bezeugen des Glaubens durch seinen Charakter und sein Handeln. Muslim zu sein, heißt letztendlich, Gott in jeder Lebenssituation vor Augen zu haben und entsprechend zu handeln. Ein Muslim empfindet bei jedem Atemzug die reine und alleserfüllende Liebe zu Gott. Sie ist Teil seines Seins und durchdringt Herz und Seele. Diese große Liebe will er nicht enttäuschen, er will ihr imponieren, er will sie stolz auf sich machen, sie auch würdigen und ihr die ihr gebührende Anerkennung und Verehrung sowohl in seinen Worten als auch Handlungen zeigen. Gott vor Augen zu haben, heißt weiter, dass der Mensch bevor er etwas sagt, bevor er handelt, bevor er eine Entscheidung trifft, bevor er denkt, bevor er geht oder kommt, dass er vorher überlegt und hinterfragt, ob jedes Wort, jede Handlung, jede Entscheidung, jeder Gedanke, jeder Schritt, jede Geste, jeder Atemzug von Liebe und Barmherzigkeit zeugt.

Gott vor Augen zu haben bedeutet, ein permanentes Medium der Verwirklichung von Gottes Liebe und Barmherzigkeit hier und jetzt auf Erden sein zu wollen. Der Pro-

---

[2] Überliefert nach *Muslim*, Hadith-Nr. 12.

phet Muhammad hatte keinen anderen Auftrag als diesen:
»Wir haben dich lediglich als Barmherzigkeit für alle Welten
entsandt.«[3]

2.1 Die fünf Säulen des Islams

2.1.1 Das islamische Glaubensbekenntnis

Das islamische Glaubensbekenntnis ist in erster Linie ein
Bekenntnis zur Befreiung von jeglicher Bevormundung und
somit ein Bekenntnis zur Befreiung von allem, was unseren
freien Blick einschränkt und uns abhängig macht. Denn es
lautet nicht: »Ich bezeuge, dass es nur einen Gott gibt«, sondern »dass es keine andere Gottheit gibt, außer dem einen
Gott«. Es beginnt mit einer Negation. Es geht an erster Stelle darum, sich von allem zu befreien, was einen geistig, so-
zial oder politisch bevormundet. Die Haltung: »Ich bete
neben Gott keine Götzen an, deshalb bin ich ein praktizierender Monotheist«, ist zu wenig, denn Götzen in dem Sinne, wie sie im siebten Jahrhundert auf der arabischen Halbinsel angebetet wurden, gibt es heute kaum mehr. Es gibt
aber wohl viele andere Erscheinungsformen der »Beigesellung« (arab. *Schirk*), also der Anbetung anderer Dinge
neben Gott. Die uns heute bekannteste Form dieser Beigesellung ist die im Koran angesprochene geistige Bevormundung, die unseren freien Blick einschränkt. Diese kann
zum Beispiel in Form von Anbetung von Menschen, die
glauben, für Gott und in seinem Namen zu sprechen, vorkommen: »Genommen haben sie sich ihre Gelehrten und
Mönche zu Göttern außer Gott. (...) Und doch war ihnen
befohlen zu dienen dem Gott, dem Einzigen. Kein Gott

---

[3] Koran 21:107.

außer Ihm. Preis Ihm, über das, was sie neben Ihn stellen! Sie wollen Gottes Licht mit ihrem Mund auslöschen, aber Gott will nichts anderes, als sein Licht zu vollenden, auch wenn dies den Leugnern nicht gefällt«[4]; die Beigesellung kann aber auch in Form der Befolgung egoistischer Motive und Gelüste vorkommen. In diesem Zusammenhang spricht der Koran von der Anbetung des Teufels, der im Koran symbolisch für alles Böse steht: »Habe ich (Gott) euch nicht verpflichtet, o ihr Kinder Adams, dem Satan nicht zu dienen – er ist euch ein offenkundiger Feind –, sondern mir zu dienen? Das ist der gerade Weg. Und doch hat er irregehen lassen viele von den Geschöpfen. Hattet ihr keinen Verstand?«[5] Der Koran fragt hier, ob ein Mensch, der sich bevormunden lässt und sich dem ausliefert, was ihm über Gott erzählt wird, bzw. sich seinem Ego sowie dem Bösen ausliefert, wie Hochmut, Rache, Machtbestreben, Eitelkeit, Gier, Egoismus, Neid, Hass usw., ob dieser Mensch überhaupt Verstand hat. Die Vernunft ist der Garant gegen die Falle der Beigesellung. Diese Einschränkung unseres freien Blicks, die der Koran als Beigesellung bezeichnet, ist Ausdruck selbstverschuldeter Bevormundung und Verblendung. Deshalb spricht der Koran davon, dass die wahren Verlierer diejenigen sind, die sich selbst verloren haben.[6] Die Befreiung davon liegt nicht in der Außenwelt, sondern im Inneren des Menschen. Und genau mit diesem Prozess der inneren Befreiung beginnt die Verwirklichung des islamischen Glaubensbekenntnisses. Wir können mit anderen Worten sagen, dass der Mensch nicht lange nach Gott suchen braucht. Er braucht jedoch lange, bis er sich von dem befreit, was ihn daran

---

[4] Koran 9:31–32.
[5] Koran 36:60–62.
[6] Vgl. Koran 39:15 und 42:45.

hindert, Gott zu erkennen und ihm zu begegnen. Sobald er
sich von allem befreit, was ihn bevormundet und verblendet, erkennt er Gott. Gott ist hier, nur der Mensch muss
die Augen öffnen. Und was ist Gott? Gott ist die Barmherzigkeit. Wer nach Güte und Barmherzigkeit sucht, sucht
nach Gott; wer Güte und Barmherzigkeit anstrebt, strebt
Gott an; wer Güte und Barmherzigkeit erkennt, hat Gott
erkannt. Und so kann jeder in Erfahrung bringen, ob
Gott in seinem Herzen angekommen ist oder noch nicht.

Leider hat sich eine Art bevormundende Tradition im Islam etabliert, die die Gestaltung des religiösen Lebens von
dem abhängig macht, was die eine oder andere religiöse Autorität bestimmt. Ich verwende hier den Begriff »religiöse
Autorität« absichtlich, auch wenn er dem Geist des Korans
völlig widerspricht. Der Koran bezeichnet, wie schon erwähnt, den blinden Gehorsam gegenüber religiösen Autoritäten als eine Form von Beigesellung. Der Koran zielt darauf, die Menschen darin zu unterstützen, den Islam als freie
und mündige Gläubige auszuüben, statt seinen Lebensentwurf in religiöser Hinsicht an Dritte zu delegieren, also einfach blind zu folgen. Wer dies tut, darf von sich nicht behaupten, ein reiner Monotheist zu sein, auch wenn er keine
Götzen im engeren Sinne anbetet. Daher sagt der Koran:
»Gott vergibt nicht die Beigesellung, vergibt aber alles andere.«[7] Beigesellung bedeutet die Abhängigkeit des Menschen
und seine Bevormundung sowie seine Verblendung, also das
Scheitern des Projekts Mensch, des edelsten Geschöpfs
Gottes, das in und zur Freiheit erschaffen wurde. Das Glau-
bensbekenntnis impliziert, dass der Mensch »nein« zu jeder
Form von Bevormundung sagen soll. Die Gott-Mensch-
Beziehung als eine juristische Beziehung aufzufassen, in der
Gott dem Menschen Gesetze offenbart hat, die er unhinter-

---

[7] Koran 4:48 und 4:116.

fragt befolgen muss, ist Ausdruck geistiger Bevormundung und reproduziert diese.

Ein Beispiel: Im Jahre 2012 wurde auf dem ägyptischen Sender »An-Nahar« ein ausführliches Gespräch mit einem Gelehrten namens Muhammad ʿAbd al-Muʿtī al-Hittū ausgestrahlt.[8] Al-Hittū schlägt in diesem Interview eine praktische Lösung für muslimische Frauen vor, die kein Kopftuch tragen können oder wollen, um sie von dem Verstoß gegen das Kopftuchgebot zu befreien: »Da das Kopftuch im Islam für Sklavinnen kein Gebot ist, könnten Frauen statt einen Heiratsvertrag mit ihren Männern einzugehen, einen Eigentumsvertrag schließen. Und dann können sie beruhigt, ohne schlechtes Gewissen vor Gott, ohne Kopftuch auf die Straße gehen.« Die Moderatorin fragte ihn darauf: »Laut dem islamischen Recht reicht die Blöße einer Sklavin vom Bauchnabel bis zum Knie. Wenn ich einen Eigentumsvertrag mit meinem Mann eingehe, darf ich also dann auf die Straße mit offener Brust gehen und lediglich eine kurze Hose bis zum Knie tragen?« Al-Hittū antwortete: »Ja, natürlich! Wenn die Gesellschaft dies als Verstoß gegen eine verbreitete Sitte sieht, dann ist das nicht Ihr Problem, vor Gott begehen Sie auf jeden Fall keine Sünde.« Die Moderatorin fragte aufgeregt weiter: »Und warum soll dann eine normale Frau Kopftuch tragen, nicht aber eine Sklavin? Ist die Sklavin nicht auch ein vollwürdiges Wesen, wie die Nichtsklavin?« Seine Antwort: »Ich frage meinen Gott nicht warum. Wenn er sagt: ›Mach das so!‹, dann gilt es zu gehorchen. Wir dürfen Gott nicht fragen, warum. Wir gehorchen und führen aus, was er uns sagt. Ich will den Zuschauern sagen, wir sollten Respekt vor Gott haben und seine Entscheidungen nicht hinterfragen. Es wäre eine Respektlosigkeit gegenüber Gott, etwas abzuschaffen, was Gott verkündet hat.« Dabei

---

[8] https://www.youtube.com/watch?v=HQ88qJ7uvQU (19. Juni 2013).

bezog er sich auf den prophetischen Hadith, wonach die Blöße einer Sklavin der des Mannes entspricht, sie reicht vom Bauchnabel bis zum Knie.[9] Gegen Ende des Gesprächs wurde die Moderatorin sehr wütend: »Also was ist nun der Unterschied zwischen einem Heiratsvertrag und einem Eigentumsvertrag, geht es nur um das Kopftuch?! Ich verstehe nicht, warum durch den Heiratsvertrag das Kopftuchgebot aufrecht bleibt und durch den Eigentumsvertrag nicht?!« Al-Hittūs Antwort war: »Frag deinen Gott, nicht mich, er will das so!«

Dieses Beispiel veranschaulicht das Dilemma, das nur dann entsteht, wenn sich der Mensch bevormunden lässt und auf seine geistige Freiheit verzichtet, denn so entstehen Autoritäten, die aus uns Sklaven im engsten Sinne des Wortes machen wollen. Und dies alles im Namen des Islams, im Namen der peniblen Befolgung des Korans selbst und der prophetischen Tradition, im Namen der Frömmigkeit. Nun mag es sein, dass jemand gegen dieses Beispiel mit der Sklaverei einen Einwand vorbringt dergestalt, ich würde übertreiben, Sklaverei gäbe es nicht mehr, und die Meinung von al-Hittū sei eine Minderheitenposition, die in der islamischen Welt kaum auf Akzeptanz stieße. Tatsächlich: Es gibt in den islamischen Ländern glücklicherweise keine Sklaverei mehr. Koranische Aussagen zum erlaubten Geschlechtsverkehr mit einer unbestimmten Zahl von Sklavinnen, wie: »Wohl ergeht es den Gläubigen, die in ihren Gebeten Demut üben und die sich vom schlechten Gerede abwenden und die Armenspende entrichten und ihre Scham wahren, außer bei ihren Frauen oder denen, die sie besitzen, da sind sie nicht zu tadeln. Die aber, die darüber hinaus begehren, begehen Übertretung«[10], werden heute von der

---

[9] *Al-Bayhaqī*, As-Sunan al-kubrā, Beirut 2003, Band 2, S. 320.
[10] Koran 23:1–7.

Mehrheit der Muslime in ihrem historischen Kontext ver-
ortet und keineswegs wortwörtlich verstanden und ins Hier
und Heute übertragen. Auch die Aussagen der traditionellen
muslimischen Gelehrten, wonach die als Kriegsbeute gewon-
nenen Frauen als Sklavinnen gelten, werden heute von der
Mehrheit der Muslime in ihrem historischen Kontext ver-
ortet und nicht als gültige Regelung für heutige Gesellschaften angesehen. Mir geht es hier nicht um das Thema Sklaverei, mir geht es auch nicht darum aufzuzeigen, welche
Maßnahmen der Koran eingeführt hat, um die Sklaverei sukzessive abzuschaffen und das Freikaufen von Sklaven als islamisches Gebot zu verankern, für das großer Lohn bei Gott
zu erwarten ist. Mir geht es darum aufzuzeigen, dass man
dort, wo man den Koran in einigen seiner juristischen Äuße-
rungen wortwörtlich versteht und auf einer wortwörtlichen
Übertragung dieser juristischen Maßnahmen beharrt, den
koranischen Text zu einer bevormundenden Autorität
macht, die, anstatt, was eigentlich der Koran intendiert, ver-
nünftige Lösungen für gesellschaftliche Probleme zu liefern,
diese verkompliziert. Der Koran wird als Barmherzigkeit[11],
als Rechtleitung[12], als Licht[13], als Ermahnung[14], als Weisheit[15], als Segen[16] u. a. bezeichnet, aber nicht als heilig im
Sinne von absolut und unreflektierbar. Heilig ist nur Gott.

Der Koran gibt nicht auf alles direkte und endgültige Antworten, sondern appelliert mehrfach an den Menschen, seinen Verstand einzusetzen, um den Geist des Korans in seine
Lebenswirklichkeit umzusetzen. Ein wortwörtliches Verständnis einiger Aussagen läuft Gefahr, dem koranischen

---

[11] Koran 31:3.
[12] Koran 2:2.
[13] Koran 4:174.
[14] Koran 21:50.
[15] Koran 43:4.
[16] Koran 38:29.

Geist entgegenzuwirken. Im Namen einer frommen Haltung wird der Koran so konterkariert. Es reicht also nicht, eine gute Absicht zu haben. Erst die Kombination von guter Absicht und kritischer Vernunft macht es möglich, dem Koran gerecht zu werden. Wenn der Koran Maßnahmen zur Befreiung von Sklaven einführt[17] und keine einzige Maßnahme zur Gewinnung neuer Sklaven beschreibt, dann lässt dies erkennen, worauf er hinauswill, nämlich die stufenweise strukturelle Veränderung einer Gesellschaft durch das Abschaffen von Sklaverei. Dies erkennt jedoch nur die Lesart des Korans, die nach seinem Geist fragt und sich nicht von einem wortwörtlichen Verständnis bevormunden lässt. »Beigesellung« (*Schirk*) kann also im Kopf eines Menschen stattfinden, indem er die ihm von Gott verliehene Vernunft, mit der er den Geist des Korans verstehen kann, zugunsten des Scheinbaren, also des gelesenen statt des verstandenen Wortes ausschaltet. Auch wenn die Augen das Geschriebene erkennen und der Mensch es wiedergeben kann, ist er dann verblendet: »Es sind nicht die Augen, die erblinden, sondern die Herzen.«[18] So verliert sich der Mensch selbst im Namen des Guten: »Sag: ›Sollen Wir euch die kundtun, die Verlierer sind ob ihrer Werke, die, deren Bemühung verfehlt ist im diesseitigen Leben, während sie meinen, sie täten Gutes?«[19]

Muslimische Fundamentalisten beharren auf einem wortwörtlichen Verständnis des Korans und der prophetischen Tradition (*Sunna*). Daher ist es nicht weiter verwunderlich, dass es ausgerechnet diese Fundamentalisten waren, die sich beispielsweise in Ägypten gegen den Aufstand, der gegen das diktatorische Regime von Hosni Mubarak gerichtet war, stellten. Sie argumentierten mit Textstellen aus dem

---

[17] Vgl. Koran 24:33, 4:92 und 58:3.
[18] Koran 22:46.
[19] Koran 18:103–104.

Koran, wie: »O ihr, die ihr glaubt, gehorcht Gott und gehorcht dem Gesandten und denen unter euch, die gebieten!«[20] Und aus der Sunna, wie die Antwort des Propheten
auf die Frage eines seiner Gefährten, wie dieser mit ungerechten Anführern umgehen solle: »Du gehorchst, auch
wenn er deinen Rücken schlägt und dein Geld ausbeutet.«[21]
Abgesehen davon, dass solche Aussagen, die dem Propheten
Muhammad zugeschrieben werden, offensichtlich im Sinne
späterer politischer Mächte erfunden sind, auch wenn sie in
vom sunnitischen Islam als kanonisch geltenden Sammlungen vorkommen, wird bei dem wortwörtlichen Verständnis
nicht nach dem Geist des Korans gefragt, also nach den
Aussagen hinter den Buchstaben, sondern werden die Buchstaben und Worte als heilig angesehen und sie an Gottes
Stelle angebetet, was zwangsläufig zur Beigesellung führt.
Sein Leben alleine auf Gott auszurichten setzt die Befreiung
des Menschen von jeder Form der Bevormundung voraus,
auch von der Bevormundung des Textes.

Der koranische Text selbst verlangt an zahlreichen Stellen nach einem nachdenklichen und reflektierenden Geist.
Man kann die Worte hören, sehen und wiedergeben, das
heißt aber nicht, dass man sie verstanden hat: »Und unter
den Menschen sind welche, die dir [Muhammad] zuhören.
Lässt du die Tauben hören, obwohl sie nicht verstehen?!
Und unter ihnen sind welche, die dich anschauen. Leitest
du recht die Blinden, obwohl sie nicht sehen?! Wahrlich,
Gott tut den Menschen nichts Übles, sondern die Menschen
tun sich selbst Übles.«[22] Es ist der Mensch, der sich selbst im
Wege steht, indem er meint, alles richtig zu sehen und zu
verstehen: »Und seid nicht wie jene, die sagen: ›Wir hören‹,

---

[20] Koran 4:59.
[21] Überliefert nach *al-Buchārī*, Hadith-Nr. 7084 und nach *Muslim*, Hadith-Nr. 1847.
[22] Koran 10:42–44.

und sie hören nicht. Die schlimmsten Tiere sind bei Gott die Tauben, Stummen, die keinen Verstand haben.«[23] Und: »Die Leugner gleichen einem Tier, das Laute von sich gibt, das allein auf Zu- und Anruf hört ohne etwas zu verstehen. Taub, stumm und blind: Sie haben keinen Verstand.«[24] Weiter heißt es: »Oder meinst du, dass die meisten von ihnen hörten oder verstünden? Sie sind wie das Vieh, nein, sie sind abgeglitten vom Weg.«[25]

Anders als die ägyptischen Salafisten befürworteten die ägyptischen Muslimbrüder die Absetzung von Hosni Mubarak mit dem Argument, die Scharia, also das islamische Recht, einführen zu wollen. Sie sind schnell gescheitert, da ein breiter Teil des Volkes erkannt hat, dass die Muslimbrüder lediglich eigene Machtinteressen verfolgen. Die Rede von Scharia hat anfangs die Emotionen der Massen bewegt, die erwartet haben, endlich soziale und politische Gerechtigkeit genießen zu können. Solche Bewegungen wie die der Muslimbrüder erwarten von ihren Anhängern eine totale Hingabe an die Vorgaben der Bewegung, die als ideale islamische Ziele propagiert werden. Dies bringt die Gefahr mit sich, dass nicht islamische Maximen wie Gerechtigkeit für alle sowie soziale und politische Befreiung angestrebt werden, sondern lediglich die Interessen der eigenen Gruppierung. Das Volk wird in Anhänger und Gegner gespalten. Die eigenen Anhänger werden als Anhänger des Islams identifiziert, was impliziert, dass die politische Opposition nicht nur als solche gesehen wird, sondern auch als unislamisch. Solche Art der Hingabe einer Gruppierung schränkt die eigene freie Sicht ein und verblendet den Menschen. Daher

---

[23] Koran 8:21–22.
[24] Koran 2:171.
[25] Koran 25:44.

ist sie auch eine Form der Beigesellung, von der sich der Muslim befreien soll.

Der zweite Teil des islamischen Glaubensbekenntnisses bezeugt, dass Muhammad der Gesandte Gottes ist. Während der erste Teil des Glaubensbekenntnisses die Befreiung von jeglicher Bevormundung bedeutet, als Voraussetzung, um sein Leben ausschließlich auf Gott hin auszurichten, bezeugt der zweite Teil, dass der islamische Weg zu Gott durch den Gesandten Muhammad nicht nur verkündet, sondern auch vorbildlich gelebt und bezeugt wurde. Daher sagt der Koran über Muhammad: »Wir haben dich lediglich als Barmherzigkeit für alle Welten entsandt«[26] und bezeugt: »Ja, du bist von gewaltigem edlem Charakter.«[27] Dass Muhammad die koranische Botschaft zu einer lebendigen Wirklichkeit gemacht hat, impliziert, dass jeder, der sich zu diesem Zeugnis bekennt, den Anspruch an sich selbst stellen sollte, ebenfalls eine lebendige Wirklichkeit des Korans zu sein, als hätte Gott auch zu ihm gesagt: »Du bist da als Barmherzigkeit für alle Welten.« An Muhammad zu glauben heißt demnach, danach zu streben, die göttliche Liebe und Barmherzigkeit Wirklichkeit werden zu lassen. Mit einem Lippenbekenntnis Muhammad als Gesandten Gottes zu bezeugen, erfüllt nicht den Anspruch des islamischen Glaubensbekenntnisses. Wer sich nicht einsetzt, göttliche Liebe und Barmherzigkeit zu erfahrbarer Wirklichkeit zu machen, der wird dem islamischen Glaubensbekenntnis nicht gerecht.

Bedauerlicherweise reduzieren manche Muslime den Vorbildcharakter des Propheten Muhammad auf unbedeutende Äußerlichkeiten, wie seine Kleidung, seinen Bart, seine Ess- oder Schlafgewohnheiten. Dem Koran geht es jedoch um den Kern und nicht die Fassade: »Wahrlich, ihr

---

[26] Koran 21:107.
[27] Koran 68:4.

habt an dem Gesandten Gottes ein schönes Vorbild, für jeden, der sein Leben auf Gott hin ausrichtet und den Jüngsten Tag erwartet, und gedenkt Gottes viel.«[28] Muhammad
ist Vorbild im Bezeugen göttlicher Liebe und Barmherzigkeit und genau darauf kommt es an, wenn man den Propheten nachahmen will. Dabei muss beachtet werden, dass jede
Lesart des Lebens und Wirkens Muhammads, die im Widerspruch zur koranischen Maxime: »Wir haben dich lediglich
als Barmherzigkeit für alle Welten entsandt«[29] steht, verworfen werden muss.

2.1.2 Das rituelle Gebet

Warum betet ein Muslim fünf Mal am Tag? Warum betet
ein Muslim überhaupt? Eine typische Antwort auf diese
Fragen lautet: »Weil ein Muslim beten muss, weil Gott das
Gebet vorgeschrieben hat.« Warum hat Gott aber das Gebet
vorgeschrieben? Was will Gott damit? Gott ist vollkommen.
Ob Menschen zu ihm beten oder nicht, ändert nichts an seiner Vollkommenheit. Es geht Gott nicht darum, dass er verherrlicht werden will. Man darf Gott nicht unterstellen, er
wäre darauf angewiesen, angebetet zu werden. Dennoch
will Gott, dass Menschen zu ihm beten. Er will dies, weil
der Liebende auf die Erwiderung seiner Liebe wartet; weil
der Liebende die Nähe des Geliebten sucht. So sagt Gott
im Koran zu seinem Liebling, dem Propheten Muhammad:
»Wirf dich nieder und nahe dich!«[30] In diesem Ruf an Muhammad ist ein Ruf an jeden Menschen. Gott wartet auf jeden Menschen und lädt jeden Menschen zu sich ein. Er wartet auf eine Antwort, auf ein Wort, auf ein Zeichen, das an

---

[28] Koran 33:21.
[29] Koran 21:107.
[30] Koran 96:19.

ihn gerichtet ist, auf einen Schritt: »Und wenn der Mensch sich mir um eine Handspanne nähert, nähere Ich mich ihm um eine Armlänge. Und wenn er sich mir um eine Armlänge nähert, nähere Ich mich ihm um zwei Armlängen. Und wenn er zu mir gehend kommt, komme Ich zu ihm laufend.«[31] Gott will seine Liebe nicht für sich selbst behalten, er wollte diese immer teilen. Daher sucht er nach Mitliebenden. Den ersten Schritt hat er getan, indem er uns aus seiner bedingungslosen Liebe und Barmherzigkeit erschaffen hat: »Wenn ihr euch abwendet, dann wird Gott Menschen bringen, die er liebt und die ihn lieben.«[32]

Schon oft habe ich von Muslimen gehört: »Ich warte so sehnsüchtig auf das Paradies. Dort gibt es keine Pflichten mehr, keine Gebote und keine Verbote. Dort müssen wir nicht mehr beten oder fasten …« Das Paradies wird als Erlösung vom Gebet gesehen. Man hat nicht gelernt, das Gebet zu schmecken, das Schöne am Gebet zu erfahren. Das Gebet hat das Herz nicht berührt. Das bedeutet auch, dass Gott nicht im Herzen angekommen ist. Das Herz wird nicht von Gott berührt, die Distanz zu Gott ist groß. Der Koran spricht von versiegelten Herzen, die nicht hören oder verstehen können[33]: »Doch dann verhärteten sich eure Herzen und glichen den Felsen oder Härterem. Denn es gibt manche Felsen, aus denen Bäche hervorbrechen, und es gibt unter ihnen auch andere, die sich spalten und aus denen Wasser herausfließt.«[34] Die Gläubigen sind hingegen »die: wenn gedacht wird Gottes, erweichen sich ihre Herzen, und wenn ihnen seine Zeichen vorgetragen werden, vermehrt es ihren Glauben, und die auf ihren Herrn vertrauen«.[35]

---

[31] Überliefert nach *al-Buchārī*, Hadith-Nr. 7098.
[32] Koran 5:54.
[33] Vgl. Koran 7:100.
[34] Koran 2:74.
[35] Koran 8:2.

Das Gebet bietet die Möglichkeit, sich zurückzuziehen und sich auf Gott zu konzentrieren, für ein paar Momente die Zweisamkeit mit Gott ungestört zu genießen, sich in die Hände Gottes fallen zu lassen, alles um sich auszuschalten und einfach das Herz sprechen zu lassen. Der Mensch soll überlegen und sich fragen: »Wenn ich direkt vor Gott sitzen würde und tief in seinen Geist schauen würde, was würde ich ihm dann sagen wollen, was habe ich auf dem Herzen?« Es ist der Moment, in dem die Liebe entflammt, der Moment, in dem das Herz mit jeder seiner Fasern in die Unendlichkeit schreien will: »Ich liebe dich!«; der Moment, in dem alles stehen bleibt und nur das Herz zu sprudeln beginnt; der Moment, in dem eine unendliche Liebe Raum und Zeit aufhebt. Man will sich nicht mehr von diesem Moment trennen und so bleibt nur eine Möglichkeit offen: diesen Moment der unendlichen Liebe mit ins Leben zu nehmen und ihn in jedem Augenblick des Lebens zu entfalten. Wenn der Koran zum Gebet sagt: »Und verrichte das Gebet, das Gebet hält fern von Verwerflichem«[36], dann ist gemeint, dass das Gebet seinen Ausdruck im Charakter und im Handeln des Menschen findet. Weder Gott noch der Mensch haben etwas davon, wenn das Hauptmotiv des Betens die Pflichterfüllung ist: »Ich bete, weil ich beten muss.« Daher sagte der Prophet Muhammad: »Wen sein Gebet von Üblem und Verwerflichem nicht fernhält, der entfernt sich nur noch mehr von Gott.«[37]

Das Beten als Pflichterfüllung ist bestenfalls eine Stufe auf dem Weg zum Gebet aus einer inneren Sehnsucht nach Gott. Der Mensch darf sich nicht damit zufriedengeben, im Gebet eine Pflicht oder sogar Last zu sehen, die man hinter

---

[36] Koran 29:45.
[37] Überliefert nach *at-Tabarānī*, Al-Muʿdscham al-kabīr, Hadith Nr. 10869.

sich bringen muss, um eine eventuelle göttliche Strafe zu vermeiden bzw. kein schlechtes Gewissen zu haben. Wenn das Gebet in seiner Schönheit das Herz erobert hat, dann wird es zu einem Erlebnis, das man für nichts in der Welt hergeben möchte, dann wird nicht die Pflicht das Motiv zum Beten, sondern die innere Sehnsucht. Der Prophet Muhammad beschreibt diesen Zustand: »Meine höchste Liebe ist im Gebet.«[38]

2.1.3 Das Fasten im Monat Ramadan

Wieso verlangt eigentlich ein Gott, der den Menschen mit körperlichen Bedürfnissen erschaffen hat, dass er diese Bedürfnisse für einen ganzen Monat auf Sparflamme herunterdreht? Was hat Gott davon und was hat der Mensch davon?

Der Koran bringt das Gebot zum Fasten in Zusammenhang mit der Frömmigkeit: »Ihr Gläubigen! Euch wurde das Fasten vorgeschrieben, wie es den Menschen vor euch vorgeschrieben war, damit ihr fromm werdet.«[39] Man fragt sich dennoch: Wieso soll das Unterdrücken einiger körperlicher Bedürfnisse zur Frömmigkeit führen? Der Prophet Muhammad sagte, »Frömmigkeit ist hier«, und zeigte dabei auf sein Herz; dies wiederholte er drei Mal.[40] Das Herz ist so etwas wie der Motor des Menschen. Von Dschaʿfar as-Sādiq (699/700 oder 702/703–765), der als Gründer der nach ihm benannten schiitischen Rechtsschule gilt, ist Folgendes überliefert: »Du dachtest, Dinge könnten einzig mittels der Sinne wahrgenommen werden. Lass dir gesagt sein, dass die Sinne dich nicht direkt zu den Dingen führen, und wir kennen die Dinge nur durch den Weg des Herzens. So-

---

[38] Überliefert nach *an-Nasāʾī*, Hadith-Nr. 3939.
[39] Koran 2:183.
[40] Überliefert nach *Ahmad*, Hadith-Nr. 16208.

mit ist es das Herz, das unsere Sinne führt und den Sinnen die Dinge präsentiert (…) Das Herz reflektiert mit Hilfe des Verstandes, den es besitzt (…) Sinne sehen und hören durch das Herz. Sollte es den Sinnen befehlen, gehorchen sie. Sollte es sie aufhalten, stoppen sie. Auch Freud und Leid befallen den Menschen durch das Herz und lassen es ihn ertragen. Wenn die Sinne versagen und schlecht werden, funktioniert das Herz weiter; aber mit dem Verfall des Herzens verschwinden alle Sinne – der Mensch sieht nicht, noch hört er.«[41] Dscha'far as-Sādiq erinnert hier an das Herz als Erkenntnisquelle im Sinne der koranischen Aussage: »Es sind nicht die Augen, die erblinden, sondern die Herzen.«[42] Daher sagte der Prophet Muhammad: »Es gibt einen Teil in unserem Körper, dessen Gesundheit bedeutet, dass auch der Rest des Körpers gesund ist, und dessen Krankheit bedeutet, dass auch der Rest des Körpers krank ist. Es ist das Herz.«[43] Gemeint ist hier nicht die physische, sondern die seelische und spirituelle Gesundheit, die Ausdruck findet in der inneren Ausgeglichenheit, im Charakter und im Handeln des Menschen.

Beim Gebot des Fastens geht es Gott keineswegs nur darum, dass der Mensch lediglich von Sonnenaufgang bis Sonnenuntergang einfach nichts isst, trinkt und sich des Geschlechtsverkehrs enthält. Vielmehr soll sich dem Menschen durch diese Enthaltung die Möglichkeit eröffnen, sich mit seinem Inneren auseinanderzusetzen sowie über seine Beziehung zu Gott, zu dessen Schöpfung und zu sich selbst kritisch zu reflektieren. Ziel des Fastens ist also nicht die Distanzierung von den körperlichen Bedürfnissen; das

---

[41] *Dscha'far as-Sādiq*, in: *Al-Muhāsibī*, Bihār al-Anwār, Band 3, Beirut 1983, S. 159.
[42] Koran 22:46.
[43] Überliefert nach *al-Buchārī*, Hadith-Nr. 51.

ist lediglich der erste Schritt auf dem Weg zum eigentlichen Fasten: dem Fasten des Herzens.

Al-Ghazālī (1055–1111) unterscheidet daher zwischen dem Fasten der Laien (arab. ʿAwām), dem Fasten der Besonderen bzw. der Auserwählten (Chawās) und dem Fasten der Besonderen unter den Besonderen bzw. der Auserwählten unter den Auserwählten (Achass al-Chawās).[44] Das Fasten der Laien beschränkt sich auf äußere Aspekte: Das heißt, nicht zu essen, zu trinken und keinen Geschlechtsverkehr zu haben. Das Fasten der Auserwählten ist darüber hinaus ein Enthaltsamsein der Ohren, der Augen, der Zunge, der Hand, des Fußes und anderer Organe von der Sünde. Das Fasten der Auserwählten unter den Auserwählten ist über diese Stufen des Fastens hinaus das eigentlich Anzustrebende: das Fasten des Herzens. Dies geschieht, wenn das Herz an Gott gebunden ist, von göttlicher Liebe und Barmherzigkeit ergriffen und erfüllt ist. Das Herz ist dann frei von allen negativen Emotionen, wie Hass, Neid, Gier, Hochmut usw., es erkennt das Gute in den Dingen und ist immer im Einsatz für das Gute. Die Distanz zu seinen körperlichen Bedürfnissen ist nur die erste Etappe des Fastens, um die Reise in die Tiefen seines »Ichs« anzutreten. Mit dem Fasten der Auserwählten, wie al-Ghazālī es nennt, ist konkret gemeint »das Zügeln der Zunge vor Gerede, Lügen, übler Nachrede, Verleumdung, Schimpfen, Streit und Einschmeicheln«[45]. Er zitiert den Propheten: »Fünf Dinge machen das Fasten ungültig: Lügen, üble Nachrede, Verleumdung, falsche Zeugenschaft und der lüsterne Blick zu einer fremden Person.«[46] Al-Ghazālī zählt zum Fasten der Auserwählten dann weiter das Zügeln der Ohren vor dem Vernehmen übler Nachrede

---

[44] *Al-Ghazālī*, Ihyā' ʿulūm ad-dīn, Indonesien 1957, Band 1, S. 235.
[45] Ebd., Band 1, S. 235.
[46] Ebd.

bzw. Verleumdung und zitiert den prophetischen Ausspruch:
»Derjenige, der üble Nachrede betreibt und der Zuhörer, beide sind Partner in der Sünde.«[47] Al-Ghazālī spricht auch vom
Verzicht der Hände und Füße auf Übergriffe. Er kritisiert
weiter, »dass bestimmte Speisen nur im Ramadan zubereitet
und gegessen werden, wobei Sinn des Fastens ist, durch das
Hungern und Dursten, das Ego auf den Boden zu bringen
(…), daher sollte man am Abend nur sein gewohntes Abend-
essen zu sich nehmen, ohne dass man das, was man tagsüber
versäumt hat, nachholt«.[48] Ohne diese Aspekte des Fastens
zu berücksichtigen, ist das Fasten lediglich eine körperliche
Betätigung, von der niemand etwas hat. Daher zitiert al-Ghazālī den Ausspruch des Propheten: »So viele Fastende haben
nichts von ihrem Fasten außer Hunger und Durst.«[49]

Der Prophet Muhammad sagte: »Wenn der Fastende Lügen, unaufrichtiges, oder unverantwortliches Handeln nicht
unterlässt, braucht Gott nicht von ihm, dass er auf sein Essen und Trinken [beim Fasten] verzichtet.«[50] Letztendlich
will der Islam, dass die Verpflichtung zum Guten keine äu-
ßerliche mehr ist, sondern aus dem Innern des Menschen
kommt, also eine Selbstverpflichtung ist. Der Wächter
muss im Herzen sein: »Nicht ein Wort sagt der Mensch,
ohne dass neben ihm ein Wächter wäre.«[51]

Wer das Fasten auf eine körperliche Enthaltung reduziert, ist wie derjenige, der das Beten auf eine körperliche
Betätigung reduziert. Viele Muslime argumentieren damit,
dass das Fasten Verständnis für die Armen lehren soll, die

---

[47] Ebd., S. 236.
[48] Ebd.
[49] Ebd.
[50] Überliefert nach *Ahmad*, Hadith-Nr. 9838 sowie nach *Abū Dāwūd*,
Hadith-Nr. 2362, nach *at-Tirmidhī*, Hadith Nr. 707 und *an-Nasā'ī*, Hadith-Nr. 3233.
[51] Koran 50:18.

wenig zu essen und zu trinken haben. Das stimmt nur bedingt, denn das Fastengebot gilt auch für arme Menschen. Armut befreit nicht vom Gebot des Fastens. Jedes Herz bedarf der Läuterung durch Selbstkritik und Selbstreflexion.

Beim Fasten fastet auch die Zunge. Es gilt Enthaltsamkeit von übler Nachrede, vom Lästern, Schimpfen, Beleidigen, von jeder Form der schlechten Rede. Muʿādh ibn Dschabal (607–639), ein Gefährte Muhammads, fragte den Propheten eines Tages danach, welche Taten ihn ins Paradies bringen und von der Hölle fernhalten würden. Der Prophet zählte ihm die fünf Säulen des Islams auf und fragte ihn: »Soll ich dir die Türe zum guten Handeln zeigen?« Er führte aus: »Das Fasten ist eine Erleuchtung, das Spenden löscht die Sünde wie das Wasser das Feuer und das Beten in der tiefen Dunkelheit.« Danach fragte der Prophet: »Soll ich dir sagen, was dies alles bündelt?« Er zeigte auf die Zunge von Muʿādh und sagte: »Kontrolliere diese ständig!« Muʿādh fragte verwundert: »Aber Prophet! Werden wir zur Rechenschaft gezogen für das, was unsere Zungen sagen?!« Der Prophet erwiderte: »O Muʿādh! Gibt es etwas, was die Menschen mehr von Gott entfernt als das, was ihre Zungen anrichten?!«[52] Auch bei der ersten Generation der Muslime war nicht von Beginn an das Bewusstsein vorhanden, dass fromme Handlungen sich keineswegs auf religiöse Rituale, wie das Beten und Fasten, beschränken. Der Prophet leistete an dieser Stelle viel Aufklärungsarbeit, um ein Verständnis davon zu etablieren, dass religiöse Rituale kein Selbstzweck sind, sondern dazu dienen, den Menschen zu läutern. Der persische Sufi Yahyā ibn Muʿādh ar-Rāzī (830–871) sagte: »Die Herzen sind wie die Speisetöpfe und die Zungen wie die Schöpfkelle. Schau, wenn ein Mensch spricht, was seine Zunge aus seinem Herzen schöpft. Das,

---

[52] Überliefert nach *at-Tirmidhī*, Hadith-Nr. 2616.

was er von sich gibt, verrät dir, was in seinem Herzen ist. Das ist ähnlich, wie wenn du kostest, was in einem Topf ist, dann weißt du, wie das, was im Topf ist, schmeckt.«[53]

Dass man auf jedes Wort, das man von sich gibt, sorgsam achtet, ist eine entscheidende Voraussetzung für die Reinheit des Herzens und somit für die Religiosität eines Menschen. Im Bewusstsein vieler heutiger Muslime ist das kaum verankert, zumindest im Vergleich mit anderen Verfehlungen wie Alkoholgenuss oder Ehebruch. Die Reinheit der Zunge ist ein Aspekt, der in der religiösen Erziehung kaum eine Rolle spielt. Der Prophet Muhammad betont: »Der Mensch spricht ein feines Wort aus, ohne ihm Beachtung zu schenken, aber Gott erhöht ihn durch dieses Wort in die Höhen, und der Mensch spricht ein schlechtes Wort aus, ohne ihm Beachtung zu schenken, dieses zieht ihn jedoch in die Tiefen hinab.«[54]

Sehr viele Muslime maßen sich an, Aussagen über die Religiosität anderer Menschen zu treffen. Der Hadithgelehrte Muslim ibn al-Hadschādsch (817 oder 821–875) überliefert folgende Erzählung des Propheten: »Ein Mann sagt: ›Bei Gott, Gott wird diesem Mann nicht vergeben.‹ Darauf sagt Gott: ›Wer ist das, der sich anmaßt, zu behaupten, dass ich diesem Mann nicht vergebe? Ich habe ihm schon vergeben, deine Taten aber, die nehme ich nicht mehr an.‹«[55] Der Mensch, der sich anmaßt, stellvertretend für Gott zu sprechen, hat sich in Muhammads Erzählung so weit von Gott entfernt, dass der seine Taten nicht mehr annehmen möchte.

Die Praxis sehr vieler sogenannter praktizierender Muslime, die sich lediglich an Äußerlichkeiten halten, sieht leider so aus: Fast jeder geht davon aus, dass ihm die ewige Glückseligkeit längst garantiert ist. Er sucht nicht mehr die Aus-

---

[53] *Ibn Qayyim al-Dschawziyya,* Ad-dā' wa-d-dawā', Mekka 2007, S. 364.
[54] Überliefert nach *al-Buchārī,* Hadith-Nr. 6478.
[55] Überliefert nach *Muslim,* Hadith-Nr. 2621.

einandersetzung mit sich selbst, sondern setzt sich mit anderen Menschen auseinander und sucht nach Verfehlungen bei ihnen, nicht bei sich selbst. Jeder will die Verfehlungen anderer verbessern, dabei geraten die eigenen aus dem Blick. Und so verstummt das Herz, während man glaubt, sich für das Gute einzusetzen. »Sollen wir euch sagen, wer die richtigen Verlierer sind? Das sind jene, deren Bemühungen im diesseitigen Leben verfehlt sind, während sie meinen, sie täten Gutes. Das sind jene, die die Zeichen ihres Herrn nicht ernst nehmen.«[56] Dies geschieht, wenn der Mensch nicht ehrlich zu sich selbst ist; wenn er Ratschläge erteilt, nicht weil er wirklich etwas verändern möchte, sondern, weil er sich in der besseren Position fühlt. Man sehnt sich bewusst oder unbewusst nach Macht und verleiht sich diese im Namen des frommen Ratschlags. Schaue ich etwa auf salafistische Internetseiten, dann wundere ich mich über das Ausmaß der Anmaßung, für Gott zu sprechen und über Menschen zu urteilen und gewissermaßen für Gott Entscheidungen zu treffen. Bei manchen Aussagen hat man den Eindruck, dass sich manche anmaßen, Gott selbst zurechtweisen und ihn aufklären zu wollen. So schreibt ein Salafist auf seiner Webseite: »Wir hassen die heutigen Parteien: die abtrünnige kommunistische Partei, die abtrünnige Ba'th Partei [in Syrien und ehemals im Irak], die abtrünnige Nasiry Partei [ehemals in Ägypten], die abtrünnige sozialistische Partei und die abtrünnige Rafidy Partei [gemeint sind die Schiiten]. Und wir glauben, daß alle Menschen in zwei Kategorien eingeteilt sind: Die Partei Allahs und sie sind diejenigen, die die Säulen des Islams und die Säulen des Iman verrichten. Und es gibt die Partei des Schaytans und sie sind diejenigen, die Krieg gegen die Schari'a Allahs erklärt haben.«[57] Er schreibt weiter: »Wir glau-

---

[56] Koran 18:103–105.
[57] http://fawaid.info/unsere-dawa (20.07.2013).

ben, daß keine Dschama'at [Gruppierung] in der Lage ist ihrem Feind zu begegnen, sei es die Rafidy, Schi'i, Sufis oder die Sunitische Gemeinschaft, bis sie wahre Brüderschaft und Einheit in dieser Aqida [er meint die Glaubenslehre, wie die Salafisten sie vertreten] haben.«[58]

Das ist eine klare Form der »Beigesellung« (*Schirk*), denn es liegt ausschließlich in der Kompetenz Gottes zu entscheiden, wer ein besserer oder schlechterer Gläubiger ist. Diese Mentalität ist nicht mehr nur bei Salafisten zu finden. Diese Form der Verblendung ist die Konsequenz aus fehlender Selbstreflexion, in der die eigenen Intentionen immer und immer wieder neu hinterfragt werden sollten. Das Fasten bietet dem Muslim die Gelegenheit, auf den Boden zurückzukehren, in sich hineinzugehen und diesen Läuterungsprozess intensiver zu betreiben. Daher sagt der Prophet Muhammad: »Wer richtig fastet, ist nach dem Fasten wie am Tag seiner Geburt.«[59]

Zur Läuterung der Zunge gehört aber auch, das Gute und das Wahre nicht zu verschweigen und Menschen aus Angst oder aus Opportunismus im Stich zu lassen: »Wer lügt ist ein sprechender Satan und wer die Wahrheit verschweigt ist ein schweigender Satan.«[60] Der Koran erinnert den Menschen daran, dass er Verantwortung für den Weg, über den er zu seinen Erkenntnissen kommt, trägt: »Das Hören, das Sehen und das Herz, nach alldem wird der Mensch Rechenschaft ablegen müssen.«[61]

Immer wieder hört man von Nichtmuslimen die kritische Nachfrage, wie Muslime es aushalten können, den ganzen Tag zu fasten. Gerade im Sommer sei es so heiß, dass ein Fas-

---

[58] Ebd.
[59] Überliefert nach *Ahmad*, Hadith-Nr. 1594.
[60] *Abū al-Qāsim al-Quschayrī*, Ar-Risāla al-Quaschayriyya, Kairo 1989, S. 226.
[61] Koran 17:36.

ten unmöglich wäre. Wenn man das Fasten so versteht, wie es gedacht ist – »damit ihr fromm werdet«[62] – dann wird man eher fragen müssen, wie man es schaffen soll, die mutige Reise in die Tiefen des eigenen Inneren anzutreten und dabei so offen und ehrlich wie nur möglich zu sich selbst zu sein. Das ist, was der Prophet Muhammad mit dem »großen«, also mit dem eigentlichen *Dschihād* beschrieben hat. Das ist die große Herausforderung des Fastens, und nicht die körperliche Anstrengung. Dass man lernt zu verzichten, Hunger und Durst auszuhalten, bringt den Menschen auf den Boden und bricht seinen Stolz, stärkt aber auch seinen Willen. So kann der Mensch Kräfte in sich entdecken und entfalten, die er bis dahin nicht kannte, und wird erkennen, wie sehr er seine Willenskraft unterschätzt hat. Das Fasten gibt auch die Möglichkeit, seinen Willen zu entdecken und diesen zu stärken, sein Inneres zu verändern, seine schlechten Eigenschaften zu entdecken und sie zu überwinden sowie seine guten Eigenschaften zu fördern.

2.1.4 Die soziale Pflichtabgabe

Das arabische Wort, das der Koran für die Beschreibung der sozialen Pflichtabgabe verwendet, lautet »*Zakāt*« und bedeutet Reinheit, aber auch Vermehrung. Beide Aspekte beschreiben den Sinn der sozialen Abgabe: Einerseits geht es darum, das Herz des Spendenden zu läutern. Dazu sagt Gott zum Beispiel zum Propheten Muhammad: »Nimm Spenden von ihrem Vermögen, mit denen du sie reinigst und läuterst.«[63] Andererseits soll aber auch Armut in der Gesellschaft durch die Umverteilung von Vermögen bekämpft werden.

---

[62] Koran 2:183.
[63] Koran 9:103.

Dass Geldspenden zur Umverteilung in einer Gesellschaft führen und somit einen Beitrag zur Bekämpfung von Armut leisten kann, ist leicht nachvollziehbar. Wie trägt jedoch eine Geldspende zur Läuterung des Herzens bei?

Die soziale Pflichtabgabe gehört zu den am wenigsten praktizierten Säulen des Islams. Es braucht Überwindung, etwas von seinem Vermögen auszugeben. Gier und Eigensinn sind nicht so leicht zu überwinden. Daher beginnt das Gebot zum *Dschihād* im Koran immer mit der Geldspende.[64] Der Koran sagt, dass derjenige, der von der Gottesgemeinschaft nicht ausgeschlossen wird, derjenige ist, der »von seinem Geld spendet, um sich selbst zu läutern«.[65] Wichtig ist hier die koranische Beschreibung des Motivs der Überwindung, denn freiwillig von seinem Geld zu geben, braucht gewisse Überwindung: »Ihr werdet Frömmigkeit nicht erlangen, ehe ihr von dem spendet, was ihr liebt. Und was immer ihr spendet, Gott weiß es.«[66] Bald sollte der Mensch aber die Stufe der Überwindung hinter sich lassen und das Spenden aus verinnerlichter Haltung tätigen: »Die Frömmigkeit ist nicht, wenn ihr euer Angesicht nach Osten oder Westen wendet [einfach mechanisch betet]. Vielmehr ist Frömmigkeit, dass man an Gott glaubt, den Jüngsten Tag, die Engel, die Schrift und die Propheten, dass man das Geld – obwohl man es liebt – für den Verwandten, den Waisen, den Armen, den Reisenden, den Bettler und für die Sklaven hergibt.«[67] Der Koran verwendet in diesem Zusammenhang stets die Bezeichnung »*Fi sabilillāh*«, was wortwörtlich übersetzt heißt: »Auf dem Wege Gottes«. Der Weg Gottes aber ist der Weg der Barmherzigkeit: »Wir haben dich [Muhammad] lediglich als Barmherzigkeit für alle

---

[64] Vgl. Koran 9:20, 9:41, 9:88, 49:15.
[65] Koran 92:18.
[66] Koran 3:92.
[67] Koran 2:177.

Welten entsandt.«[68] Der Koran will also erreichen, dass der Mensch bereit ist, sein Vermögen, aber auch seine anderen materiellen wie nichtmateriellen Ressourcen dafür einzusetzen, die göttliche Intention der Liebe und Barmherzigkeit Wirklichkeit werden zu lassen. Dies ist die höchste Intention aufrichtigen Handelns, das ist der Weg Gottes. Der Weg, auf dem der Mensch mit Gott kooperiert, um Liebe und Barmherzigkeit hier und jetzt auf der Erde zu einer erfahrbaren Wirklichkeit werden zu lassen. Andere Motive wie Lob, dies-, oder jenseitige Belohnung oder ein gutes Gewissen zu haben bzw. ein schlechtes Gewissen zu vermeiden, stören eine reine Intention, in der es um das Schöne, das Gute, das Barmherzige um seiner selbst willen geht. Und so bereichert dieses soziale Gebot des Spendens das Innere des Menschen, indem der Mensch im Teilen mit anderen Menschen keinen Verlust, sondern eben einen Gewinn erfährt, nämlich einen inneren Gewinn. Daher sagt der Prophet Muhammad: »Keiner ist gläubig, wenn er seinem Nächsten nicht das wünscht, was er sich selbst wünscht«[69], und weiter: »Derjenige, der satt schläft, aber weiß, dass sein Nachbar hungert, der glaubt nicht an meine Botschaft.«[70]

Muslimische Gelehrte haben sich viel Mühe gemacht, genau zu eruieren, welche Anteile von welchem Vermögen als soziale Pflichtabgabe geleistet werden sollen. Mir geht es hier nicht um diese juristischen Details, die eigentlich Aufgabe der jeweiligen Volkswirtschaft und Finanzinstitutionen sind, die abhängig vom Kontext auszurechnen und zu bestimmen haben, wie viel an Steuern und Abgaben geleistet werden muss, damit die jeweilige Gesellschaft gut funktioniert und eine sinnvolle wirtschaftliche Umverteilung herrscht.

---

[68] Koran 21:107.
[69] Überliefert nach *al-Buchārī*, Hadith-Nr. 13.
[70] Überliefert nach *at-Tabarānī*, Al-Dschāmiʿ al-kabīr, Hadith-Nr. 750.

Mir geht es darum, ein Bewusstsein dafür zu schaffen, dass eben die finanziellen Leistungen der Menschen in einer Gesellschaft, die notwendig sind, damit diese Gesellschaft funktioniert und die Armut bekämpft wird, auch einen Beitrag zur inneren Läuterung und Bereicherung des Menschen selbst leisten. Ob man von Steuern, Abgaben, Beiträgen oder *Zakāt* spricht – auf die Bezeichnung kommt es nicht an. Jeder Beitrag für das Gute ist ein Schritt auf dem Weg Gottes, »*Fi sabilillāh*«. Damit will ich eine künstliche Dualität überwinden: Die *Zakāt* ist für Gott und Steuern sind für den Staat, oder pointierter: Die *Zakāt* ist islamisch, Steuern sind unislamisch. Denn die *Zakāt* zur Zeit des Propheten wurde für solche Zwecke ausgegeben, für die heute Steuern ausgegeben werden, also für die Aufrechterhaltung des Staatshaushaltes und für die Umverteilung des Vermögens in einer Gesellschaft, um Armut zu bekämpfen.

Wenn die *Zakāt* als innere Verpflichtung zum Guten, zum Barmherzigen, geleistet wird, dann steht der Mensch stets dort zur Verfügung, wo immer er gebraucht wird. Anstatt zu überlegen, wie man *Zakāt* oder Steuern entgehen kann, geht es dann darum, wie man maximal da sein kann für die Gesellschaft und für die Mitmenschen, wie man helfen kann, wie man möglichst effektiv am Aufbau der Gesellschaft und an der Bekämpfung von Armut beteiligt sein kann.

Und so beschreibt der Koran die Frommen: »Und sie bevorzugen andere vor sich selbst, auch wenn sie selbst Not leiden. Und wer vor der eigenen Habsucht bewahrt bleibt, das sind die Wohlergehenden.«[71] Die *Zakāt* läutert das Herz von Habsucht. Das ist aber ein langer Prozess, der viel Überwindung benötigt. Deshalb legt der Koran nah, die Spende heimlich zu geben, damit sie rein für das Gute gilt und keineswegs aus Gründen des sozialen Ansehens:

---

[71] Koran 59:9.

»Wenn ihr offen Almosen gebt, ist es gut, und wenn ihr sie verbergt und sie den Armen gebt, ist es besser für euch und verringert eure Missetaten. Und Gott ist über das, was ihr tut, sehr wohl unterrichtet«[72], und in einem anderen Vers heißt es: »O ihr, die ihr glaubt, vernichtet nicht eure Almosen durch Vergütung und Kränkung, gleich dem, der sein Vermögen zur Schau der Menschen spendet, und der nicht glaubt an Gott und an den jüngsten Tag.«[73]

2.1.5 Die Pilgerfahrt nach Mekka

Ist das Gebet ein Gang ins eigene Innere und das Fasten eine längere Fahrt dorthin, so rundet die Pilgerfahrt diese Reisen ab und übertrifft sie an Intensität. Hab und Gut bleiben zurück; man zieht sich einfache Kleider an, die denen ähneln, in die die Toten gewickelt werden, um sich so den Übertritt in das jenseitige Leben ins Bewusstsein zu rufen. Die Pilgerfahrt soll daran erinnern, dass sich der Mensch auf dieser Welt auf einer Reise befindet. Der Koran spricht diese Reise an und erinnert daran, dass ähnlich wie sich der Reisende mit Wegzehrung versorgt, auch der Mensch sich auf seiner Lebensreise versorgen soll – und zwar mit Frömmigkeit. »Wer sich auf dem Weg zur Pilgerfahrt befindet, der enthalte sich sehr wohl der sinnlichen Begierde, frevle nicht noch streite während der Wallfahrt. Und was ihr an Gutem tut, Gott weiß es sehr wohl. Und versorgt euch mit Wegzehrung, doch: die Frömmigkeit ist die beste Wegzehrung.«[74] Das Leben auf der Erde ist nur eine Station, danach geht es weiter. Und wie es weitergeht, hängt davon ab, wie man sein Leben und vor allem sein Inneres hier auf der Erde gestaltet und geformt hat.

---

[72] Koran 2:271.
[73] Koran 2:264.
[74] Koran 2:197.

Im Volksglauben ist verbreitet, dass man gegen Ende seines Lebens pilgern gehen sollte, damit man durch die Pilgerfahrt in den Zustand versetzt wird, in dem man sich am Tag seiner Geburt befunden hat, damit also alles wieder auf null gesetzt ist. Dann ist man bereit für den Tod, nun kann nicht mehr viel schieflaufen, die Sünden wurden vergeben und das Paradies wartet. Dieses Verständnis deckt sich allerdings keineswegs mit der koranischen Vorstellung, dass es bei der Läuterung des Menschen und der Vergebung der Sünden nicht um eine Momentaufnahme geht, sondern um einen Prozess, in dessen Verlauf der Mensch hart an sich arbeiten und Gutes leisten muss. Der Koran sagt an keiner Stelle, dass man sündigt und dann einfach nach Mekka zur Pilgerfahrt fährt, wo alles vergeben wird. Der Koran spricht vielmehr davon, dass Gott zwar alle Sünden vergibt und es somit keinen Grund zur Verzweiflung gibt, ganz egal, was der Mensch angestellt hat: »O meine Diener, die ihr euch maßlos gegen eure eigenen Seelen verhaltet habt, verzweifelt nicht an Gottes Barmherzigkeit! Gott vergibt die Sünden allesamt. Er ist der unübertrefflich Vergebende, der Barmherzige.«[75] Aber man muss sich dafür verändern, seine Beziehung zu Gott überdenken und das Schlechte, das man durch sein Handeln hervorgerufen hat, durch gute Werke ausgleichen bzw. wiedergutmachen: »So folgten nach ihnen Nachfolger, die das Gebet verloren gehen ließen und ihren Begierden folgten. So werden sie in Aussichtslosigkeit geraten. Außer denen, die umkehren, glauben und gute Werke verrichten. Diese treten ein in den Garten, ihnen wird nichts Übles getan.«[76]

Das Gebet und das Fasten entführen den Menschen für eine bestimmte Zeit in eine andere Dimension, die Pilgerfahrt führt ihn zudem an einen anderen Ort, damit er alles

---

[75] Koran 39:53.
[76] Koran 19:59–60.

hinter sich und mit Abstand sein Leben Revue passieren lassen kann, um so neue Vorsätze für den kommenden Lebensabschnitt zu fassen. Solange der Mensch seinen herkömmlichen Denktraditionen und -strukturen verhaftet bleibt, ist er anfällig für Verblendung. Er benötigt Anlässe und Möglichkeiten, die ihn dazu bringen, sich von sich selbst zu distanzieren, um über sich und sein Leben aus einem anderen Blickwinkel zu reflektieren. Und genau diese kritische Selbstreflektion wollten die Propheten bei den Menschen bewirken, die Opfer erstarrter Denkstrukturen waren: »Jedes Mal, wenn Wir einen Gesandten vor dir [Muhammad] zu einer Stadt entsandten, sagten die Wohlhabenden, die verschwenderisch lebten: ›Wir fanden unsere Väter auf einem Weg und wir treten in ihre Fußstapfen.‹ Jeder Gesandte sagte daraufhin: ›Wenn ich nun aber mit einer Botschaft zu euch gekommen bin, die besser für euch ist, als was ihr als Brauch eurer Väter vorgefunden habt?‹ Sie sagten: ›Wir nehmen eure Botschaft nicht an.‹«[77] Heute hört und liest man immer wieder Reaktionen von Muslimen auf neue Gedanken, die in etwa lauten: »Alle muslimischen Gelehrten haben dies und jenes gesagt und nun kommt er/sie im 21. Jahrhundert und erzählt etwas anderes, das kann nicht sein.« Die koranische Botschaft ist jedoch auf Veränderung und Entwicklung des Menschen und seiner Gesellschaft ausgerichtet, nicht auf Stillstand und Herkommen.

Das islamische Glaubensbekenntnis, das rituelle Gebet, das Fasten, die soziale Pflichtabgabe und die Pilgerfahrt – sie alle bilden zusammen die Säulen des Islams, da sie einerseits Medien für Spiritualität und Gotteserfahrung sind, andererseits aber dem Menschen Raum geben, sich selbst besser kennenzulernen, um sich weiterzuentwickeln. Das Stehenbleiben bedeutet nicht nur innere Starre, sondern

---

[77] Koran 43:23–24.

auch Erstarrung in der Gesellschaft, dabei sagt der Koran:
»Gott verändert nicht den Zustand eines Volkes, bis es nicht
ihn selbst verändert.«[78] Die islamischen Rituale – Gebet,
Fasten, soziale Pflichtabgabe und Pilgerfahrt – stehen im
Dienste des islamischen Glaubensbekenntnisses, das ein Bekenntnis zur Freiheit ist. Der Monotheismus ist nur dann
verwirklicht, wenn sich der Mensch von allem befreit, was
zwischen ihm und dem Erkennen des Absoluten und dem
Ausrichten seines Lebens auf dieses Absolute steht. Mit anderen Worten: Der Monotheismus ist nur dann verwirklicht, wenn der Mensch von seinem Ego, von Selbstsucht,
von Habsucht und von jeglicher Form der Bevormundung,
mag diese im eigenen Kopf oder durch äußere Einflüsse verursacht worden sein, befreit ist.

Es gibt zahlreiche Aussagen im Koran und in der Sunna,
wonach das Praktizieren religiöser Rituale die Vergebung
von Sünden mit sich bringt. Diese Vergebung ist jedoch
nichts, was von außen kommt, sondern das Ergebnis von
kritischer Selbstreflexion und Selbstveränderung. Wenn
sich der Charakter des Menschen und entsprechend das
Handeln des Menschen zum Positiven verändert, dann ist
genau das Ausdruck der Vergebung. Durch eine rein juristische Betrachtung islamischer Rituale gerät deren spiritueller
und befreiender Gehalt stark in den Hintergrund. Der Islam
will den Menschen zu einem mündigen Wesen erziehen. Ein
Wesen, das sein Leben selbst in die Hand nimmt und sich
und seine Gesellschaft immer weiterentwickelt. Auch Gott
sagt über sich selbst: »Jeden Tag ist Er in einer anderen Angelegenheit.«[79]

---

[78] Koran 13:11.
[79] Koran 55:29.

2.2 Die sechs Glaubenssätze im Islam

Im sunnitischen Islam spricht man von den sechs Glaubenssätzen: der Glaube an Gott, an die Engel, an die Bücher, an die Propheten, an die göttliche Vorherbestimmung und an die Wiederauferstehung im Jenseits. Im schiitischen Islam spricht man von fünf Glaubenssätzen: der Monotheismus (*Tawḥīd*), die Gerechtigkeit (*ʿAdl*), die Prophetie (*Nubuwwa*), das Imamitentum (*Imāma*) und die Wiederauferstehung (*Maʿād*).

Ob im sunnitischen oder im schiitischen Islam, die Glaubenssätze dürfen keine abstrakten Sätze sein, an die man irgendwie glaubt, die jedoch keinen Bezug zum eigenen Lebensentwurf haben. Denn was heißt es konkret, wenn ein Muslim zum Beispiel an die Engel glaubt? Weder hat er sie gesehen noch weiß er etwas über sie, außer dem, was im Koran über sie berichtet wird. Und das ist nicht viel. Oder was heißt es, wenn ein Muslim an die Propheten glaubt? Der durchschnittliche Muslim kann in der Regel nicht einmal die Namen der im Koran vorkommenden Propheten aufzählen, ganz abgesehen davon, dass er etwas über sie wüsste. Sind deshalb die meisten Muslime keine Muslime? Und wenn Muslime an alte offenbarte Bücher und Schriften glauben müssen,[80] jedoch davon ausgegangen wird, dass diese Bücher und Schriften zum großen Teil nicht mehr existieren bzw. zum großen Teil verfälscht wurden, dann fragt man sich: Woran genau soll ein Muslim glauben? An Bücher und Schriften, die nicht mehr vorhanden sind? Was heißt, an etwas zu glauben, das nicht mehr existiert? Und warum soll man überhaupt daran glauben? Und wieso gilt ein Muslim nicht mehr als Muslim, wenn er an etwas nicht glaubt, was nicht mehr vorhanden ist? Ähnliche Fragen lassen sich auf die anderen sunnitischen und schiitischen Glaubenssätze

---

[80] Vgl. Koran 2:136.

übertragen. Die eigentliche Frage, unter der all diese Fragen gebündelt werden können, lautet: Was will Gott uns Menschen sagen, wenn er uns von Engeln, Propheten, Büchern usw. erzählt? Denn – wie ich immer wieder betone – ob wir daran glauben, dass es zum Beispiel Engel gibt oder nicht, Gott selbst hat nichts davon.

Der Koran ist ein Buch, in dem sich Gott uns Menschen vorstellt. Er will uns mitteilen, wie er ist, wie er handelt, wie er die Welt konzipiert hat, damit wir ihn verstehen können. Dieses Verstehen ist die Grundvoraussetzung, um überhaupt eine aufrichtige Beziehung zu Gott aufbauen zu können, damit wir uns zurechtfinden in dieser Welt, mit ihm optimal kooperieren und seine Intention der Liebe und Barmherzigkeit Wirklichkeit werden lassen. Wenn Gott also von Engeln, Propheten, Schriften usw. spricht, dann eben, um uns etwas über sich zu sagen und darüber, wie er handelt.

2.2.1 Der Glaube an Gott

Wenn Gott vom Gottesglauben spricht, dann geht es nicht darum, nach Beweisen zu suchen, um sich auf kognitiver Ebene davon zu überzeugen, dass es Gott gibt und auf diese Weise den Glauben an ihn zu bezeugen. Glaube hat mit Vertrauen zu tun. Gott zu vertrauen bedeutet, darauf zu vertrauen, dass Gott es gut mit der Schöpfung meint, dass er es mit jedem einzelnen Menschen gut meint, dass er in seiner ganzen Barmherzigkeit jedem Menschen zugewandt ist, auch wenn sich dieser von ihm abwendet. Denn Gott war durch seine Barmherzigkeit immer schon zu der Schöpfung des Menschen entschlossen.[81] Die Barmherzigkeit Gottes drückt die Treue zur ewigen Erwählung des Menschen und damit seine Beziehung und Nähe zum Menschen aus: »Ich

---

[81] Vgl. Koran 55:1–3.

bin dem Menschen näher als seine Halsschlagader.«[82] »Und wenn dich [Muhammad] meine Diener nach mir fragen, dann sag ihnen: ›Ich bin nah und erfülle den Ruf der Rufenden.‹«[83] Gott hat »den Menschen in schönster Form erschaffen«[84] und »dienstbar hat er den Menschen gemacht, was in den Himmeln und auf der Erde allesamt ist. Wahrlich, darin sind Zeichen für Leute, die nachdenken«.[85] Die ganze Schöpfung ist für den Menschen gedacht, sie wurde ihm dienstbar gemacht, damit er sie lenkt und einsetzt, um dadurch Gottes Intention der Liebe und Barmherzigkeit Wirklichkeit werden zu lassen.

Daher wird im Koran der Unglaube an die Aufgabe der Hoffnung auf Gottes Gnade gekoppelt: »Und seid nicht hoffnungslos, was die Erbarmung durch Gott angeht. Wahrlich, nur die Leugner sind es, die die Hoffnung auf die Erbarmung Gottes verloren haben.«[86] Wer Gott nicht vertraut, wer nicht vertraut, dass Gott es gut mit ihm meint, wird Gott nicht gerecht: »Und wer verzagt an der Barmherzigkeit seines Herrn außer denjenigen, die im Irrtum sind?«[87] Gottvertrauen in diesem Sinne impliziert den Gedanken des Monotheismus. Denn wer Gott aufrichtig vertraut, ist von jeder Form von Abhängigkeit befreit. Er strebt das Gute um seiner selbst willen an. Er ist kein opportunistischer Mensch, der nur nach seinen eigenen Interessen bzw. nach den Interessen einer bestimmten Gruppierung, der er sich zugehörig bzw. nahe fühlt, handelt und Entscheidungen trifft. Das Gute deshalb zu verrichten, weil man sich Lob bzw. Belohnung im Dies-, oder sogar im Jenseits erhofft bzw. das

---

[82] Koran 50:16.
[83] Koran 2:186; vgl. auch *Khorchide* 2012, S. 33.
[84] Koran 95:4.
[85] Koran 45:13.
[86] Koran 12:87; vgl. auch Koran 29:23.
[87] Koran 15:56.

Schlechte deshalb zu vermeiden, um einer irdischen oder jenseitigen Sanktion zu entgehen, macht das Motiv, das Gute um seiner selbst willen zu verrichten, nicht ganz rein: »Und niemand wird für eine gute Tat Vergütung bei seinem Herrn finden, außer wenn diese rein für das Antlitz des Herrn verrichtet wurde.«[88] Und gerade hier sehe ich das Problem, wenn der Islam als Gesetzesreligion aufgefasst und entsprechend die Scharia als Ansammlung von Gesetzen wahrgenommen wird. In diesem Fall geht es nicht um die innere Haltung, das Gute um seiner selbst willen zu verrichten, sondern darum, lediglich äußeren Gesetzen gerecht zu werden, um Belohnung in Form materieller Vergnügung im Jenseits zu genießen bzw. Bestrafung in Form körperlicher Qual in der Hölle zu entgehen. Mag sein, dass für manche Gläubige diese pädagogische Maßnahme, die Belohnung bzw. Bestrafung als Motiv aufrichtigen Handelns vorsieht, wichtig ist, diese sollte jedoch nur als erste Stufe gesehen werden. Der reine Monotheismus ist nur dann verwirklicht, wenn das Motiv zum Guten kein egoistisches ist, sondern dem Prinzip des Guten folgt.

Der Monotheismus gerät in Gefahr, wenn Vertrauen und Loyalität nicht mehr als Prinzipien des Guten gelten, wenn diese Prinzipien zugunsten eigener Interessen aufgegeben oder relativiert werden. Wenn der Koran immer wieder vor der Gefahr der »Beigesellung« warnt, dann geht es längst nicht mehr bzw. nicht mehr nur um Götzendienst im engeren Sinne. Jede Form der Aufgabe von Prinzipien der Gerechtigkeit, der Gleichheit, der Freiheit, der Verantwortlichkeit oder der Unantastbarkeit der menschlichen Würde zugunsten eigener Interessen ist eine Form der Beigesellung. Wenn man den Monotheismus so versteht und in sein Leben entsprechend einbindet, dann entfaltet dieser seine Befrei-

---

[88] Koran 92:19–20.

ungspotentiale im Leben des Gläubigen und wird nicht zu einer reinen dogmatischen Angelegenheit.

Für den Glauben an Gott genügt nicht die Einsicht, dass er der Schöpfer ist. Auch die Mekkaner, die mit dem Propheten Muhammad lange gehadert haben, haben Gott als Schöpfer anerkannt: »Und wenn du sie fragst, wer Himmel und Erde erschaffen hat, sagen sie: ›Gott.‹«[89] Das Problem bestand darin, dass sie Gott lediglich in dieser Rolle des Schöpfers gesehen haben, der die Welt zwar erschaffen, sich dann aber zurückgezogen hat. Daher beteten sie Götzen an, von denen sie hofften, diese würden sie im Leben begleiten. In diesem Sinne geht der gerade zitierte Vers wie folgt weiter: »Sag: ›Was meint ihr von dem, was ihr anruft außer Gott? Wenn Gott mir schaden will, vermögen sie wegzunehmen den Schaden? Oder wenn Er mir Barmherzigkeit schenken will, vermögen sie zurückzuhalten Seine Barmherzigkeit?‹ Sag: ›Mir genügt Gott. Auf Ihn vertrauen die Vertrauenden.‹«[90] Um genau diesen Aspekt geht es im Glauben an Gott: Gott hat sich von der Welt nicht zurückgezogen, er ist vielmehr hier und jetzt und begleitet den Menschen. Der Koran beschreibt Gott als den Schöpfer, aber auch als den Wegbegleiter: »Er ist es, der erschaffen die Himmel und die Erde in sechs Tagen, dann sich gesetzt auf den Thron. Er weiß, was eingeht in die Erde und was herauskommt aus ihr, was vom Himmel kommt hernieder und was aufsteigt in ihn. Und Er ist mit euch, wo ihr auch seid. Und Gott sieht wohl, was ihr tut.«[91] Gott, der Wegbegleiter, steht nicht als Gesetzgeber an unserer Seite, sondern als liebender und besorgter Gott, der sich für und mit uns freut und Mitgefühl mit uns hat, wenn wir leiden.

---

[89] Koran 39:38.
[90] Ebd.
[91] Koran 57:4.

Der Koran zitiert Abraham, der erkannt hat, dass er mit den Götzen, die sein Volk angebetet hat, keine dialogische Beziehung eingehen kann: »Seht ihr, wem ihr dient, ihr und eure Vorväter? Sie sind mir feind, nicht aber der Herr der Welten, der mich erschaffen hat. Und Er ist es, der mich rechtgeleitet hat und der mir gibt zu essen und zu trinken. Und wenn ich krank bin, mich heilt, und der mich sterben lässt, dann lebendig macht, und von dem ich erhoffe, dass Er mir vergebe meine Verfehlungen am Tag des Gerichts. Mein Herr (...) mache mich nicht zuschanden am Tag der Erweckung! Am Tag, da nicht Vermögen und nicht Kinder nutzen, sondern nur der, welcher zu Gott kommt mit einem gesunden Herzen.«[92] Gott sucht also den Dialog mit dem Menschen; er will nicht nur der Schöpfer sein, sondern der Freund des Menschen, und so offenbart er seine Absichten: »Wenn ihr euch abwendet, dann wird Gott Menschen bringen, die er liebt und die ihn lieben.«[93] Und der Koran sagt über Abraham: »Gott hat sich Abraham zum Freund genommen.«[94] Abraham steht hier als Vater der Himmelsreligionen exemplarisch für jeden Menschen. Gott lädt jeden Menschen ein, enge Freundschaft mit ihm zu schließen. Er macht dem Menschen Angebote, wie zum Beispiel das Gebet oder das Fasten, um sich ein Stück aus der Welt zurückzuziehen und die Zweisamkeit mit Gott zu genießen.

2.2.2 Der Glaube an die Engel

Engel werden im Koran als Medien beschrieben, die das Unbedingte (Gott) mit dem Bedingten (Mensch), das Absolute mit dem Relativen verbinden. Der Glaube an Engel impli-

---

[92] Koran 26:75–80.
[93] Koran 5:54.
[94] Koran 4:125.

ziert daher den Glauben daran, dass sich Gott nicht in seiner Unbedingtheit isoliert, sondern in die bedingte Welt eintritt. Gott ist nicht weit entfernt im Weltall, sondern hier, nah, und sucht den Dialog mit dem Menschen. Engel werden im Koran auch als Botschafter bezeichnet, die die göttliche Verkündigung an Propheten vermitteln.[95] Der Glaube an Engel impliziert den Glauben an den Willen Gottes, Kontakt zum Menschen aufzunehmen.

2.2.3 Der Glaube an Schriften

Der Glaube an Schriften impliziert den Glauben daran, dass Gott sich uns Menschen vorstellt, mitteilt und uns in seine Gemeinschaft einlädt. Gott offenbart sich dem Menschen, er beschreibt sich in diesen Schriften, beschreibt, wie er ist, wie er in der Welt handelt und macht sich dadurch zugänglich. Er lädt den Menschen zu seiner Gemeinschaft ein. Diese Schriften – und schon gar nicht der Koran – sind keineswegs Ansammlungen von Gesetzen. Sie wollen den Menschen keineswegs bevormunden, indem sie ihm vorschreiben, wie er sich in welcher Lebenssituation zu verhalten hat. Der Koran will die Augen für das Wesentliche öffnen und Perspektiven geben, gibt aber weder endgültige Antworten auf alle Fragen des Menschen noch konkrete Rezepte, wie der Mensch in die Gemeinschaft Gottes gelangt. Er spricht von Frömmigkeit, von Gerechtigkeit, von Verantwortlichkeit, von vielen Tugenden wie Nächstenliebe, Hilfsbereitschaft, Aufrichtigkeit usw., überlässt es jedoch dem Menschen, in seinem jeweiligen individuellen, aber auch gesellschaftlichen Kontext eigene Erfahrung zu machen, seinen Weg zu gestalten. Der Koran gibt lediglich den Rahmen vor in Form von allgemeinen Prinzipien wie Unantastbarkeit menschlicher Würde, Ge-

---

[95] Koran 35:1.

rechtigkeit, Gleichheit, Freiheit, soziale Verantwortlichkeit u. a. und lädt den Menschen ein, sich zu vervollkommnen und sein Leben auf Gott hin auszurichten, um so in die Gemeinschaft Gottes zu gelangen. Der Koran nimmt dem Menschen diese Erfahrung jedoch nicht ab. Letztendlich liegt es am Menschen selbst, die Reise anzutreten und das Ruder in die Hand zu nehmen.

Dass Muslime auch an andere Schriften als den Koran glauben, impliziert zudem, dass Muslime an die Kontinuität göttlicher Verkündung glauben. Muhammad ist demnach keineswegs Stifter einer neuen Religion, sondern steht in der Tradition aller Propheten: »Sagt: ›Wir glauben an Gott und an das, was uns herabgesandt wurde, und was Abraham herabgesandt wurde, Ismael, Isaak, Jakob und den Stämmen Israels, und was Mose und Jesus empfingen, und was die Propheten von ihrem Herrn empfingen. Wir unterscheiden nicht unter ihnen und Ihm sind wir ergeben.‹«[96] Die Bibel geht daher einen Muslim genauso an, wie sie einen Christen angeht, aber auch der Koran beschreibt sich als Buch für alle Menschen und nicht nur für die Muslime und spricht daher alle Menschen genauso an, wie er die Muslime anspricht. Gerade Muslime und Christen sollten den Koran und die Bibel als ihre eigenen Bücher ansehen, die sich keineswegs ausschließen, sondern ergänzen.

2.2.4 Der Glaube an die Propheten

Nun ergibt sich die Herausforderung, wie Gott in einen Dialog mit dem Menschen tritt, ohne dabei die Freiheit des Menschen in irgendeiner Weise einzuschränken. Es geht Gott darum, dass auch der Mensch sich für diesen Dialog in Freiheit entscheidet. Gott stellt sich dem Menschen vor und macht

---

[96] Koran 2:136.

ihm Angebote, die der Mensch in Freiheit annehmen oder ablehnen kann. Gott wird es nie aufgeben, dem Menschen Angebote zu machen, auch wenn dieser sie ignoriert und ablehnt. Gott gibt die Hoffnung nicht auf, dass der Mensch nicht irgendwann doch »Ja« zu seiner Einladung in seine Gemeinschaft sagt. Daher schickt Gott Propheten und Schriften, durch die er Kontakt zu den Menschen aufnimmt. In den Schriften ist nachzulesen, wie Gott ist, wie er handelt, was er vom Menschen will usw. Die Propheten verkünden diese Schriften und legen in ihrem Leben Zeugnis davon ab. Sie machen die Schriften, die sie verkünden, lebendig. Propheten sind lebendige Schriften. So berichtete die Frau des Propheten Muhammad, Aischa, über ihn: »Sein Charakter war der Koran.«[97] Muhammad war ein lebendiger Koran, wie Moses eine lebendige Thora und Jesus eine lebendige Bibel waren.

Die Prophetenerzählungen im Koran haben etwas Gemeinsames. Sie alle nehmen einen guten Ausgang für die Propheten und deren Anhänger, obwohl anfangs die Situation so gut wie aussichtslos war: »Als die Gesandten nicht mehr hofften und meinten, sie würden belogen, kam Unsere Hilfe zu ihnen, da erretteten Wir, wen Wir wollten.«[98] Noah wurde samt seiner wenigen Anhänger durch die Arche, die er baute, gerettet.[99] Moses und seine Anhänger wurden in letzter Sekunde durch die Spaltung des Meeres gerettet.[100] Die Geschichte endet mit dem Tod des Pharaos und seiner Soldaten und dem Sieg der Israeliten. Abraham wurde ins Feuer gelegt, weil er die Götzen seines Dorfes zerstört hatte. Er wurde nicht verbrannt, noch nahm er durch das Feuer irgendwelchen Schaden. Die Geschichte endet damit, dass Abraham die Ka'ba in Mekka erbaute und Vater der drei

---

[97] Überliefert nach *Ahmad*, Hadith-Nr. 24040.
[98] Koran 12:110.
[99] Koran 11:44.
[100] Koran 26:63–66.

Himmelsreligionen wurde.[101] Josef wurde von seinen Brüdern, die ihn loswerden wollten, in den Brunnen geworfen. Er wurde am Ende jedoch gerettet und zum Minister in Ägypten ernannt. Am Ende der Geschichte werfen sich seine Brüder vor ihm nieder.[102] All diese und weitere Geschichten im Koran (und in der Bibel) wollen Hoffnung machen und Vertrauen in Gott schaffen, Vertrauen in das Gute, egal wie aussichtslos die Situation aussieht. Es gibt immer Grund zur Hoffnung. Es lohnt sich immer, an das Positive zu denken und davon auszugehen, dass das Ende gut sein wird. Denn Gott schaut nicht einfach zu, sondern er greift auch in die Welt ein, er handelt und lenkt.[103] Allerdings greift Gott in die Welt auf eine Weise ein, die die Freiheit des Menschen nicht einschränkt. Die Welt muss daher nach Gesetzmäßigkeiten laufen, um für den Menschen berechenbar zu bleiben. Nur dann, wenn der Mensch mit Gott kooperiert, kann die göttliche Intention durch das Handeln des Menschen Wirklichkeit werden. Gott seinerseits macht dem Menschen Angebote, er inspiriert ihn laufend und macht ihn dadurch auf Möglichkeiten und Chancen aufmerksam. Es liegt dann am Menschen selbst, ob er diese Angebote in Freiheit annimmt oder nicht.

Beim Glauben an Engel, an Schriften und an Propheten geht es also keineswegs darum, irgendwelche Namen von Propheten, Engeln oder Schriften auswendig zu lernen und diese aufzuzählen. Es geht vielmehr darum, das Vertrauen in Gott zu schaffen, dass er Interesse daran hat, im Dialog mit dem Menschen zu sein. Propheten waren Prototypen von Menschen, die durch ihren Lebensentwurf Zeugnis von der Schrift ablegten. Der Glaube an sie impliziert den

---

[101] Koran 21:51–73 und 2.127.
[102] Koran 12.
[103] Vgl. Koran 39:52–53.

Glauben daran, dass der Mensch tatsächlich, ähnlich wie Propheten dies vorbildlich getan haben, die Schrift zum Leben erwecken kann, indem er sie lebt und sie für andere durch sein Handeln erfahrbar macht. Anders gesagt, die Schrift alleine begründet noch keinen Glauben und erzeugt noch keine Gläubigen, die mit Gott in einen Dialog treten und an seiner Seite kooperieren, um seine Intention der Liebe und Barmherzigkeit Wirklichkeit werden zu lassen.

Erst wenn der Mensch die Schrift in sein Leben implementiert, sie deutet und immer wieder neu deutet, um sie in seinem Lebensentwurf immer wieder zu aktualisieren, wird sie durch ihn lebendig. Erst dann entsteht der Dialog mit Gott.

2.2.5 Der Glaube an das göttliche Schicksal

Der Glaube an die Vorherbestimmung heißt keineswegs, dass wir Menschen determiniert sind, sondern dass Gott es immer gut mit uns Menschen meint. Es gibt immer Grund zur Hoffnung. Wer Gott vertraut, der gibt nicht auf, denn: »Wahrlich, mit dem Schweren kommt die Erleichterung. Ja, mit dem Schweren kommt die Erleichterung.«[104] Gott greift nicht direkt in die Welt ein, sondern durch den Menschen. Denn er würdigt die Freiheit des Menschen und zwingt den Menschen daher zu nichts, er macht ihm lediglich und immer wieder von neuem Angebote. Auch wenn der Mensch diese Angebote ablehnt, hört Gott auf keinen Fall auf, dem Menschen immer und immer wieder Angebote zu machen und die Situation neu zu kalkulieren, sodass Gott – egal wie oft der Mensch diese Angebote ablehnt – stets das nächstbeste mögliche Angebot greifbar macht. Der Glaube an das göttliche Schicksal bedeutet daher den

---

[104] Koran 94:5–6.

Glauben daran, dass Gott nicht einfach tatenlos zuschaut, sondern er begleitet die Menschen und lenkt die Ereignisse im Sinne der Menschen, jedoch ohne die Freiheit des Menschen in irgendeiner Weise einzuschränken, und daher greift er hauptsächlich durch den Menschen selbst ein, aber nur wenn sich dieser in Freiheit zur Kooperation mit Gott entscheidet. Gott greift aber nicht nur durch den Menschen, sondern ebenfalls durch die Naturgesetze in die Welt ein. So bleibt die Welt für den Menschen berechenbar. Dabei geht er allerdings das Risiko ein, dass es sowohl im menschlichen Verhalten als auch im Fortgang der Naturereignisse zu Fehlentwicklungen kommt. Diese sind jedoch der Preis für die Freiheit des Menschen. Denn würde Gott jederzeit eingreifen, um menschliches Versagen bzw. um Naturprozesse unmittelbar zu korrigieren bzw. zu steuern, würden die ethische Verantwortlichkeit des Menschen für sein Handeln sowie sein Auftrag, sein Leben und seine Umwelt in Freiheit konstruktiv zu gestalten, an Bedeutung verlieren, denn es wäre nur noch Gott, der agiert und lenkt.

2.2.6 Der Glaube an die Wiederauferstehung

Der Glaube an die Wiederauferstehung und an den Gerichtstag ist der Glaube an die Wiederherstellung von Gerechtigkeit und an die Einladung Gottes, in seine ewige Gemeinschaft zu kommen. So runden sich die Glaubenssätze ab. Der Anfang war bei Gott und das Ende führt zurück zu Gott. Zwischen Anfang und Ende hat der Mensch die Möglichkeit, Gott kennenzulernen und eine Beziehung zu ihm aufzubauen.

Die islamischen Glaubenssätze sind keine abstrakten Worte, keine reinen Lippenbekenntnisse. Sie sagen sehr viel über das Gott-Mensch-Verhaltnis aus und finden ihre Verwirklichung im Leben des Menschen. Ziel dieser Glaubenssätze ist, Vertrauen in Gott aufzubauen. Denn wenn man weiß, dass Gott nicht nur der Schöpfer, die Erstursache, ist, sondern auch derjenige, der bestrebt ist, eine »Partnerschaft« mit dem Menschen einzugehen und sich daher dem Menschen mitteilt und den ersten Schritt auf ihn zugeht, dann weiß man, dass Gott nicht irgendwo weit weg im Himmel ist, sondern er ist hier in der Nähe: »Näher als die Halsschlagader«[105], »Er liebt sie und sie lieben Ihn.«[106] In diesem Vers erwähnt Gott zuerst seine Liebe zu den Menschen. Er war es, der den ersten Schritt auf die Menschen zugetan hat. Die Liebe des Menschen zu Gott sollte die Antwort darauf sein. Gott ruft den Menschen zu sich mit Mitteln der Liebe und der Barmherzigkeit; er ist bekümmert, es lässt ihn nicht unberührt, dass es einem Menschen schlecht geht, er freut sich mit dem Menschen und trauert mit ihm. Der Prophet Muhammad erzählte: »Im Jenseits wird Gott einen Mann fragen: ›Ich war krank und du hast mich nicht besucht, ich war hungrig und du hast mir nichts zu essen gegeben, und ich war durstig und du hast mir nichts zu trinken gegeben.‹ Der Mann wird daraufhin erstaunt fragen: ›Aber du bist Gott, wie kannst du krank, durstig oder hungrig sein?!‹ Da wird ihm Gott antworten: ›Am Tag soundso war ein Bekannter von dir krank und du hast ihn nicht besucht; hättest du ihn besucht, hättest du mich dort, bei ihm, gefunden. An einem Tag war ein Bekannter von dir hungrig und du hast ihm nichts zum Essen gegeben, und an einem Tag war ein Bekannter von dir durstig und du hast ihm nichts zum Trinken gegeben.‹«[107]

---

[105] Koran 50:16.
[106] Koran 5:54.
[107] Überliefert nach *Muslim*, Hadith-Nr. 2569.

2.3 Die fünf Säulen und die sechs Glaubenssätze des Islams sind nur dann Teil der Scharia, wenn das Herz eingebunden ist

Die Scharia, als der Weg zu Gott, zu seiner Gegenwart, beschreitet der Mensch mit seinem Herzen. Wenn die sechs Glaubenssätze lediglich als Aussagen getätigt werden und die fünf Säulen als mechanische Rituale verrichtet werden, ohne dass das Herz betroffen ist, dann leisten diese nicht den vorgesehenen Beitrag auf dem Weg zur Gemeinschaft Gottes. Ein ausgehöhltes Praktizieren des Glaubens kann sogar von dem Weg zu Gott abbringen. Der Hauptindikator, durch den der Gläubige wissen kann, ob der Glaube in seinem Herzen angekommen ist, ist Demut: »Nur die sind Gläubige, deren Herzen demütig werden, wenn Gottes gedacht wird, und deren Glauben vermehrt wird, wenn ihnen seine Verse vorgetragen werden, und die auf ihren Herrn vertrauen.«[108] Das demütige Herz findet seinen Ausdruck in der Bescheidenheit des Menschen seinen Mitmenschen, aber auch der gesamten Schöpfung gegenüber. Das abgehärtete Herz hingegen, das keine Empathie und kein Mitgefühl kennt, das durch Hochmut und Einbildung verblendet ist, führt den Menschen auf einen anderen Weg; nicht auf den Weg Gottes, der Scharia: »So, wehe denen, deren Herzen verhärtet vor dem Gedanken Gottes sind. Sie sind es, die in offenkundiger Verirrung sind.«[109] Das Verbeugen und Niederwerfen im Gebet ist ein Symbol für die Verbeugung des Herzens; dieses Herz, das sich mehrmals am Tag vor Gott verbeugt, sollte keinen Hochmut kennen. Dies setzt jedoch wie gesagt voraus, dass auch das Herz das Gebet vollzieht und nicht nur die Gliedmaßen. Scharia, verstanden als An-

---

[108] Koran 8:2.
[109] Koran 39:22.

sammlung von Gesetzen, konzentriert sich auf juristische Aspekte, wie die Frage nach dem richtigen Vollzug der Gebetswaschung, der richtigen Gebetshaltung usw. Es ist keine Frage, dass es wichtig ist, zu wissen, wie man das Gebet äußerlich vollzieht, um gewisse Verbindlichkeit zu gewährleisten; diese äußeren Aspekte sind jedoch nur die Schale, die einen Kern benötigt, um aus einer rituellen Bewegung ein Gebet zu machen, ansonsten bleibt es bei der äußeren ausgehöhlten Form. Dies gilt ebenso für die weiteren Säulen und Grundsätze des Islams. Sie alle sind nur dann Teil der Scharia, Teil des Weges zu Gott, wenn gewährleistet wird, dass das Herz dabei ist.

Religiöse Rituale sind Orte der Entfaltung des Herzens. Daher läuft ein juristisches Verständnis von Scharia, das hauptsächlich nach Regeln und Techniken fragt, Gefahr, das Herz auf der Strecke zu lassen und sich in juristischen Details, die im Grunde keine religiöse Bedeutung haben, zu verlieren. Denn ob der Nacken Teil der Gebetswaschung ist oder nicht, ob der Ellbogen zu ihr gehört oder nicht, all dies ist nicht relevant, da es ohnehin diesbezüglich Differenzen unter den Rechtsschulen gibt. Alle muslimischen Gelehrten sind sich jedoch darüber einig, dass die Anwesenheit des Herzens bei allen religiösen Ritualen ein Grundpfeiler bei deren Verrichtung ist.

Ein juristisches Verständnis von Scharia fragt nach Aspekten, die die Form religiöser Rituale betreffen. Gott interessiert sich jedoch nicht für die Form: »Gott schaut weder auf euer Äußeres noch auf euer Vermögen, Er schaut auf eure Herzen und eure Taten.«[110] Das Herz des Menschen ist sein Kern, das ist das, was den Menschen ausmacht und seinen Ausdruck in den Handlungen des Menschen findet. Nur wenn das Herz mit Liebe, Bescheidenheit, Güte

---

[110] Überliefert nach *Muslim*, Hadith-Nr. 2564.

und Aufrichtigkeit strahlt und diese durch aufrichtiges verantwortliches Handeln bezeugt werden, ist der Glaube in ihm angekommen und die religiösen Rituale haben ihren Ausdruck im Leben des Menschen.

3. Scharia bedeutet: Der Weg zu Gott

Über kaum einen Begriff wurde in den letzten Jahren und wird noch immer so kontrovers diskutiert wie über den Begriff »Scharia«. Viele Muslime fordern die Einführung der Scharia und sehen darin den Weg zur Glückseligkeit hier im Diesseits und später im Jenseits. Viele Nichtmuslime haben Angst vor der Scharia und sehen darin ein menschenfeindliches restriktives System, das weder mit demokratischen Grundwerten noch mit den Menschenrechten vereinbar ist. Bemerkenswert bei dieser Debatte ist jedoch, dass weder Muslime noch Nichtmuslime sich darüber einig sind, was Scharia eigentlich ist.

Fragt man Muslime, was sie unter Scharia verstehen, dann erhält man Antworten wie diese hier: »Scharia ist alles, was Gott uns vorgeschrieben hat, wie das Beten, das Fasten, die Pilgerfahrt, das Alkoholverbot ...«, »Scharia bedeutet Gottesgesetz, zum Beispiel, dass Gott uns bestraft, wenn wir stehlen oder Ehebruch begehen, dafür gibt es Strafen im Koran, die notwendig sind, damit das, was Gott uns sagt, eingehalten wird«, »Scharia sind die Befehle Gottes, Gott hat uns einige Dinge erlaubt und einige verboten, das ist Scharia«, »Scharia heißt, sich an die fünf Säulen und die sechs Glaubensgrundsätze des Islams zu halten«. Fragt man Nichtmuslime danach, was sie unter Scharia verstehen, dann kommen Aussagen wie diese: »Scharia ist mit unseren Grundwerten nicht vereinbar, sie umfasst Gesetze, die Frauen benachteiligen. Sie verbietet ihnen ihr Recht auf Bildung und Arbeit, Frauen sollen nur zu Hause versteckt bleiben«, »Scharia ist das islamische Gesetz, also das, was laut den Muslimen Gott ihnen an Gesetzen auferlegt hat«, »Scharia

besteht aus Körperstrafen, Frauendiskriminierung, Nicht-
respektieren von Nichtmuslimen usw.«.

Auffällig bei den meisten Statements ist, dass sowohl
Muslime als auch Nichtmuslime Scharia als juristisches
Werk wahrnehmen. Es geht um Gesetze, um Befehle, um
Gebote und Verbote.

Der Begriff »Scharia« bedeutet im Arabischen »der Weg
zur Quelle«. Auf den Islam übertragen ist Scharia der Weg
zu Gott, denn Gott ist die »Quelle«, er ist der Anfang und
das Ende, »von Ihm kommen wir und zu Ihm kehren wir zurück.«[1] Welcher Weg führt aber zu Gott? Ist der Weg zu Gott
wirklich ein juristischer Weg? Oder anders gefragt: Wird der
Weg, den Gott für uns vorgesehen hat, um in seine Gemeinschaft zu kommen, über juristische Regelungen und Kategorien bestimmt? Wird die Gott-Mensch-Beziehung im Islam
über diesen Weg bestimmt? Die Antwort auf diese Fragen
hängt von der jeweiligen Gottesvorstellung und der Vorstellung der Gott-Mensch-Beziehung ab. In meinem Buch »Islam ist Barmherzigkeit« habe ich zwischen zwei Verständ-
nissen der Gott-Mensch-Beziehung unterschieden. Im ersten
Fall nimmt man Gott als restriktiven Befehlshaber wahr, der
lediglich Gehorsam verlangt, weil es ihm darum geht, dass
sich die Menschen ihm bedingungslos unterwerfen. Gott
würde in diesem Fall nach Sklaven suchen, die nur Befehle
ausführen. Oder man nimmt Gott als vollkommen wahr;
als Gott, dem es keineswegs um sich selbst geht, dem es keineswegs darum geht, verherrlicht zu werden; als barmherzigen, liebenden Gott, dem es darum geht, seine Liebe zu teilen
und die Menschen in seine ewige Barmherzigkeit aufzunehmen: »Wenn ihr euch abwendet, dann wird Gott Menschen
bringen, die Er liebt und die Ihn lieben.«[2] Im ersten Fall will

---

[1] Koran 2:156.
[2] Koran 5:54.

Gott lediglich Gehorsam, wer ihm gehorcht, der bekommt
dafür eine Belohnung, und wer nicht gehorcht, der wird
bestraft. Die Gott-Mensch-Beziehung wäre demnach wie
die zwischen einem Befehlshaber und seinem Untergebe-
nen. Religion wäre entsprechend nichts anderes als eine
Ansammlung von Gesetzen, die unhinterfragt befolgt werden muss, da es ja lediglich um deren Befolgung an sich
geht und nicht um deren Beitrag zur Bewahrung des Status
des Menschen als das edelste Geschöpf Gottes.[3] Im zweiten
Fall will Gott seine Liebe teilen, er lädt den Menschen ein,
sich in Freiheit für die Gemeinschaft Gottes zu entscheiden. Die Gott-Mensch-Beziehung ist demnach eine Liebes-
beziehung. Gottes Gebote dienen dann nicht der Verherrlichung Gottes, sondern der Glückseligkeit des Menschen.
Gott will, dass es seinem Geliebten, also dem Menschen,
gut geht, er macht sich Sorgen um seine Glückseligkeit im
Diesseits und im Jenseits. Religion wäre in diesem Fall ein
Angebot, »Ja« zu Gottes Einladung in seine Gemeinschaft
zu sagen, indem man »Ja« zu Gottes Liebe und Barmherzigkeit sagt, diese annimmt und in seinen Lebensentwurf
einbaut, um sie so zu einer erfahrbaren Wirklichkeit zu
machen.

Mir geht es in diesem Buch darum, die Perspektive auf
den Menschen zu lenken, da ich von einer dialogischen
Gott-Mensch-Beziehung ausgehe. In dieser Beziehung stellt
sich nicht die Frage, was Gott für sich selbst will, sondern
was Gott für den Menschen will. Es geht also um den Menschen, um seine Vervollkommnung und letztendlich um seine Glückseligkeit im Diesseits und im Jenseits, um seine Gemeinschaft mit Gott.

Die These, die ich in diesem Zusammenhang vertrete, lautet: Nicht der juristische Weg bringt uns Menschen in die Got-

---

[3] Vgl. Koran 95:4.

tesgemeinschaft, sondern der ethische und spirituelle. Damit will ich keineswegs die islamischen Gebote und Verbote über Bord werfen; ich sehe diese aber auch nicht als Selbstzweck an, sondern sie sollen im weitesten Sinne der Glückseligkeit des Menschen im Diesseits und Jenseits dienen. Dies impliziert, dass jeder Weg und jede Handlung, die der Glückseligkeit des Menschen dient, eine von Gott willkommene Bereicherung ist, auch wenn diese nicht im Koran oder in der prophetischen Tradition (Sunna) explizit beschrieben wird bzw. wenn sie sogar in scheinbarem Widerspruch zu einem wortwörtlichen Verständnis dieser Texte steht.

3.1 Scharia hat einen individuellen und einen kollektiven Auftrag

Der Koran spricht zwei Aspekte als Sinn der Verkündigung durch die Propheten an: einen individuellen Aspekt, der auf die Läuterung des Inneren des Menschen zielt, und einen kollektiven Aspekt, der auf die Herstellung von Gerechtigkeit und somit auf eine gerechte Gesellschaftsordnung zielt.

Der Koran stellt den Auftrag an den Menschen, sich selbst zu läutern: »Und bei einer Seele und dem, der sie geformt hat, ja, ihr Sündigkeit und Frömmigkeit eingegeben hat! Glückselig ist, wer sie reinigt, unselig aber, wer sie verkommen lässt«[4], »wohl ergeht es dem, der sich läutert«[5], »und wer sich läutert, der reinigt seine eigene Seele und tut dies zu seinem eigenen Vorteil. Und zu Gott führt die Heimkehr.«[6] Die Sendung der Propheten sollte die Menschen an diesen Auftrag erinnern: »Gott ist es, der zu den Völkern ei-

---

[4] Koran 91:7–10.
[5] Koran 87:14.
[6] Koran 35:18.

nen Gesandten aus ihrer Mitte entsandt hat, um ihnen seine Verse vorzutragen und sie zu läutern und sie das Buch und die Weisheit zu lehren.«[7] Dieser Auftrag kann nur vom Menschen selbst erfüllt werden, keiner kann dem anderen diese Aufgabe abnehmen.

Der Prozess der Läuterung der Seele kann nur in der Selbsterfahrung, in der ständigen Konfrontation mit sich selbst, angegangen werden. Der Islam macht auf diesen Prozess aufmerksam, erinnert den Menschen an den Auftrag der Selbstläuterung, schafft auch religiöse Medien und Anlässe, um in sich hineinzugehen – wie das Gebet, das Fasten, die Pilgerfahrt, das freie Gespräch mit Gott – gibt jedoch keine konkreten Rezepte, wie jedes Individuum sich selbst läutern soll, denn jeder Mensch hat seine individuellen Stärken und Schwächen und kann diese am besten selbst erkennen. Das Herz ist deshalb Ziel religiöser Verkündigung, weil es einerseits das Medium ist, das mit Gott kommuniziert, ihn erkennt und in seine Gemeinschaft zurückkehrt: »An dem Tag werden weder Geld noch Kinder helfen, erfolgreich sein wird der, der mit einem gesunden Herzen zu Gott kommt«[8]; andererseits, weil es der Schauplatz der Austragung von Normenkonflikten, der Suche nach dem rechten Weg, der »richtigen« Entscheidung und des Handelns ist. Durch die ständige Selbstreflexion soll der Mensch von der Selbstrechtfertigung befreit sein, um auf diese Weise seine Verfehlungen zu erkennen und an ihnen zu arbeiten: »Nein, der Mensch ist Zeuge über sich selbst, auch wenn er seine Entschuldigungen vorbringt.«[9]

Neben diesem individuellen Aspekt spricht der Koran die Gesellschaft als Kollektiv an und erinnert an deren Auftrag,

---

[7] Koran 62:2.
[8] Koran 26:88–89.
[9] Koran 75:14–15.

eine gerechte Gesellschaftsordnung herzustellen: »Aus euch soll eine Gemeinschaft entstehen, die zum Guten ruft und gebietet, was Recht und verbietet, was Unrecht ist.«[10] Und so war es Auftrag von Propheten, an Gerechtigkeit zu erinnern: »Wir [Gott] entsandten Unsere Gesandten mit klarer Botschaft und schickten mit ihnen das Buch und die Waage herab, auf dass die Menschen Gerechtigkeit üben möchten.«[11] Wie jedoch eine gerechte Gesellschaftsordnung zu etablieren ist, dazu führt der Koran ebenfalls keine konkreten Rezepte an, denn Gesellschaften sind im stetigen Wandel.

Je nach Kontext sind andere Instrumente und juristische Maßnahmen notwendig, um die göttliche Intention nach gerechter Gesellschaftsordnung verwirklichen zu können. Würde es ein kontextunabhängiges allgemeingültiges überzeitliches Rezept geben, wie eine gerechte Gesellschaftsordnung zu gewährleisten wäre, hätte Gott dieses Rezept gleich von Beginn der Schöpfung an verkündet; der Koran sagt allerdings: »Für jeden von euch haben Wir Richtung und Weg bestimmt«[12], betont jedoch gleichzeitig am Anfang dieses Verses: »Und Wir haben dir [Muhammad] die Schrift mit der Wahrheit herabgesandt, um zu bestätigen, was vor ihr von der Schrift war, und um darüber Gewissheit zu geben. Richte zwischen ihnen nach dem, was Gott herabgesandt hat.«[13] Obwohl in diesem Vers die Rede von unterschiedlichen Wegen ist (der Koran verwendet an dieser Stelle den Begriff »Schirʿa«, um Regelungen für die Gesellschaftsordnung anzusprechen), unterstreicht derselbe Vers, dass es sich bei der koranischen Botschaft um dieselbe inhaltliche Botschaft handelt, wie sie in anderen früheren Schriften und Verkündigungen zu finden ist. Der Koran wurde keineswegs verkündet, um diese ande-

---

[10] Koran 3:104.
[11] Koran 57:25.
[12] Koran 5:48.
[13] Ebd.

ren Schriften aufzuheben, sondern um sie zu bestätigen: »Sprecht [ihr Muslime]: ›Wir glauben an Gott und was uns offenbart wurde, und was Abraham, Ismael, Isaak, Jakob und seinen Kindern offenbart wurde, und was andere Propheten von ihrem Herrn erhalten haben. Wir machen keinen Unterschied zwischen ihnen; und Ihm ergeben wir uns.‹«[14]

Der Wandel juristischer Maßnahmen zur Herstellung einer gerechten Gesellschaftsordnung steht also keineswegs im Widerspruch zum Selbstverständnis der koranischen Botschaft. Diese Botschaft sieht eine Notwendigkeit in der ständigen Anpassung der Maßnahmen an die jeweiligen gesellschaftlichen Bedürfnisse, um die eigentliche Botschaft nach gerechter Gesellschaftsordnung nicht im Namen eines starren, statischen Verständnisses des Islams zu verfehlen. Dass jede prophetische Sendung dieselbe inhaltliche Botschaft verkündet, jedoch einen anderen Weg (arab. *Schirᶜa*) zur Verwirklichung dieser Botschaft beschrieben hat, bezeugt die Notwendigkeit eines dynamischen Verständnisses religiöser Botschaften und zwar gerade dort, wo es um Aspekte des Lebens geht, die dem gesellschaftlichen Wandel unterworfen sind, wie eben die Gesellschaftsordnung. Dies wiederum setzt ein dialogisches Verständnis der Gott-Mensch-Beziehung voraus, in der es Gott um das Wohlergehen des Menschen und nicht um sich selbst geht.

Entlang der beiden Modelle der Gott-Mensch-Beziehung, auf die ich oben eingegangen bin, unterscheiden sich zwei Auffassungen von Scharia: 1. Die Gott-Mensch-Beziehung verstanden als Beziehung zwischen einem Befehlshaber und Befehlsempfänger, die ein Verständnis von Scharia als Ansammlung von Gesetzen/Befehlen impliziert, welche dem Menschen von außen aufgesetzt wird und unhinterfragt befolgt werden muss, anderenfalls droht die göttliche Strafe.

---

[14] Koran 2:136.

Der Mensch wird hier angehalten, Befehlen zu folgen, um dadurch auf die Gnade Gottes zu hoffen. 2. Die Gott-Mensch-Beziehung, verstanden als Liebes- und Vertrauensbeziehung, impliziert hingegen ein Verständnis von Scharia als Weg zu Gott, und das ist der Weg des Herzens, der wiederum durch eine gerechte Gesellschaftsordnung begünstigt wird. Das reine Herz leistet seinerseits einen Beitrag zur Herstellung einer gerechten Gesellschaftsordnung. Für diesen Weg zu Gott gibt es keine konkreten juristischen Rezepte, Gott, Mensch und Gesellschaft müssen vielmehr im ständigen Dialog bleiben, in dem es allerdings nicht um Gott geht, sondern um den Menschen selbst.

In dieser dialogischen Gott-Mensch-Beziehung wird die Dualität *Was will Gott, was will der Mensch?* aufgehoben. Denn Gott will alles, was dem Menschen gut tut, also was menschliche Vernunft selbst für sich will. Mit Kant gesprochen: »Der Wille ist ein Vermögen, nur dasjenige zu wählen, was die Vernunft unabhängig von der Neigung als praktisch notwendig, d. i. als gut, erkennt.«[15] Scharia ist demnach ein dynamisches Modell, das neben dem Weg des Herzens zu Gott das Prinzip Gerechtigkeit beschreibt, welches nur dann verwirklicht wird, wenn weitere Prinzipien, wie Unantastbarkeit menschlicher Würde, Freiheit, Gleichheit und soziale Verantwortlichkeit, garantiert werden. Scharia, so verstanden, macht jedoch keine konkreten juristischen Vorgaben, wie diese Prinzipien verwirklicht werden, denn auch Gott »reagiert« auf die Dynamik seiner Schöpfung entsprechend dynamisch: »Ihn bittet, wer in den Himmeln und auf der Erde. Jeden Tag ist Er in einer anderen Angelegenheit.«[16]

---

[15] *Immanuel Kant*, Grundlegung zur Metaphysik der Sitten, Ausgabe der Preußischen Akademie der Wissenschaften, Berlin 1900ff., AA IV, S. 412, http://www.korpora.org/Kant/aa04/412.html.
[16] Koran 55:29.

Beide Ebenen, die individuelle, die die Läuterung des Herzens betrifft, und die gesellschaftliche, die die Herstellung einer gerechten Gesellschaftsordnung betrifft, stehen zueinander in einem Wechselspiel. Man kann weder sagen, dass die Läuterung des Herzens eine gerechte Gesellschaftsordnung voraussetzt, noch dass eine gerechte Gesellschaftsordnung geläuterte Herzen voraussetzt. An einigen Stellen spricht der Koran die gesellschaftlichen Rahmenbedingungen an und stellt deren Vorhandensein als Voraussetzung der Erwartung an den Menschen dar, sich mit Religion auseinanderzusetzen und sein Leben auf Gott hin auszurichten. Er erwartet zum Beispiel von den Angehörigen des mekkanischen Stammes Quraisch, dass sie Gott anbeten, nachdem ihnen Grundbedürfnisse wie Nahrung und Sicherheit erfüllt sind: »Die Reise im Winter und im Sommer bringt Quraisch zusammen, daher sollen sie den Herrn dieses Hauses anbeten, der sie gespeist, wenn sie hungerten, und ihnen Sicherheit gewährt, damit sie sich nicht fürchten.«[17] An anderen Stellen unterstreicht der Koran jedoch, dass gesellschaftliche Änderungen erst dann zu bewerkstelligen sind, wenn die Menschen zuerst sich selbst verändert haben: »Gott verändert nicht den Zustand eines Volkes, bis die Menschen nicht das, was in ihrem Inneren ist, selbst verändern.«[18]

Die muslimischen Gelehrten haben sich deutlich mehr Gedanken über die Ableitung juristischer Normen gemacht als über die Prozesse der Läuterung des Herzens. Der Gelehrte al-Ghazālī war einer der wenigen, dem es gelungen ist, beide Aspekte, den juristischen und den spirituellen, miteinander zu vereinen.[19] Im nächsten Kapitel über die isla-

---

[17] Koran 106.
[18] Koran 13:11.
[19] Vgl. *al-Ghazālī* 1977.

mische Normenlehre sowie im darauffolgenden sechsten Kapitel über die Läuterung des Herzens möchte ich auf diese beiden Aspekte etwas detaillierter eingehen und Wege aufzeigen, wie man heute der Forderung der Scharia nach der Herstellung einer gerechten Gesellschaft, die im Sinne des Menschen organisiert ist, und ihrer Forderung nach der Läuterung des Herzens gerecht werden kann.

4. Wie werden juristische Normen abgeleitet?

In diesem Kapitel sollen die wichtigsten Grundlagen des islamischen Rechts dargestellt werden. Dabei geht es nicht darum, das traditionelle islamische Recht bzw. Teile davon zu dekonstruieren, weil das eine oder andere aus unserer heutigen Sicht anstößig wirkt, sondern darum, eine deskriptive Darstellung der Instrumente und Methoden, mit denen muslimische Gelehrte gearbeitet haben, zu liefern. Daran anschließend werden Überlegungen angestellt, wie diese Methoden und Instrumente weiterentwickelt werden können, um den Geist des Korans und der islamischen Botschaft auch für uns heute fruchtbar zu machen, indem die Lebenswirklichkeit der Menschen heute ihre Berücksichtigung findet. Der erhobene Zeigefinger mit einem expliziten oder impliziten Hinweis auf die Rückständigkeit mancher islamischer Rechtsgutachten wird von einigen Muslimen als Angriff auf die islamische Tradition selbst empfunden. Daher ist eine konstruktive Kritik notwendig, die nicht darauf abzielt, das islamische Recht zu disqualifizieren, sondern diesem einen Anstoß zu geben, sich weiterzuentwickeln. Zu Recht merkt Mathias Rohe an: »Vieles von dem, was heute am traditionellen islamischen Recht anstößig wirkt, war teils bis vor wenigen Jahrzehnten auch Bestandteil europäischer Rechtsordnungen.«[1]

Der Prophet Muhammad hat kein ausgearbeitetes islamisches Recht hinterlassen, sondern den Koran, der bereits zu seinen Lebzeiten niedergeschrieben wurde, sowie seine

---

[1] *Mathias Rohe*, Das islamische Recht. Eine Einführung, München 2013, S. 8.

eigenen Aussprüche (Hadithe), die allerdings erst viel später nach seinem Tod gesammelt und schriftlich fixiert wurden. Die Notwendigkeit einer Systematisierung und Etablierung eines islamischen Rechts ergab sich vor allem seit dem achten Jahrhundert mit der starken Ausweitung des islamischen Territoriums. Im neunten und zehnten Jahrhundert etablierte sich dann endgültig die islamische Normenlehre (*Fiqh*) samt ihrer Methoden (*Usūl al-fiqh*) als eine eigenständige Disziplin. Muhammad ibn Idrīs asch-Schāfiʿī (767–820) gilt als einer der ersten und bedeutendsten Gelehrten, die das islamische Recht systematisch erfasst haben. Sein Werk *Ar-Risāla* gilt als das erste Werk zum Thema »Methoden der islamischen Normenlehre«.

Man darf das islamische Recht keineswegs als etwas Statisches auffassen, so als wäre es vom Himmel gefallen. Dem ist nicht so. Im Koran begegnen uns lediglich 80 der 6234 Verse, die juristische Aussagen bezüglich der Gesellschaftsordnung machen. Das islamische Recht hat sich sukzessive im Laufe mehrerer Jahrhunderte in verschiedenen islamischen Ländern entwickelt und zwar nicht ohne den Einfluss der vorherrschenden Kulturen und Verwaltungsstrukturen dieser Länder. »So ist auch das islamische Recht keineswegs ein präzises Gesetzbuch, sondern ein höchst komplexes System von Normen und Regeln, welche die Auffindung und Interpretation der Normen erst möglich machen.«[2] Dabei gelten der Koran und die Überlieferungen des Propheten Muhammad (Sunna bestehend aus einzelnen Aussprüchen des Propheten bzw. Aussprüchen seiner Gefährten, die man als Hadith (Plural: Hadithe) bezeichnet) als die zwei Hauptquellen der Ableitung islamischer Normen. Beide gelten als Grundlage für weitere Überlegungen. Neben dem Koran und der Sunna gibt es eine Reihe weiterer

---

[2] *Rohe* 2013, S. 15.

Quellen der Ableitung islamischer Normen, auf die ich weiter unten eingehen möchte. Anders als bei Koran und Sunna herrscht über diese weiteren Quellen keine Einigkeit unter den muslimischen Gelehrten.

4.1 Islamische Normenlehre und nicht islamisches Recht

Die Bezeichnung »Islamisches Recht« kann mitunter etwas irreführend sein, denn Recht, wie wir es heute verstehen, »lebt maßgeblich von seiner weltlichen Befriedungsfunktion und greift hierfür nötigenfalls auch auf Mittel (staatlicher) Gewalt zurück«[3]. Das bedeutet, dass die Durchsetzung von Recht im Diesseits erzwingbar ist. Die Durchsetzung religiöser Vorschriften, wie das rituelle Gebet oder das Fasten, wird hingegen in der Regel nicht erzwungen. Bei Nichtachtung religiöser Vorschriften droht hauptsächlich eine jenseitige Sanktion. »Dies ist nur dann anders, wenn auch religiöse Vorschriften aufgrund einer Entscheidung der jeweiligen Machthaber mit diesseitigen Sanktionen durchgesetzt werden.«[4] Das Recht gilt zudem weitgehend territorial, also für ein bestimmtes Territorium und unabhängig von der Eigenart der Person, die sich auf dem Territorium der rechtsetzenden Macht aufhält. Religiöse Vorschriften gelten in der Regel jedoch nur für Angehörige der jeweiligen Glaubensgemeinschaft und sind nicht territorial gebunden. Das Gebot zum Beten gilt zum Beispiel für den Muslim unabhängig von dem Territorium, auf dem er sich aufhält.

Diese Unterscheidung zwischen Recht und islamischen Normen ist deshalb wichtig, damit das Missverständnis vermieden wird, Muslime wollten das gültige territoriale

---

[3] *Mathias Rohe*, Das islamische Recht, München 2009, S. 9.
[4] Ebd.

Rechtssystem über Bord werfen, wenn sie von religiösen Normen sprechen, wie dem Gebot zum Beten oder Fasten, bzw. dem Gebot zur Güte dem Nächsten und vor allem den den Eltern gegenüber sowie dem Verbot von Alkoholgenuss und Schweinefleischverzehr.

Als die Westfälische Wilhelms-Universität, an der ich das Zentrum für Islamische Theologie leite, entsprechend den Empfehlungen des Wissenschaftsrates beschlossen hat, eine Professur für islamisches Recht einzurichten, fragte mich ein Jurist an der Universität, ob diese Professur ein Parallelrecht zum deutschen Recht unterrichten solle, oder was man hier unter »islamischem Recht« verstehen würde. Ich erklärte dem Juristen meinen Unmut über diese Bezeichnung, da sie eben etwas anderes suggeriert, als was tatsächlich gemeint ist. Denn der Großteil der Lehre in diesem Fach bezieht sich auf Regelungen, die die Praxis religiöser Rituale betreffen. Um Missverständnisse zu vermeiden, haben wir die Professur »Normenlehre und deren Methodologie« genannt, was auch später viel Zuspruch u. a. von dem bekannten Juristen und Islamwissenschaftler Mathias Rohe fand.

4.2 Die Hauptquellen der islamischen Normenlehre

Die sunnitischen Gelehrten sind sich über folgende vier Quellen der islamischen Normenlehre einig: Koran, Sunna, Konsens (*Idschmā'*) und Analogieschluss (*Qiyās*). Dabei muss man anmerken, dass, wenn hier die Rede von Koran und Sunna als Quellen ist, dies keineswegs heißen soll, dass die Normen ohne Weiteres in ihnen zu finden sind, sondern sie bedürfen der Ableitung und der Interpretation. Neben den genannten vier Quellen gibt es weitere, wie die rechtliche Präferenz (*Al-Istihsān*), das Gemeinwohl (*Al-Maslaha al-Mursala*), das Brauchtum (*Al-'Urf*), die Taten der Prophe-

tengefährten (*Madhhab as-sahābi*) und die Gesetzgebung
anderer Propheten (*Schar͑a man qablana*). Die vier Hauptquellen haben nicht denselben Rang: Der Koran hat die
höchste Autorität, gefolgt von der Sunna, dann dem Konsens und schließlich dem Analogieschluss. Die Ableitung
von Normen aus dem Koran und der Sunna geschieht unmittelbar aus dem Textkorpus; beim Konsens und dem Analogieschluss wird nur mittelbar aus dem Text abgeleitet.
Deshalb spricht man bei den letzten beiden von *Idschtihād*.
Idschtihād (aus der arabischen Wurzel *dschuhd*, im Sinne
von Anstrengung) bedeutet in diesem Zusammenhang, dass
das Bemühen darauf abzielt, islamische Normen zwar auf
der Grundlage von Koran und Sunna abzuleiten, diese jedoch nicht direkt aus ihnen zu entnehmen sind. Die muslimischen Gelehrten berufen sich dabei auf folgenden Dialog
zwischen dem Propheten Muhammad und dem bereits genannten Gefährten Mu͑ādh ibn Dschabal, den der Prophet
nach Jemen entsandte. Muhammad fragte ihn: »Wie wür-
dest du zwischen den Menschen richten?« Mu͑ādh antwortete: »Mit dem Koran.« Dann fragte ihn der Prophet: »Und
was wenn du dort keine Antwort findest?« Mu͑ādh sagte:
»Dann richte ich nach der Sunna.« Der Prophet fragte:
»Und was wenn du dort keine Antwort findest?« Mu͑ādh
antwortete: »Dann strenge ich mich selbst durch meine eigene Vernunft an und gebe mir dabei viel Mühe.« Muhammad
bestätigte diese Vorgehensweise mit den Worten: »Geprie-
sen sei Gott, der den Gesandten des Gesandten Gottes zu
dem geführt hat, was dem Anliegen des Gesandten Gottes
entspricht.«[5]

---

[5] Überliefert nach *at-Tirmidhī*: Hadith-Nr. 1327.

4.2.1 Koran

Die Offenbarung des Korans

Nach dem islamischen Glauben wurde der Koran von Gott mittels des Engels Gabriel auf den Propheten Muhammad herabgesandt. Wie das stattgefunden hat, darüber wissen wir nur sehr wenig. Die muslimischen Gelehrten entwickelten eine sehr konkrete Vorstellung von diesem Prozess: So wird davon ausgegangen, dass der Koran auf einer Tafel, die sich im Himmel befindet, geschrieben steht. Dort soll er bis zu seiner Herabsendung aufbewahrt worden sein. So schreibt der Gelehrte as-Sujūtī (1445–1505) in seinem Werk *Al-Itqān*, in dem er sich ausführlich mit Fragen zu dem Koran und seiner Entstehung auseinandersetzt: »Gott sagt im Koran: ›Der Monat Ramadan, in dem der Koran herabgesandt wurde‹[6], und er sagt: ›Wir haben ihn in der Nacht der Bestimmung herabgesandt.‹[7] Es herrscht Uneinigkeit darüber, wie der Koran aus der wohlbewahrten Tafel herabgesandt wurde. Dazu gibt es drei Positionen: Die erste – und diese ist die am meisten verbreitete und die richtige – geht davon aus, dass er in der Nacht der Bestimmung [damit ist eine Nacht in den letzten zehn Nächten des Fastenmonat Ramadans gemeint. Man vermutet, dass es die Nacht des 27. Ramadan ist, aber genau weiß man es nicht] als Ganzes zum ersten Himmel herabgesandt wurde. Danach wurde er teilweise über zwanzig bzw. dreiundzwanzig bzw. fünfundzwanzig Jahre verkündet (…). Die zweite Position vertritt die Meinung, dass der Koran in der zwanzigsten bzw. dreiundzwanzigsten bzw. fünfundzwanzigsten Nacht der Bestimmung herabgesandt wurde. In jeder Nacht wurde der Teil herabgesandt, der im Laufe des jeweiligen Jahres

---

[6] Koran 2:185.
[7] Koran 97:1.

dann sukzessive verkündet wurde. Nach der dritten Position
hat die Verkündung des Korans in der Nacht der Bestimmung begonnen. Nachher wurde er sukzessive verkündet.«[8]
Die muslimischen Gelehrten sprechen auch von sieben
räumlichen Himmeln, wobei der erste Himmel der ist, der
unmittelbar über uns steht. Im höchsten Himmel, also im
siebten, befinde sich die aufbewahrte Tafel, auf der der Koran geschrieben stehe. Dabei berufen sich die Gelehrten auf
ein wortwörtliches Verständnis des koranischen Verses: »Er
ist ein ruhmreicher Koran. Auf einer wohlverwahrten Tafel.«[9] Wie der Koran nun konkret dem Propheten Muhammad verkündet wurde, dazu verweist as-Sujūtī auf die
Selbsterzählung des Propheten: »Manchmal kommt die Verkündigung wie das Läuten einer Glocke zu mir, und das ist
für mich das schwerste. Und manchmal kommt der Engel
Gabriel in der Gestalt eines Mannes und spricht zu mir und
ich versuche mir zu merken, was er sagt.«[10] Entweder also
verlässt der Prophet seine menschliche Natur, um die Verkündung zu empfangen, oder der Engel nimmt die menschliche Natur an. Was nun die arabischen Worte, die man im
Koran liest, betrifft, so führt as-Sujūtī drei Möglichkeiten
der Zuordnung auf: 1. sie stammen direkt von Gott, 2. sie
gehen auf den Engel zurück oder 3. sie stammen vom Propheten selbst; wobei Einigkeit darüber besteht, dass der ge-
dankliche Inhalt des Korans (also nicht die arabischen Worte selbst) auf jeden Fall von Gott stammt und es irrelevant
ist, ob die arabische Fassung vom Engel oder vom Propheten stammt oder direkt auf Gott zurückzuführen ist.[11] Die
am stärksten vertretene Ansicht der muslimischen Gelehrten

---

[8] *As-Sujūtī*: Al-Itqān fī ʿulūm al-qurʾān, Medina o.J., S. 268ff.
[9] Koran 85:21–22.
[10] Überliefert nach *at-Tirmidhī*, Hadith-Nr. 3634 sowie *as-Sujūtī*, o.J.,
S. 289.
[11] *As-Sujūtī*, o.J., S. 292f.

führt sowohl den gedanklichen Inhalt, als auch die gespro-
chenen Worte im Koran auf Gott zurück. Darin soll sich
der Koran von der prophetischen Tradition (Sunna) unterscheiden, denn diese wurde dem Propheten eingegeben, er
hat sie aber mit seinen eigenen Worten zum Ausdruck ge-
bracht. Das ist auch der Grund, warum, wenn der Koran
zitiert wird, er wortwörtlich wiedergegeben werden muss,
während es bei der Sunna ausreicht, sie sinngemäß wiederzugeben. Nichtsdestotrotz gehen muslimische Gelehrte davon aus, dass es unterschiedliche Lesarten des Korans gibt,
die auch zur Zeit des Propheten geläufig waren.

Der Glaube daran, dass auch die arabischen Worte, in die
der Koran gefasst ist, von Gott stammen, hat Konsequenzen,
was das Zitieren des Korans in nichtarabischen Sprachen betrifft. So wird eine Koranübersetzung nicht als Wiedergabe
des Korans verstanden und deshalb nicht als Koran bezeichnet, sondern als eine Form der Interpretation des Korans.
Denn jede Übersetzung ist ja auch eine Interpretation. Es ist
jedoch ein Missverständnis, zu behaupten, der Koran dürfe
nicht in andere Sprachen übersetzt werden. Die Übersetzung
darf jedoch nicht denselben Rang bekommen wie der Koran
selbst.[12] Daher vertraten die muslimischen Gelehrten die
Ansicht, man dürfe im Gebet den Koran nicht in einer Übersetzung rezitieren. Der bekannte Gelehrte Abū Ḥanīfa
(699–767), nach dem die hanafitische Rechtsschule benannt
ist, machte hier eine Ausnahme, indem er den Nichtara-
bischsprechenden erlaubte, den Koran im Gebet in der Übersetzung zu rezitieren.[13]

---

[12] *Wahba az-Zuhaylī*, Al-wadschīz fī uṣūl al-fiqh, Beirut 1999, S. 24.
[13] *ʿAbd al-ʿAzīz al-Buchārī*, Kaschf al-asrār ʿan uṣūl fadschr al-Islām, Beirut 1890, Band 1, S. 24 sowie *Abū Zuhra*, Abū Ḥanīfa, Kairo 1947,
S. 270ff.

Die Sammlung und Niederschrift des Korans

Der Koran wurde schon zu den Zeiten des Propheten Muhammad auf verschiedene Materialien wie Knochen, Leder, Steinen, Papyrus usw. niedergeschrieben, allerdings nicht zu einem Buch zusammengetragen. Auch die Suren, also die einzelnen Kapitel (insgesamt hat der Koran 114 Suren), waren noch nicht angeordnet.[14] Einige der Prophetengefährten lernten den Koran auswendig. Erst zur Amtszeit des ersten Kalifen Abū Bakr (632–634) wurde der Koran zu einem Buch zusammengetragen. Hintergrund war der Tod einiger Prophetengefährten, die den Koran auswendig konnten, was zu der Befürchtung führte, dass der Koran durch den Verlust dieser Menschen verloren gehen könnte. Die entsprechenden Überlieferungen zeigen aber, dass es nicht so einfach war, den Koran zu einem Buch zusammenzutragen. Nach einem Krieg, in dem einige Koranrezitatoren gestorben waren, schlug der spätere zweite Kalif ʿUmar ibn al-Chattāb (634–644) dem amtierenden ersten Kalifen Abū Bakr vor, den Koran in einem Buch zusammenzufassen. Dieser reagierte äußerst skeptisch und argumentierte: »Wie willst du etwas machen, was der Prophet nicht gemacht hat?« Weiter führte Abū Bakr aus: »Er [ʿUmar] sprach mich mehrere Male darauf an, bis Gott meine Brust geöffnet hat und ich eingesehen habe, was ʿUmar meinte.«[15] Danach gingen beide zu Zaid ibn Thābit (gest. zwischen 662–3 und 675–6), der zu Lebzeiten des Propheten einer der Hauptschreiber des Korans war, und beauftragten ihn, eine Kommission zu leiten, die den Koran in einem Buch vereinen sollte. Ibn Thābit reagierte anfangs genauso skeptisch wie Abū Bakr und argumentierte ähnlich, später aber sah auch er die Notwendigkeit dieses Schrittes

---

[14] *As-Sujūtī*, o.J., S. 378 sowie ʿ*Abdullāh Schihāta*: ʿUlūm al-Qurʾān, Kairo 2002, S. 23f.
[15] Überliefert nach *al-Buchārī*: Hadith-Nr. 4701 sowie *as-Sujūtī*, o.J., S. 379.

ein.[16] Und so wurde bald die erste komplette Ausgabe des Korans erstellt. Diese wurde nach dem Tod des Kalifen Abū Bakr an den zweiten Kalifen ʿUmar und nach dessen Tod an seine Tochter Hafsa übergeben. Zur Zeit des dritten Kalifen ʿUthmāns (644–655) breitete sich das islamische Gebiet schnell weiter aus, und so wurden Teile des Korans von nicht Arabisch sprechenden Muslimen niedergeschrieben, was zu Ungereimtheiten führte. Nach einer Überlieferung des Gelehrten Anas ibn Mālik (gest. zwischen 709 und 711) beobachtete der Kommandant Huzayfa ibn al-Jamān bei den Eroberungen Aserbaidschans und Armeniens große Auseinandersetzungen unter den syrischen und irakischen Soldaten wegen der Rezitation des Korans. Besorgt ging er zum Kalifen ʿUthmān und unterrichtete ihn von den Uneinigkeiten. Daraufhin holte ʿUthmān die Originalausgabe, die bei Hafsa war, und beauftragte Zaid ibn Thābit erneut damit, mit Hilfe einer Kommission und orientiert am Original, mehrere Koranexemplare zu erstellen, um diese in den neuen islamischen Gebieten zu verteilen. Die vorhandenen Niederschreibungen, die zweifelhaft waren, wurden verbrannt.[17] Der Grund, warum ausgerechnet Zaid ibn Thābit mit der Leitung beider Kommissionen beauftragt wurde, liegt auf der Hand, wenn man weiß, dass er einer der bedeutendsten Koranschreiber zu Lebzeiten des Propheten und zudem Zeuge der letzten Koranlesung war, die der Prophet in seinem Todesjahr vollzogen hatte.

Es ist wichtig zu wissen, dass die sogenannten ʿuthmānischen Koranexemplare, die als Vorlage für spätere Exemplare dienten, weder Interpunktions- noch Vokalisierungszeichen vorwiesen. Dies führte dazu, dass unterschiedliche

---

[16] Ebd.
[17] Überliefert nach *al-Buchārī*, Hadith-Nr. 4984 sowie *as-Sujūtī*, o.J., S. 388.

Lesarten der koranischen Schrift möglich waren. Mindestens sieben davon gelten bis heute als authentisch.[18] Allerdings sind die so entstandenen Deutungsunterschiede so minimal, dass sie zu keinen Auseinandersetzungen zwischen den Exegeten geführt haben. Sie wurden stets als Bereicherung angesehen.

Mekkanische versus medinensische Koransuren

Der Koran besteht aus 114 Suren (Kapiteln). Diese sind im Koran größtenteils der Länge nach angeordnet, sodass die längeren Suren am Anfang und die kürzeren am Ende zu finden sind. Man unterscheidet zwischen den mekkanischen und den medinensischen Suren, denn der Koran wurde innerhalb von 23 Jahren (610–632) verkündet. Dreizehn Jahre (610 bis 622) lagen vor der Auswanderung des Propheten Muhammad von Mekka nach Medina im Jahre 622 und zehn nach der Auswanderung. Die Unterscheidung zwischen mekkanischen und medinensischen Suren orientiert sich also an dem Zeitpunkt der Verkündigung der jeweiligen Sure, ob vor (mekkanische Suren) oder nach (medinensische Suren) der Auswanderung nach Medina. Zu den medinensischen Suren zählen daher auch solche, die zwar in Mekka, allerdings erst nach der Auswanderung verkündet wurden.

In Mekka bestand die Gesellschaft aus vielen politischen Einheiten, den Stämmen, mit patriarchalisch-hierarchischem Aufbau. Die Loyalität zum Stamm galt als oberstes Prinzip. Die gemeinsame Abstammung begründete die Loyalitätspflicht zum Stamm. Unter den mekkanischen Stämmen herrschten ständig Kriege um wirtschaftliche Ressourcen. Der Stamm, der die meisten wirtschaftlichen Ressourcen kontrollierte, stand in der Hierarchie an der Spitze.

---

[18] *Badr ad-Dīn az-Zarkaschī*, Al-Burhān fī ʿulūm al-Qurʾān, Kairo 1957, Band 1, S. 331.

Zur Zeit des Propheten war dies sein eigener Stamm namens Quraisch. Auch Sklaverei war sehr stark verbreitet. Sklaven wurden im Krieg erbeutet. Die ständigen Konkurrenzkämpfe zwischen den Stämmen führten zu einer Aufwertung der männlichen Stammesangehörigen gegenüber den weiblichen; Männer konnten Krieg führen, und Kriegsbeute war eine wichtige wirtschaftliche Einnahmequelle. Je mehr Söhne jemand hatte, desto mehr Ansehen genoss er in der Gesellschaft. Töchter hingegen waren eine Last und zudem leichte Kriegsbeute für die Feinde. Der Koran dokumentiert diese Tradition: »Wenn einem von ihnen eine Tochter angekündigt wird, dann verdüstert sich sein Gesicht, und er hadert mit sich. Er verbirgt sich wegen dieser schlechten Nachricht vor seinen Leuten. Soll er diese Schande behalten oder in der Erde vergraben?«[19] Wenn die Töchter eines Stammes von anderen Stämmen als Kriegsbeute genommen und versklavt wurden, verletzte dies die Ehre des Stammes. Mädchen waren ein Schwachpunkt in dieser gesellschaftlichen Konstellation. Man musste sie möglichst vom öffentlichen Geschehen in der Gesellschaft fernhalten, um ihnen den notwendigen Schutz zu bieten. Neben diesen sozialen Missständen im Mekka des siebten Jahrhunderts waren Polytheismus und Aberglaube stark verbreitet. Daher lag der Schwerpunkt der koranischen Verkündigung in dieser mekkanischen Phase auf dem reinen Monotheismus und den Attributen Gottes sowie der Ankündigung des Jüngsten Gerichts; ferner findet man in den mekkanischen Suren viele Berichte über frühere Propheten und deren Völker, mit dem Appell, aus der Geschichte Lehren zu ziehen. Man findet in dieser Phase auch viele allgemeine ethische Prinzipien, allerdings ohne juristische Aussagen. Daher sagten die Gelehrten, dass jede Sure, die alle Menschen mit »O Ihr Menschen!«

---

[19] Koran 16:58–59.

und nicht »O Ihr Gläubigen« anspricht, eine typisch mekkanische Sure ist.[20] Ziel der koranischen Verkündigung in dieser Phase war an erster Stelle, Gott als dialogischen Partner
kennenzulernen sowie der Bruch mit den Stammestraditio-
nen und dem Polytheismus. Medina war anders als Mekka.
Diese Stadt war viel heterogener. Dort lebten nicht nur Ara-
ber, sondern auch Juden. Sie kamen – auf der Flucht vor den
Römern – nach den Jahren 70 und 132 nach Medina. 575
kamen nach dem Dammbruch von Ma'rib auch arabische
Stämme aus dem Jemen nach Medina. Sie schlossen Verträge mit den jüdischen Stämmen ab und arbeiteten für sie
in der Landwirtschaft und im Handel. Während die Mekkaner Geschäftsleute waren, die viel reisten, waren die Medinenser eine sesshafte Bevölkerung, deren Haupteinnahme-
quelle die Landwirtschaft war. Allerdings herrschten auch
unter den Stämmen in Medina starke Rivalitäten und es
gab kriegerische Auseinandersetzungen. In Mekka behauptete sich der Stamm Quraisch als stärkster, in Medina konnte sich kein bestimmter Stamm durchsetzen, sodass Muhammad, als er im Jahre 622 nach Medina kam, als mehr
oder weniger »neutrale« Person willkommen war. Dort
konnte er schnell die verschiedenen Stämme (jüdische und
arabische) unter einem Dach vereinen. Kurz nach seiner Ankunft unterzeichnete der Prophet mit der Bevölkerung
Medinas (dazu gehörten jüdische und arabische Stämme,
aber auch seine Anhänger aus Mekka, die mit ihm aus-
gewandert waren) den berühmten Vertrag von Medina.
Laut diesem Vertrag standen nicht nur allen namentlich angeführten Vertretern des Islams und Judentums die gleichen
Rechte und Pflichten zu, sondern auch die Religionen selbst
wurden anerkannt. Und so bildeten die Juden nach diesem
Vertrag eine Umma (Gemeinschaft) mit den Muslimen:

---

[20] *ʿAbdullāh Schihāta* 2002, S. 52.

»Die Juden hatten ihre Religion und die Muslime die ihrige.«[21] Die Mekkaner, die mit dem Propheten einwanderten (*Muhāǧirūn*), und die Medinenser, die ihm Schutz boten (*Ansār*), genossen laut diesem Vertrag Gleichstellung. Alle im Vertrag aufgelisteten Stämme und Sippen gewährten einander Schutz. Man würde in unseren heutigen Termini sagen, dass die Entwicklung auf die Konstituierung einer Nation zulief. Nun brauchte diese Gesellschaft eine rechtliche Grundlage. Muhammad begann daher in Medina, an den Grundlagen für die Errichtung eines »Rechtsstaates« zu arbeiten. Dies spiegelt sich auch im Koran wider. Neben spirituellen und ethischen Aspekten wurden jetzt Gesetze und Regelungen vorgeschrieben, die das gesellschaftliche Leben regeln sollten. Und nun ergibt sich die für uns heute wichtige Frage: Wie gehen wir mit diesen gesellschaftlichen Regelungen um, die sich in Medina herausgebildet haben und sich sowohl im Koran als auch in der prophetischen Tradition, der »Sunna« widerspiegeln? Während Konsens unter allen muslimischen Gelehrten darüber besteht, dass Regelungen von religiösen Ritualen (dazu gehören vor allem die sogenannten fünf Säulen des Islams sowie Regelungen mit ethischem Charakter, wie das Gebot der Güte und Aufrichtigkeit) einen ahistorischen Charakter besitzen, d. h. für alle Muslime für alle Zeiten gültig sind, gibt es Uneinigkeit, was Regelungen betrifft, die dem gesellschaftlichen Wandel unterliegen (dazu gehören Erbschaftsregelungen, Körperstrafen usw.).[22]

---

[21] Enzyklopädie des Islam, eslam.de, http://www.eslam.de/manuskripte/vertraege/verfassung_von_medina.htm.
[22] Vgl. *Khorchide* 2012, S. 119–150.

Offenbarungsanlässe im Koran

Die Koranexegeten waren bemüht, die Anlässe, zu denen bestimmte koranische Verse verkündet wurden, zurückzu-
verfolgen, um den jeweiligen Vers in seinem Kontext zu verstehen. Daraus wuchs eine eigenständige Wissenschaft mit
der Bezeichnung »Offenbarungsanlässe« (arab. *Asbāb an-
nuzūl*). Die Offenbarungsanlässe beruhen jedoch auf Überlieferungen von Prophetengefährten bzw. deren Gefährten,
wobei es sich nicht immer um authentische Überlieferungen
handelt, was es schwierig macht, die Offenbarungsanlässe
genau zu bestimmen. Der Gelehrte al-Wāḥidī an-Nīsābūrī
(gest. 1075) sammelte in seinem Werk *Asbāb an-nuzūl* zahlreiche Überlieferungen als Offenbarungsanlässe koranischer
Verse. Zum Beispiel wird überliefert, dass der koranische
Vers: »Den Männern steht ein Teil zu von der Hinterlassenschaft ihrer Eltern und Verwandten, und auch den Frauen
steht ein Teil zu von der Hinterlassenschaft ihrer Eltern und
Verwandten. Ob wenig oder viel, als pflichtmäßiger An-
teil«[23], aus folgendem Anlass verkündet wurde: Ein Mann
der verstorben war hatte eine Frau und drei Töchter hinterlassen. In der vorislamischen Zeit war nun aber die Betei-
ligung von Frauen an der Erbschaft verpönt, da man verhindern wollte, dass durch die Heirat von Angehörigen anderer
Stämme der Besitz des Stammes in die Hände von Konkur-
renzstämmen gelangte. Daher rissen zwei Cousins des Ver-
storbenen das ganze Erbe an sich. Als sich die Frau beim Propheten deswegen beschwerte, soll dieser Vers verkündet
worden sein.[24] Und als einige der Gefährten des Propheten
beschlossen hatten, aus asketischen Gründen jeden Tag zu
fasten, die Nächte hindurch zu beten, kein Fleisch mehr zu
essen und nicht zu heiraten, wurde der Vers: »O ihr, die ihr

---

[23] Koran 4:7.
[24] *ʿAbdullāh Schiḥāta* 2002, S. 77.

glaubt, verbietet nicht die guten Dinge, die Gott euch erlaubt hat«[25], verkündet.[26]

Die Offenbarungsanlässe stellten die Exegeten vor eine große Herausforderung, denn der Koran stellt den Anspruch, als ein Buch für alle Zeiten und Kontexte zu gelten. Die Offenbarungsanlässe könnten jedoch bestimmte koranische Aussagen auf bestimmte historische Ereignisse einschränken. Und so ergibt sich die Frage, ob der jeweilige Vers an seinen Anlass gebunden bleibt oder ob er von allgemeiner Bedeutung ist. Daher etablierten die Exegeten folgende Regel: Es kommt auf die Allgemeingültigkeit des Verses an und nicht auf seine Gebundenheit an den Anlass.[27] Diese Regel hat ihre Vor-, aber auch Nachteile. Wenn der Koran zum Beispiel sagt: »Und Gottes ist der Osten und der Westen. Wo ihr euch hinwendet, ist das Antlitz Gottes«[28], dann könnte jemand zum Fazit kommen, dass das rituelle Gebet nicht unbedingt in Richtung Mekka zu verrichten wäre, jede Richtung wäre richtig. Liest man jedoch nach, was der Offenbarungsanlass dieses Verses war, dann erfährt man, dass es um eine Gruppe Muslime geht, die auf einer Reise waren und in der Nacht beten wollten, jedoch nicht wussten, welches die richtige Gebetsrichtung war und deshalb in irgendeine Richtung beteten. Als dann aber am nächsten Tag die Sonne aufging, sahen sie, dass sie in die falsche Richtung gebetet hatten. Sie befragten den Propheten und er schwieg, bis der koranische Vers offenbart wurde.[29] Hier kann man die oben angeführte Regel ohne Weiteres anwenden und verallgemeinern, sodass jeder, der irrtümlicherweise in die falsche Richtung betet, entschuldigt ist. Beim

---

[25] Koran 5:87.
[26] *'Abdullāh Schihāta* 2002, S. 78.
[27] Ebd., S. 81.
[28] Koran 2:115.
[29] *Al-Wāhidī an-Nīsābūrī*, Asbāb an-nuzūl, Beirut 1991, S. 39f.

koranischen Vers »Gehorcht Gott und gehorcht dem Gesandten und den Machthabern unter euch«[30] hingegen
kann man nicht verallgemeinern und zu dem Schluss kommen, Menschen sollten allen Machthabern bedingungslos
gehorchen, da dieser Vers offenbart wurde, als der Prophet
einen seiner Gefährten zum Kommandeur in einem Krieg ernannt hatte und sich genau auf diesen Sachverhalt bezieht.

Man muss also zwischen zwei Arten von koranischen
Versen unterscheiden: solchen, die an ihren historischen
Kontext gebunden bleiben und solchen, die, obwohl sie zu
einem bestimmten Anlass verkündet wurden, trotzdem als
überzeitlich zu verstehen sind. Koranische Verse, die einen
Bezug zu Sachverhalten haben, welche dem gesellschaftlichen Wandel unterliegen, müssen in ihrem historischen
Kontext verstanden werden, um daraus allgemeine Prinzipien abzuleiten und nicht am Wortlaut des Textes hängen
zu bleiben. Wenn der Prophet zum Beispiel jemanden zum
Kommandeur ernennt, dann deshalb, weil diese Person die
entsprechende Qualifikation dazu besitzt, und genau auf
diesen Aspekt kommt es an. Unqualifizierte Leiter sollten
hingegen abgesetzt werden. Koranische Verse, die aber nicht
vom gesellschaftlichen Wandel betroffen sind, können als
überzeitlich gelesen werden. Das sind vor allem solche, die
Aussagen über Gott selbst und über sein Handeln machen
bzw. Regelungen beinhalten, die die religiösen Rituale betreffen.

Die Unterscheidung zwischen historischen (kontext-
abhängigen) und überhistorischen (kontextunabhängigen)
koranischen Aussagen ist von großer Bedeutung, um Scharia nicht im Sinne einer Ansammlung von detaillierten juristischen Regelungen zu verstehen. Wenn hier von historischen koranischen Aussagen, die kontextabhängig sind, die

---

[30] Koran 4:59.

Rede ist, dann ist damit nicht gemeint, dass diese Aussagen uns heute nichts mehr angehen. Sie sind weiterhin ein konstituierender Bestandteil islamischer Tradition, jedoch nicht in ihrem Wortlaut, sondern in dem eigentlichen Inhalt, den sie uns heute mitteilen wollen. Daher müssen wir aus ihnen allgemeingültige Prinzipien ableiten, wie Gerechtigkeit oder Bewahrung der Schöpfung. Diese Aussagen beschreiben in ihrem Wortlaut, wie diese Prinzipien im siebten Jahrhundert auf der arabischen Halbinsel verwirklicht wurden, jedoch nicht, wie sie heute verwirklicht werden können. Dies müssen wir für unseren heutigen Kontext selbst ausarbeiten. Da ich auf dieses Thema in meinem Buch »Islam ist Barmherzigkeit« detaillierter eingegangen bin, möchte ich es hier bei diesen Ausführungen belassen.[31]

4.2.2 Sunna und Hadithe

Nach dem Koran gilt die prophetische Tradition (Sunna) als die wichtigste Quelle im Islam. Nach islamischer Auffassung wurde der Koran – wie oben gezeigt wurde – zu Lebzeiten des Propheten Muhammad niedergeschrieben, die Sunna jedoch viel später.[32] Es gibt zwar Berichte darüber, dass einige Aussagen des Propheten schon zu seinen Lebzeiten schriftlich fixiert wurden, diese wurden allerdings nicht systematisch erfasst. Es handelt sich hier lediglich um einzelne Berichte, die selektiv von einigen Prophetengefährten niedergeschrieben wurden.[33] Die Sunna wurde vor allem in einer politisch sehr angespannten Lage systematisch gesammelt und verschriftlicht (ab ca. 720)[34], weshalb es notwendig war, die gesammelten Aussagen des Propheten auf ihre

---

[31] Vgl. *Khorchide* 2012, S. 119–150.
[32] *Subhī as-Sālih*, ʿUlūm al-hadīth wa-mustalahih, Beirut 2009, S. 19f.
[33] Vgl. ebd., S. 23ff.
[34] Vgl. ebd., S. 44ff.

Authentizität, das heißt dahingehend zu prüfen, ob sie tatsächlich vom Propheten stammten. Eine eigene Wissenschaft, die sich mit dieser Frage auseinandersetzt, wurde etabliert: die Hadithwissenschaft (ʿIlm al-mustalaḥ). Konkret beschäftigt sich diese mit den Prinzipien und Regeln, nach denen sich die Authentizität der Überliefererkette (Isnād bzw. Sanad) und die des Textes (Matn) feststellen lassen. Diese Regeln sollen es ermöglichen, zwischen authentischen und weniger bzw. nicht authentischen Aussagen des Propheten bzw. seiner Gefährten über ihn zu unterscheiden. Der Begriff »Hadith« bezeichnet also das, was dem Propheten Muhammad zugeschrieben wird an Worten, Taten, stillschweigender Billigung, sowie die physischen und persönlichen Beschreibungen des Propheten. Ein Hadith besteht aus zwei Teilen: der Überliefererkette (Isnād bzw. Sanad) und der eigentlichen, überlieferten Aussage (Matn).

Um die Authentizität eines Hadithes festzustellen, beschäftigten sich die Gelehrten der Hadithwissenschaft primär mit der Prüfung der Überliefererkette (Sanad); die Auseinandersetzung mit der eigentlichen Aussage eines Hadithes (Matn) war zweitrangig.

Die Überlieferung der Hadithe

Hadithe, die seit dem Propheten Muhammad und bis zu ihrer endgültigen systematischen Erfassung (etwa im 9. Jahrhundert) in jeder Generation von mehreren Personen parallel überliefert wurden, werden als mutawātir bezeichnet. Sie gelten deshalb als authentisch, weil die Wahrscheinlichkeit, dass ein Hadith, der von mehreren voneinander unabhängigen Personen überliefert wurde, falsch ist, verschwindend gering ist. Die Erdichtung eines solchen Hadithes hätte ein kollektives Übereinkommen benötigt, das durch die hohe Zahl an Überlieferern über mehrere Generationen nicht mehr denkbar ist. Hadithe hingegen, die von einer einzigen

Person bzw. von wenigen Personen überliefert wurden, sodass die Wahrscheinlichkeit einer Erfindung deutlich höher
ist, bezeichnet man als *āhād* (Einzelüberlieferung).[35]

Authentizität der Hadithe

Um die Authentizität eines Hadithes festzustellen, haben die
Hadith-Gelehrten Kriterien ausgearbeitet, nach denen sie
die Hadithe in folgende Kategorien einstufen:[36]
- *sahīh* (tadellos authentisch)
- *hasan* (eher authentisch)
- *da'īf* (nicht authentisch)
- *maudū'* (erlogen)

Im Mittelpunkt der Authentizitätskriterien stand die Bewer-
tung jeder Person, die in der Kette der Überlieferer vorkommt, nach Aufrichtigkeit (*'adāla*) und Merkfähigkeit sowie Genauigkeit in der Wiedergabe der Überlieferung (*dabt*).

Als *sahīh* (tadellos authentisch) wird ein Hadith bezeichnet, dessen Überlieferung vom Anfang bis zum Ende durch
aufrichtige (*'adl*) und genaue (*dābit*) Personen gewährleistet
ist. Ferner darf kein anderes Bewertungsmerkmal bestehen,
das zur Ablehnung des Hadithes führen würde, wie zum
Beispiel, dass der Inhalt des Hadithes in eindeutigem Widerspruch zu einem anderen authentischen Hadith steht.[37]

Als *hasan* (eher authentisch) wird ein Hadith bezeichnet,
dessen Überlieferung vom Anfang bis zum Ende durch aufrichtige (*'adl*) und genaue (*dābit*) Personen gewährleistet ist,
dessen Überlieferer jedoch nicht die Genauigkeit aufweisen,
wie sie für die Einstufung in *sahīh* notwendig wäre und des-

---

[35] Vgl. *Mahmūd at-Tahānī*, Taysīr mustalah al-hadīth, Riad 1996, S. 19ff
und *Nūr ad-Dīn 'Itr*, Minhādsch an-Naqd fī 'ulūm al-hadīth, Damaskus
1979, S. 245ff.
[36] Ebd., S. 241ff.
[37] Vgl. ebd.

sen Inhalt nicht im Widerspruch zu anderen authentischen Hadithen steht. Ferner darf auch hier kein anderes Bewertungsmerkmal bestehen, das zur Ablehnung des Hadithes führen würde.[38]

Die Kategorie *hasan* unterscheidet sich demnach von der Kategorie *sahīh* (authentisch) durch die geringere Genauigkeit in der Wiedergabe der Überlieferung.

Als *daʿīf* (nicht authentisch) gilt ein Hadith, wenn die Kriterien von *sahīh*- und *hasan*-Hadithen nicht erfüllt werden.[39] Wenn also ein oder mehrere Überlieferer nicht aufrichtig oder nicht genau sind, oder wenn die Überliefererkette unterbrochen (*munqatiʿ*) ist. Unterbrochen ist die Kette dann, wenn mindestens ein Name in der Überliefererkette fehlt. Eine kontinuierliche, also ununterbrochene Überliefererkette würde so aussehen:

[Person 1] hat gehört, dass [Person 2] gesagt hat, dass [Person 3] gesagt hat, dass [Person 4] gesagt hat, dass [Person 5] gesagt hat, dass der Prophet Muhammad gesagt hat: »…«

Eine unterbrochene Überliefererkette sieht hingegen so aus:

[Person 1] hat gehört, dass [Person 2] gesagt hat, dass [Person 4] gesagt hat, dass [Person 5] gesagt hat, dass der Prophet Muhammad gesagt hat: »…«

Man weiß, dass Person 3 in der Überliefererkette fehlt, weil die Recherchen ergeben haben, dass Person 2 und Person 4 entweder sich nie kannten oder zeitlich bzw. räumlich so weit auseinander gelebt haben, dass sie nie direkt miteinander hätten kommunizieren können.

Wenn nun feststeht, dass ein Hadith gefälscht ist, wird dieser nicht einfach als *daʿīf* (nicht authentisch) klassifiziert,

---

[38] Vgl. ebd., 263ff.
[39] Vgl. ebd., 285ff.

sondern gänzlich zurückgewiesen und als *maudū'* (erlogen) bezeichnet. Zum Beispiel zitiert al-Ghazālī in seinem Buch »Wiederbelebung der religiösen Wissenschaften« eine Aussage, die er dem Propheten Muhammad zuschreibt: »Der Tote ist wie der Ertrinkende, er sucht nach irgendetwas, an dem er sich festhält, und wartet auf ein Bittgebet eines Verwandten oder Bekannten.«[40] Der Gelehrte adh-Dhahabī (1274–1348) klassifizierte diesen Hadith als zu den erfundenen Hadithen zählend.[41] Viele solcher Hadithe, die von Zuständen des Toten im Grab berichten, sind erfundene Hadithe. Ihre Erfinder wollten durch das Beschreiben eines Schreckbildes des Todes den Menschen Angst machen, weil sie sich dadurch erhofften, sie auf diese Weise zur Frömmigkeit zu »erpressen«.

Aufrichtigkeit (*'adāla*) ist bei einem Hadith-Überlieferer dann gegeben, wenn folgende Voraussetzungen erfüllt sind: Die Person ist Muslim, sie hat geistige Reife erlangt, ist zum Zeitpunkt des Hörens und der Wiedergabe des Hadithes im vollen Besitz ihres Verstandes, ist fromm und weist angemessenes Verhalten auf.

Eine Person wird als genau (*dābit*) eingestuft, wenn sie aufmerksam ist, die Hadithe auswendig und korrekt aus dem Gedächtnis wiedergeben kann bzw. die Hadithe korrekt von einem anderen Skript übernommen und genau niedergeschrieben hat oder – im Falle einer sinngemäßen Überlieferung – die genaue Bedeutung der Hadithe verstanden hat.

Diese Einschätzungen über die Überlieferer fanden in einem eigenen Wissenschaftszweig mit der Bezeichnung »'Ilm ar-ridschāl« (Die Wissenschaft von den Personen) statt, in dem Gelehrte bemüht waren, Überlieferer nach den oben dargelegten Kriterien zu überprüfen. Es ist jedoch keine Fra-

---

[40] Vgl. *al-Ghazālī* 1977, Band 2, S. 184.
[41] Vgl. ebd., Fußnote 6.

ge, dass bei der Beurteilung von Menschen viele Faktoren
mitspielen, nicht zuletzt politische, aber auch konfessionelle
Zugehörigkeiten zu unterschiedlichen Glaubensschulen, wie
Sunniten, Muʿtaziliten und Schiiten, sodass die Einschätzungen nicht immer objektiv waren.

Die Niederschrift der Sunna

Anders als der Koran wurde die Sunna nicht zu Lebzeiten
des Propheten Muhammad niedergeschrieben. Die Mehrheit der überlieferten Berichte führt dies auf den eigenen
Wunsch des Propheten zurück: »Schreibt nichts von dem,
was ich sage auf, wer etwas anderes als den Koran nieder-
schreibt, der möge dies löschen.«[42] In einer anderen Überlieferung erzählt Abū Huraira (gest. 678), dass der Prophet,
nachdem er erfahren hatte, dass die Menschen seine Aussagen niederschrieben, gesagt habe: »Was sind dies für
Schriften, die ihr schreibt?! Ich bin lediglich ein Mensch.
Wer solche Schriften besitzt, solle sie mir bringen.« Abū
Huraira berichtet weiter, dass diese Schriften verbrannt
wurden. Der Prophet habe lediglich die mündliche Weiter-
gabe seiner Aussagen zugelassen und soll gewarnt haben:
»Wer mir etwas in den Mund legt, was ich nicht gesagt
habe, auf den wartet die Höllenstrafe!«[43] Vereinzelte Überlieferungen hingegen, nach denen der Prophet einigen seiner
Gefährten erlaubte, Hadithe niederzuschreiben, beziehen
sich auf Einzelfälle, die als Ausnahmen gelten. Beispielsweise fragte ein Prophetengefährte namens Abū Schāh den
Propheten, er möge ihm etwas Schriftliches von seiner Pre-
digt anlässlich der Eroberung Mekkas geben, woraufhin der
Prophet sagte: »Schreibt etwas für Abū Schāh.«[44] Auch Abū

---

[42] Überliefert nach *Muslim*, Hadith Nr. 3004.
[43] Vgl. *al-Chatīb al-Baghdādī*, Taqyīd al-ʿIlm, Kairo 2008, S. 23f.
[44] *Ibn as-Salāh*, Muqaddima ibn as-Salāh, Kairo 1989, S. 365.

Huraira überlieferte, dass ein Mann sich beim Propheten beklagt habe, er könne nichts von dem, was der Prophet sage, im Gedächtnis behalten, woraufhin Muhammad ihm erwiderte: »Dann schreibe nieder!«[45] Diese Hadithe widersprechen den Berichten, wonach der Prophet verbot, seine Aussagen niederzuschreiben. Es scheint so zu sein, dass das Verbot zwar galt, der Prophet jedoch in Einzelfällen Ausnahmen gebilligt hat.[46]

Für die muslimischen Gelehrten, wie etwa den Hadithgelehrten Ibn as-Salāh (1181–1245), drückt sich im Verschriftlichungsverbot der Sunna die Befürchtung Muhammads aus, dass sich der Koran (die Aussagen Gottes) und die Hadithe (seine eigenen Aussagen) miteinander vermischen könnten.[47] Die Sunna sollte keinen höheren Rang als der Koran einnehmen,[48] daher vermieden die Gefährten des Propheten die Niederschrift der Hadithe, aber auch deren mündliche Überlieferung weitgehend. Zum Beispiel verbot der zweite Kalif ʿUmar ibn al-Chattāb die Niederschrift der Hadithe mit der Begründung, er fürchte, dass die Beschäftigung mit der Sunna vom Koran ablenke. Und als er erfuhr, dass es einige Niederschriften der Sunna gab, sammelte er diese und ließ sie verbrennen.[49] Der Gelehrte at-Tūfī al-Hanbalī (1276/77–1316) kritisierte in seinen Schriften den Kalifen für dieses verhängte Verbot mit der Begründung: »Hätten die Gefährten des Propheten die Hadithe niedergeschrieben, hätten wir sie heute in dieser schriftlichen Form erhalten und die Sunna wäre dadurch viel genauer zu uns gekommen.«[50]

---

[45] *Al-Baghdādī* 2008, S. 74.
[46] Vgl. *Yahyā Muhammad*, Muschkilāt al-hadīth. Beirut 2007, S. 21.
[47] Vgl. *Ibn as-Salāh* 1989, S. 367.
[48] Vgl. *Yūsuf ibn ʿAbd al-Barr*, Dschāmiʿ bayan al-ʿilm, Kairo 1994, S. 268ff.
[49] Vgl. *al-Baghdādī* 2008, S. 53f. und *Ibn ʿAbd al-Barr* 1994, S. 268ff.
[50] *Nadschm ad-Dīn at-Tūfī*, Risāla fī riʿāya al-maslaha, Kuwait 1970, S. 133.

Auch der vierte Kalif ʿAlī ibn Abī Ṭālib (656–661) soll die Vernichtung von Hadith-Schriften veranlasst haben: »Ich bitte jeden, der eine andere Niederschrift als den Koran hat, diese zu vernichten, denn nichts hat die Menschen vom rechten Weg abgelenkt, als dass sie sich mit den Schriften ihrer Gelehrten beschäftigt haben anstatt mit dem Koran.«[51] Dieses Verbot der Niederschrift der Sunna wird auch von anderen Gefährten des Propheten überliefert, wie z. B. ʿAbdullāh ibn Masʿūd (gest. 652–3) und Abū Saʿīd al-Chudrī (gest. zwischen 682 und 693).

Der Prophet Muhammad war nicht nur gegenüber der Niederschrift der Sunna skeptisch und befürchtete, dass sich die Menschen mehr damit als mit dem Koran beschäftigen würden, er warnte auch davor, unnötig viele Hadithe zu überliefern: »Ihr Menschen! Ich warne euch davor, viele Hadithe zu überliefern, und wer etwas von mir überliefert, der möge nur die Wahrheit sagen.«[52] Daran hielten sich auch seine Gefährten. Kurz nach dem Ableben des Propheten versammelte der erste Kalif, Abū Bakr, die Menschen und rief: »Ihr überliefert Aussagen des Propheten und in manchen seid ihr euch nicht einig. Die Menschen nach euch werden noch weniger einig darüber sein, daher überliefert nichts von dem, was der Gesandte Gottes gesagt hat, und wenn ihr gefragt werdet, dann sagt: ›Wir haben das Buch Gottes [den Koran], folgt was in ihm offenbart wurde!‹«[53] Der zweite Kalif, ʿUmar ibn al-Chattāb, ließ einige der Propheten-Gefährten verhaften, weil sie viele Hadithe überlieferten, z. B. ʿAbdullāh ibn Masʿūd, Abū ad-Dardāʾ (gest. 652) und Abū Masʿūd al-Ansārī; sie blieben bis zu ʿUmars Tod im Gefängnis.[54] ʿUmar sagte zu

---

[51] *Ibn ʿAbd al-Barr* 1994, S. 268.
[52] *Ibn al-Dschawzī*, Al-mawdūʿāt, Medina 1966, Band 1, S. 70–71.
[53] *Shams ad-Dīn adh-Dhahabī*, Tadhkira al-huffāz, Beirut 1954, Band 1, S. 2f.
[54] Vgl. *Ibn al-Dschawzī* 1966, Band 1, S. 94.

einigen Prophetengefährten: »Wenn ihr in ein Dorf kommt, in dem die Menschen mit dem Koran beschäftigt sind, lenkt sie nicht durch Hadithe vom Koran ab, beschäftigt euch mit dem Koran und überliefert nur wenig von den Aussagen des Propheten!«[55]

Viele Berichte lassen erahnen, dass es schon bei der ersten Generation der Prophetengefährten Ungereimtheiten bei den überlieferten Hadithen gab. Sowohl der erste, als auch der zweite Kalif bestanden beispielsweise darauf, dass Personen, die Hadithe überlieferten, einen Zeugen mitbrachten, der ebenfalls diesen Hadith vom Propheten gehört hatte.[56]

Nach der ersten Generation der Prophetengefährten, die – wie schon angeführt wurde – sehr vorsichtig mit der Überlieferung der Hadithe umging, folgten andere, die viel mehr Hadithe überlieferten. Das Augenmerk auf die Überliefererketten zu legen und die Glaubwürdigkeit der Überlieferer zu überprüfen, war in dieser Phase sehr wichtig, um die Authentizität des jeweiligen Hadithes feststellen zu können, da gerade im Zuge innerislamischer politischer und ideologischer Auseinandersetzungen viele Hadithe erfunden wurden.

Die am stärksten verbreitete Überlieferung über die Niederschrift der Hadithe führt diese auf den Befehl des umayyadischen Kalifen ʿUmar ibn ʿAbd al-ʿAzīz (717–720) zurück.[57] Er schrieb seinem Statthalter von Medina, Abū Bakr ibn ʿAmr ibn Hazm (gest. 737), er solle die Hadithe des Propheten niederschreiben, da er befürchte, dass sie mit dem Ableben der Hadith-Gelehrten, die die Hadithe im Gedächtnis behielten, verschwinden würden. Eine andere – weniger verbreitete – Überlieferung führt die Niederschrift

---

[55] *Ibn ʿAbd al-Barr* 1994, S. 998f.
[56] Vgl. *adh-Dhahabī* 1954, Band 1, S. 6, vgl. Überlieferung nach *Muslim*, Hadith-Nr. 2153.
[57] Vgl. Überlieferung nach *al-Buchārī*, Hadith-Nr. 100.

der Hadithe auf einen entsprechenden Befehl des umayyadischen Kalifen Hischām ibn ʿAbd al-Malik (724–743) an
den Gelehrten az-Zuhrī (gest. 742) zurück, der durch den
Hadith bestimmte politische Positionen stärken wollte. Az-
Zuhrī meint hierzu: »Wir wurden von den Amiren gezwungen, Hadithe niederzuschreiben.«[58]

Der große Vorteil der Niederschrift der Sunna lag darin,
dass dadurch der Erfindung von Hadithen Grenzen gesetzt
wurden. Az-Zuhrī war einer der Ersten, wenn nicht der Erste, der die Hadithe systematisch zu erfassen begann.[59] Der
Gelehrte Mālik ibn Anas (gest. 795) war der Erste, der – in
seinem Buch *Al-Muwatta*ʿ – die Hadithe systematisch nach
Themen ordnete. Er tat dies auf Verlangen des Kalifen Abū
Dschaʿfar al-Mansūr (754–775). Obwohl eine Reihe von
Gelehrten Imam Māliks Buch *Al-Muwatta*ʿ als erste authentische (*sahīh*) Hadithsammlung qualifizierte, hat sich in der
Hadithwissenschaft die Meinung verbreitet, dass die Sammlung vom Gelehrten al-Buchārī[60] (810–870) die erste authentische Hadithsammlung sei. Danach, an zweiter Stelle,
komme die Hadithsammlung des Gelehrten Muslim[61]
(817–875). Der wesentliche Unterschied zwischen den beiden letztgenannten Sammlungen und Māliks *Al-Muwatta*ʿ
ist, dass *Al-Muwatta*ʿ auch solche Überlieferungen beinhaltet, bei denen der Name des Prophetengefährten, der die
Aussage direkt vom Propheten gehört hatte und den Anfang
der Überliefererkette bildet, fehlt. Mālik hielt solche Hadithe dennoch für authentisch, da er davon ausging, dass die
zweite Generation der Überlieferer (die *Tābiʿūn*) grundsätzlich die Wahrheit spreche. Behaupteten diese also, dass eine

---

[58] *Al-Baghdādī* 2008, S. 138 und ders. Siyar aʿlām an-nubalāʾ, Beirut
1992, Band 5, S. 1137.
[59] Vgl. *Muhammad al-Kittānī*, Ar-risāla al-mustatrafa, Beirut 1986, S. 4.
[60] Muhammad ibn Ismāʿil ibn Ibrāhīm al-Buchārī.
[61] Muslim ibn al-Hadschādsch an-Nīysābūrī.

Aussage vom Propheten stamme, auch ohne Nennung des Prophetengefährten, von dem sie diese gehört hatten, so wurde die Aussage als authentisch angesehen. Al-Buchārī und Muslim haben hingegen hauptsächlich solche Überlieferungen in ihre Sammlungen aufgenommen, in denen alle Namen der Überliefererkette angeführt sind.

Außer den Hadithsammlungen von al-Buchārī und Muslim gelten u. a. auch die von Abū Dāwūd as-Sidschistānī (817–889), Abū ʿĪsā at-Tirmidhī (825–892) und Abū ʿAbd ar-Rahmān an-Nasāʾī (830–915) als authentisch. Auffällig bei al-Buchārī ist, dass er kaum Hadithe in seiner Sammlung integriert hat, die von denjenigen Verwandten des Propheten Muhammad, die im schiitischen Islam als Imame gelten, überliefert wurden.

Die große Zunahme der Hadith-Überlieferungen

Im ersten islamischen Jahrhundert wurden die Hadithe ohne Rücksicht auf die Vollständigkeit der Überliefererkette weitergegeben und Hadithe mit fehlenden Überliefernamen am Anfang (sog. *marāsīl*), am Ende oder gar in der Mitte (sog. *munqatiʿāt*) der Überliefererkette waren anerkannt. Das änderte sich im dritten islamischen Jahrhundert. Die Hadithgelehrten fingen an, die Überliefererketten zu eruieren, festzuhalten und gegebenenfalls zu ergänzen sowie sie auf ihre Authentizität hin zu untersuchen. Hier stellt sich jedoch die Frage, wie diese Überliefererketten im dritten und vierten Jahrhundert vervollständigt werden konnten und wieso sie den Muslimen des ersten und zweiten Jahrhunderts unbekannt, den Muslimen des dritten und vierten Jahrhunderts jedoch bekannt waren.

Die Zahl der Hadithe stieg im dritten und vierten Jahrhundert rapide an, obwohl mit dem Tod vieler Überlieferer der ersten zwei Generationen eher eine Abnahme der Überlieferungen zu erwarten gewesen wäre. Aber genau das Ge-

genteil war der Fall. So soll Ahmad ibn Hanbal (780–855) über 750.000 Hadithe zusammengetragen haben, seine Hadithsammlung beinhaltet letztendlich etwas mehr als 26.000 Hadithe. ʿAlī ibn al-Madīnī (778–849) behauptete, er habe 100.000 Hadithe aufgeschrieben.[62] Ibn ʿUqba (675–758) gibt an, er habe von jedem Hadithgelehrten nicht weniger als 100.000 Hadithe gehört.[63] Muhammad ibn Ishāq ibn Rāhawayh (gest. 852) soll seinen Schülern 70.000 Hadithe aus dem Gedächtnis diktiert haben. Abū Zurʿa (809 od. 815–878) soll über 100.000 Hadithe auswendig gekonnt haben.[64] Al-Buchārī erzählte, er habe 600.000 Hadithe gesammelt, von denen er ca. 9000 Hadithe in seiner Hadithsammlung veröffentlicht habe. Darin enthalten sind allerdings sehr viele Wiederholungen desselben Hadithes. Ohne Wiederholungen beinhalten beide Hadith-Hauptwerke des sunnitischen Islams, al-Buchārī und Muslim, etwa 2980 Hadithe. Mālik, der in Medina lebte, in der Stadt, in der auch die meisten Gefährten des Propheten ansässig waren, hatte wesentlich weniger an Hadithen im *Al-Muwatta*ʿ überliefert.[65] Ferner konnte er nicht alle Überliefererketten vollständig angeben, obwohl er sehr darum bemüht war.

Man könnte argumentieren, dass die Anzahl der überlieferten Hadithe im dritten und vierten Jahrhundert deshalb höher als im zweiten Jahrhundert war, weil die Gelehrten im dritten und vierten Jahrhundert viel in der Welt umherreisten und damit die Möglichkeit hatten, mehr Überlieferer anzutreffen, die ihnen Hadithe übermitteln konnten. Al-

---

[62] *Al-Chatīb al-Baghdādī*, Al-Dschāmiʿ li akhlāq ar-rāwī, Riad 1989, Band 2, Abhandlung: 1531, S. 176.
[63] Vgl. ebd., Abhandlung: 1541, S. 178.
[64] Vgl. ebd., Abhandlung: 1534, S. 177.
[65] Mālik überlieferte im *Al-Muwatta*ʿ etwa 1940 Hadithe, davon viele mit unterbrochenen Überlieferungsketten.

Buchārī ist zum Beispiel mehrfach gereist, um Hadithe zusammenzutragen; er behauptete, es gäbe in Basra keinen
Hadith, den er nicht gehört hätte.[66] Wären also Mālik und
andere Gelehrte des zweiten Jahrhunderts ebenso durch die
islamische Welt gereist, wie es al-Buchārī und andere im
dritten Jahrhundert getan haben, hätten sie ebenso viele
Hadithe gesammelt. Dieses Argument ist jedoch nicht ganz
überzeugend. Denn schon viele Gelehrte des dritten Jahrhunderts äußerten Zweifel an der Menge der überlieferten
Hadithe, vor allem an Hadithen, die außerhalb vom Hidschāz (außerhalb von Mekka und Medina) überliefert wurden. So sagte zum Beispiel Hischām ibn ʿUrwa (667–772):
»Wenn dir jemand aus dem Irak 1000 Hadithe erzählt,
so verwerfe davon 990 und sei dir nicht sicher, was den
Rest angeht.«[67] Der bekannte Gelehrte Ibn Taymiyya
(1263–1323) sagte: »Die authentischsten Hadithe sind diejenigen, die aus Medina kommen, dann aus Basra, dann
aus der Gegend Syriens.«[68] Trotzdem hielt Mālik nicht alle
medinensischen Gelehrten für authentisch. Er sagte: »Ich
habe siebzig Überlieferer in Medina erlebt, die sagen: ›Der
Gesandte Gottes sagt ...‹, trotzdem habe ich von ihnen
nichts angenommen. Wenn man einem von ihnen Geld an-
vertraut, dann ist er vertrauenswürdig, die Hadithüberliefe-
rung ist jedoch nicht ihre Stärke.«[69] In einer anderen Überlieferung sagte er: »Ich habe hier in Medina Gelehrte, die
Hadithe überliefern, getroffen, sie sind zwar fromm und
verrichten den Gottesdienst, von ihnen habe ich aber kei-

---

[66] Vgl. *Ibn Hadschar al-ʿAsqalānī*, Fath al-bārī bi-scharh sahīh al-buchārī, Band 1: »Die Einleitung«, Beirut 1997, S. 7.
[67] *Muhammad al-Qāsimi*, Qawāʿid at-tahdīth, Beirut 2004, S. 115.
[68] Ebd.
[69] *Al-Chatīb al-Baghdādī*, Al-kifāya fī ʿilm ar-riwāya, Hyderabad 1938,
S. 159.

nen Hadith angenommen, da sie nicht wissen, was sie über-liefern.«[70]

Beachtenswert ist auch, dass schon zur Zeit der Gefähr-ten des Propheten unterschiedliche Aussagen über gottes-dienstliche Handlungen überliefert wurden, die zeigen, dass es bereits zu ihren Lebzeiten unter ihnen Unstimmigkeiten in den Details gab. ʿAbdullāh ibnʿUmar (gest. 693) lehnte zum Beispiel die jeweils zweimalige Wiederholung der ein-zelnen Sätze des Gebetsrufs ab, und Mālik die Wieder-holung des Satzes »Das Gebet beginnt« beim Gebetsruf, ob-wohl von Bilāl al-Habaschī (zwischen 638–642), dem Muezzin des Propheten, überliefert wurde, dass er diesen Teil im Gebetsruf doppelt rief.[71] Wenn diese Uneinigkeiten schon bei den mehrmals täglich verrichteten gottesdienst-lichen Handlungen anzutreffen sind, was ist dann von Über-lieferungen zu erwarten, die nicht alltäglich gelebt und da-durch memoriert wurden?

Die Haltung der Muslime im Umgang mit den Hadithen unterscheidet sich ab dem dritten islamischen Jahrhundert stark von der der Prophetengefährten und der ihnen direkt nachfolgenden Generationen. Schon in den ersten beiden Jahrhunderten beklagten sich Gelehrte, dass einiges ver-ändert und verfälscht wurde; zum Beispiel sei Anas ibn Mā-lik sehr verbittert gewesen und habe geweint. Auf die Frage nach dem Grund seines Kummers sagte er zu az-Zuhrī, der in Damaskus bei ihm zu Besuch war: »Ich erkenne nichts mehr von dem, was ich [zur Zeit des Propheten] erlebt habe wieder – bis auf das Gebet, das nun kaum praktiziert wird.«[72] Laut al-Buchārī berichtete eine Frau namens Umm ad-Dardāʾ: »Abū ad-Dardāʾ [ein Prophetengefährte] kam

[70] *Ar-Rāmahramzī*, Al-muhaddith al-fāsil, Beirut 1983, S. 403.
[71] Vgl. an-*Nawawī*, Scharh an-Nawawī, Kairo 1929, Band 4, S. 77ff.
[72] *IbnʿAbd al-Barr* 1994, S. 1221.

einmal sehr verärgert nach Hause. Ich fragte ihn was los sei und er sagte: ›Bei Gott! Ich erkenne bei den Anhängern von Muhammad nichts mehr wieder bis auf das Gemeinschaftsgebet.‹«[73] Al-Hasan al-Basrī (642–728) meinte: »Wenn die Gefährten des Propheten euch sehen würden, würden sie lediglich die Gebetsrichtung, in die ihr euch im Gebet ausrichtet, wiedererkennen, sonst nichts.«[74] Solche Beschwerden sind jedoch kaum bei Überlieferern des dritten Jahrhunderts und der Zeit danach zu finden.

Während Mālik äußerst behutsam bei der Überlieferung der Hadithe vorging und im Nachhinein dennoch äußerte, er hätte einige Hadithe lieber nicht überliefert,[75] waren die Überlieferer des dritten Jahrhunderts sehr stolz auf die Menge ihrer überlieferten Hadithe.

Bei der Niederschrift der Hadithe verließ man sich vor allem auf die Gefährten des Propheten, die sehr viel überlieferten. Dies waren jedoch nicht die engsten Gefährten des Propheten, denn diese hielten sich bei der Überlieferung von Hadithen stark zurück. Sechs der weniger engen Gefährten des Propheten überlieferten jeweils mehr als 1000 Hadithe:

– Abū Huraira: 5374 (davon sind 446 bei al-Buchārī gesammelt)
– ʿAbdullāh ibn ʿUmar: 2630 (davon sind 270 bei al-Buchārī gesammelt)
– Anas ibn Mālik: 2286 (davon sind 268 bei al-Buchārī gesammelt)
– ʿAbdullāh ibn ʿAbbās: 1660 (davon sind 217 bei al-Buchārī gesammelt)

---

[73] Überliefert nach *al-Buchārī*, Hadith Nr. 622.
[74] *Ibn ʿAbd al-Barr* 1994, S. 1221.
[75] Vgl. *al-Chatīb al-Baghdādī*, Nasīha ahl al-hadīth, Zarqa 1988, S. 34.

- Dschabir ibn ʿAbdullāh: 1540 (davon sind 90 bei al-Buchārī gesammelt)
- Abū Saʿīd al- Chudrī: 1170 (davon sind 66 bei al-Buchārī
  gesammelt)

Von den engsten und bedeutendsten Gefährten des Propheten wurden viel weniger Hadithe überliefert, so z. B. von
ʿAbdullāh ibn Masʿūd rund 800 Hadithe (davon sind 85
bei al-Buchārī gesammelt), von Imām ʿAlī, der im Haus des
Propheten aufwuchs und den Propheten von Anfang an begleitete, 586 (davon sind 29 bei al-Buchārī gesammelt), vom
zweiten Kalifen, ʿUmar ibn al-Chattāb, 537 (davon sind 60
bei al-Buchārī gesammelt), vom ersten Kalifen, Abū Bakr,
142 (davon sind 22 bei al-Buchārī gesammelt)[76] und vom
dritten Kalifen, ʿUthmān, finden sich an überlieferten Hadithen bei al-Buchārī lediglich neun.

Die meisten Hadithe überlieferte Abū Huraira ʿAbd ar-
Rahmān ibn Sachr, der so zur Hauptquelle vieler späterer
Hadith-Werke wurde. Dazu, wieso er im Vergleich zu anderen Gefährten des Propheten diese übergroße Anzahl an Hadithen überlieferte, sagte er: »Ihr fragt euch: ›Abū Huraira
überliefert sehr viel, was aber ist mit den *Muhājirūn* [das
sind diejenigen, die mit dem Propheten im Jahre 622 von
Mekka nach Medina auswanderten] und mit den *Ansār*
[das sind diejenigen, die den Propheten und die *Muhājirūn*
in Medina empfingen und aufnahmen], wieso gibt es von ihnen nur so wenige Hadithe und nicht so viele wie von ihm?‹
Sie [die *Muhājirūn* und *Ansār*] waren aber mit ihren Han-
delsgeschäften beschäftigt, während ich ein einfacher armer
Mensch war, der den Propheten begleitete, wenn niemand

---

[76] Dabei gilt Abū Bakr als engster Freund des Propheten und als der erste
Mann, der an die Verkündigung des Propheten glaubte. Er begleitete den
Propheten also von Anfang an.

dabei war. Und ich habe mir alles gemerkt, während die anderen vergaßen, was der Prophet sagte.«[77] Weiter versucht Abū Huraira die hohe Anzahl seiner Überlieferungen damit zu erklären, dass sein Mantel einmal vom Propheten ausgebreitet wurde und der Prophet etwas zum Mantel sprach. Im Anschluss sei er vom Propheten gebeten worden, den Mantel zu nehmen, und es sei ihm verheißen worden, ab diesem Zeitpunkt nichts mehr aus dem Gedächtnis zu verlieren. An einer anderen Stelle sagte Abū Huraira: »Ich kann nichts dafür, dass ich mir alles gemerkt habe und die anderen vergessen.«[78]

Die Erklärungsversuche Abū Hurairas zeugen davon, dass er unter Rechtfertigungsdruck stand. Seine Erzählungen implizieren, dass seine große Aufnahmefähigkeit auf ein »Wunder« zurückzuführen sei, wie im wundersamen Beispiel mit dem ausgebreiteten Mantel angeführt, und dass die anderen Gefährten des Propheten nicht so sehr an den Überlieferungen des Propheten interessiert gewesen wären wie er. Beachtenswert ist, dass einige bedeutende Gefährten des Propheten Abū Huraira gegenüber sehr skeptisch waren; der zweite Kalif, ʿUmar, drohte ihm, ihn aus dem Land zu verbannen, wenn er mit der Überlieferung von Hadithen nicht aufhöre.[79] Nach dem Tod von ʿUmar, der sehr großen Wert darauf gelegt hatte, alles Zweifelhafte in der Überlieferung der Hadithe zu unterbinden, begann Abū Huraira wieder Hadithe zu überliefern. Als er danach gefragt wurde, ob er diese auch zu Lebzeiten ʿUmars überliefert hätte, verneinte er: »Wenn ich dies zu ʿUmars Zeiten getan hätte, hätte er mich geschlagen.«[80] Mehrfache Kritik an Abū Huraira kam auch von Aischa (614–678), der

---

[77] Überliefert nach *al-Buchārī*, Hadith Nr. 1942.
[78] Ebd.
[79] Vgl. *adh-Dhahabī* 1982, Band 2, S. 600f.
[80] Ebd., S. 601.

Frau des Propheten.[81] Als sie von ihm überliefern hörte, der Prophet habe gesagt: »Wenn ein Hund, ein Esel oder eine Frau vor einem Betenden vorbeigehen, wird dadurch das Gebet des Mannes ungültig«, wies sie dies zurück und argumentierte, dass der Prophet oftmals betete, während sie vor ihm in ihrem Bett schlief.[82] Als sie ferner den von ihm überlieferten Hadith hörte, eine Ursache des Übels in der Welt seien Frauen, entgegnete sie, dass Abū Huraira lüge und sagte, dass dies laut dem Propheten der Glaube von Arabern vorislamischer Zeit war.[83] Auch der Kalif ʿAlī kritisierte Abū Huraira mehrfach. Als ʿAlī von ihm einmal zu hören bekam: »Mein Freund [der Prophet] hat mir erzählt ...«, erwiderte er: »Seit wann war der Prophet dein Freund!?«[84]

Auch Abū Huraira selbst hielt fest, dass ihn Prophetengefährten der Lüge bezichtigten. In einer Überlieferung nach Muslim z. B. sagte Abū Huraira: »Ihr sagt, ich würde lügen und Unwahrheiten vom Propheten überliefern, ich bezeuge jedoch bei Gott, dass ich den Gesandten habe sagen hören: ...«[85] Auch sollen die Tābiʿūn (Gefährten der Prophetengefährten) in Bezug auf die Überlieferungen von Abū Huraira sehr vorsichtig gewesen sein. So erzählte zum Beispiel der Gelehrte Ibrāhīm an-Nachaʿī (670–717), dass einige der Tābiʿūn Abū Hurairas Hadithe verworfen hätten.[86]

---

[81] Vgl. ebd., S. 604.
[82] Überliefert nach *Muslim*, Hadith Nr. 510.
[83] Ebd., Hadith-Nr. 2225.
[84] *ʿAbdullāh ibn Qutayba*, Taʾwīl mukhtalaf al-hadīth, Beirut, 1985, S. 28.
[85] Überliefert nach *Muslim*, Hadith Nr. 2098.
[86] Vgl. *adh-Dhahabī* 1982, Band 2, S. 609.

Halten wir also fest: Die Sammler der sog. *Sihāh* (authentischen) Sammlungen standen dadurch, dass sie sehr viele Hadithe in ihren Sammlungen zusammentrugen, nicht in der Tradition der Prophetengefährten. Sie stützten sich zum Teil auf Personen, die von den Prophetengefährten nicht angenommen wurden. Der Historiker al-Hāfiz adh-Dhahabī bringt dies auf den Punkt, er zitiert Abū Huraira:»Ich überliefere Hadithe, hätte ich sie zur Zeit von ʿUmar erzählt, hätte er mir den Kopf abgeschlagen.« Das kommentiert er folgendermaßen:»Und so war ʿUmar. Er sagte immer: ›Seid sparsam mit dem Überliefern von Aussagen des Propheten.‹ Er hatte mehrere Prophetengefährten ermahnt, sie mögen mit der Überlieferung von Hadithen aufhören. ʿUmar und andere taten dies. Ich frage bei Gott: Wenn schon zu Zeiten ʿUmars das viele Überliefern von Hadithen verboten war, obwohl die Menschen ehrlich und vertrauenswürdig waren, und daher nicht nach der Überliefererkette gefragt werden musste, was ist dann mit unserer Zeit, in der Merkwürdiges überliefert wird, mit langen Überliefererketten, in der sich auch Irrtum stark verbreitet hat!? Wir sollten heute die Leute daran hindern, viel zu überliefern. Wenn sie bloß Merkwürdiges und Unauthentisches überliefern würden, dann wäre es nur halb so schlimm, aber – bei Gott! – sie überliefern Erfundenes und Erlogenes.«[87] Auch der Kalif ʿUthmān verbot die Überlieferung von Hadithen, die nicht schon zur Zeit der ersten beiden Kalifen, Abū Bakr und ʿUmar, bekannt waren.[88]

Dass von Abū Huraira insgesamt 5374 Hadithe überliefert wurden[89], obwohl er erst im Jahre 629, also nur drei

---

[87] Ebd., Band 2, S. 601f.
[88] *Muhammad ibn Saʿd az-Zuhrī*, At-tabaqāt al-kubrā, Kairo 2001, S. 291.
[89] Vgl. *Muhammad al-Chatīb*, As-sunna qabla at-tadwīn, Kairo 1988, S. 108.

Jahre vor dem Ableben des Propheten, zum Islam konver-
tierte, und er, wie oben schon ausgeführt, von den Kalifen
ʿUmar und ʿAlī, aber auch von der Frau des Propheten,
Aischa, kein großes Vertrauen genoss, wirft die Frage auf,
wieso ausgerechnet von ihm so viele Hadithe erfasst und
niedergeschrieben wurden. Es ist keine Frage, dass politische Umstände hier eine große Rolle spielten. Der schiiti-
sche Islam erkennt keine einzige Überlieferung von Abū Huraira als authentisch an. Auch werden im Schiitentum die im
sunnitischen Islam als authentisch geltenden Hadithsammlungen nicht anerkannt und umgekehrt.

Die Hadithe neu bewerten

Diese Ausführungen sollten die Notwendigkeit eines sensi-
blen und kritischen Umgangs mit den Hadithen unterstrei-
chen, aber keineswegs die Hadithe pauschal verwerfen. Gerade solche Hadithe, die das Ausführen religiöser Rituale
betreffen, sind für die Muslime unentbehrlich, da im Koran
kaum Details dazu zu finden sind.

   Meine Zusammenfassung zeigt die Dringlichkeit einer
hermeneutischen Untersuchung der Hadithsammlungen,
die vor allem die politischen und gesellschaftlichen Umstände rund um die Erfassung der Hadithe berücksichtigt. Dazu
sind eigene Forschungsprojekte notwendig, die mit viel Mut
und Objektivität die Hadithe neu zu systematisieren versuchen. Vor allem darf die Hadithforschung nicht von der
Koranforschung getrennt sein. Der Koran gilt für die Muslime als authentisches Wort Gottes. Aus dem Koran lassen
sich Kriterien erarbeiten, nach denen die Authentizität der
Hadithe beurteilt werden kann. Wenn der Koran zum Beispiel den prophetischen Auftrag unmissverständlich beschreibt: »Wir haben dich als Barmherzigkeit für alle Welten entsandt«, können wir keinen Hadith ernst nehmen,
der im Widerspruch zu diesem klaren Auftrag steht.

4.2.3 Konsens

Unter *Idschmā'* versteht man den Konsens der muslimischen Rechtsgelehrten in einer bestimmten Epoche.[90] Allerdings besteht unter den muslimischen Gelehrten kein Konsens über die Zulässigkeit des Konsenses als Rechtsquelle. Einige haben Bedenken, ob es überhaupt jemals in der islamischen Ideengeschichte möglich war, dass alle Gelehrten sich über einen Sachverhalt, der Gegenstand von Konsens ist, einig waren. Denn Gegenstand von Konsens sind nur solche Normen, die weder im Koran noch in der Sunna eindeutig beschrieben sind. Konsens ist nur dort notwendig, wo der Koran und die Sunna keine klare Antwort liefern. Zu den bekanntesten Gelehrten, die dem Konsens gegenüber skeptisch waren, gehört der Gelehrte asch-Schāfi'ī (767–820), der seine Skepsis damit begründete, dass »es keine Stadt gibt, in der es nicht Gelehrte geben wird, die nichts von einem anderen Gelehrten halten, ihm Unwissenheit vorwerfen bzw. ihm die Kompetenz absprechen werden, Fatwas (Rechtsgutachten) auszusprechen. Sie werden die Menschen davor warnen, ihm zu folgen (…).«[91] Asch-Schāfi'ī war bewusst, dass es immer eine andere Meinung geben wird, was die Rede von Konsens sehr schwer macht. Alleine die Existenz mehrerer Rechtsschulen innerhalb des sunnitischen bzw. des schiitischen Islams zeigt die Vielfalt in der islamischen Normenfindung. Diese Vielfalt existiert auch noch bis heute und ist eine deutliche Bereicherung. Damit steht sie im Gegensatz zu den Glaubensschulen, die sich mit der Frage nach der wahren Glaubenslehre beschäftigen, was oftmals zu einem gegenseitigen Absprechen des Glaubens führte. Im sunnitischen Islam haben sich bis heute vier

---

[90] *Abū Zuhra*, Uṣūl al-fiqh, Kairo 1958, S. 198.
[91] *Asch-Schāfi'ī*, Dschimā' al-'ilm, Ägypten 1940, S. 60.

Rechtsschulen etabliert: Die hanafitische Schule, die auf den
Gelehrten Abū Hanīfa zurückgeht; die malikitische Schule,
die auf den Gelehrten Mālik ibn Anas zurückgeht; die schafiitische Schule, die auf den Gelehrten asch-Schāfiʿī zurückgeht; die hanbalitische Schule, die auf den Gelehrten Ahmad
ibn Hanbal zurückgeht.

Neben diesen vier Rechtsschulen gab es anfangs noch
weitere Rechtsschulen, wie die Rechtsschule des Imām Ūzāʿī
(gest. 774), die des Sufyān ath-Thawrī (716–778) oder die
des Ibn Hazm az-Zāhirī (994–1064). Diese Schulen fanden
jedoch nicht genug Anhänger und verschwanden daher im
Laufe der Zeit.

Die Rechtsschulen sind deshalb entstanden, weil muslimische Gelehrte islamische Normen auf unterschiedlichen
Wegen aus den Quellen abgeleitet bzw. diese Quellen un-
terschiedlich gewichtet und ausgelegt haben. Gerade die
Uneinigkeit über den Rang der Authentizität von Hadithen
führte zu unterschiedlichen Rechtsurteilen. Diese Unter-
schiede gelten allerdings als Ausweitung der Möglichkeiten
und keineswegs als Einengung. Denn es geht nicht um
richtig oder falsch, sondern um unterschiedliche Hand-
lungsmöglichkeiten, die alle als islamische Normen gelten.
Zum Beispiel muss nach schafiitischer Rechtsschule der
Vater der Braut bzw. im Falle seiner Verhinderung ein anderer männlicher Verwandter (Onkel oder Bruder) beim Abschluss des Heiratsvertrages anwesend sein, dies gilt jedoch
nicht für die hanafitische Rechtsschule. Viele Migranten heiraten deshalb nach hanafitischer Rechtsschule, auch wenn
sie selbst nicht dieser Schule angehören, da für viele Frauen,
die ohne enge Familienangehörige leben, der Abschluss des
Heiratsvertrages auf diese Weise viel einfacher ist.

Die ersten »Begründer« der Rechtsschulen waren eigentlich in engem Austausch miteinander und sahen in
den Positionen des Anderen keineswegs Feindschaft. So

war zum Beispiel Abū Yūsuf – ein Schüler des Abū Hanīfa – ebenfalls ein Schüler von Imām Mālik, der wiederum auch ein Lehrer von asch-Schāfiʿī war. Ahmad ibn Hanbal hingegen studierte bei asch-Schāfiʿī. Diese Gelehrten hatten aber auch ihre Differenzen und kritisierten sich zum Teil gegenseitig, sprachen sich jedoch wegen solcher Differenzen nicht gegenseitig den Glauben ab. Manche wechselten sogar ihre Rechtsschule, wie der hanafitische Gelehrte Ibrāhīm ibn Chālid al-Baghdādī, der Schāfiʿīt geworden ist, oder der schafiitische Gelehrte at-Tahāwī der Hanafit geworden ist.

Der Konsens kann auf zwei Wegen erzielt werden: durch die ausdrückliche Aussage aller Gelehrten, oder durch die stillschweigende Billigung einer Aussage. Die Schafiiten und die Malikiten erkennen im Gegensatz zu den Hanbaliten und Hanafiten die zweite Form des Konsenses nicht an.[92]

Grundsätzlich gilt, dass der Konsens der Gelehrten nicht im Widerspruch zum Geist des Korans und der Sunna stehen darf, was jedoch wiederum stark von der jeweiligen Interpretation abhängt. Die Begründung des Verbots der Gebetsleitung durch eine Frau (die Frau als Imāmin) zum Beispiel geht keineswegs auf eine koranische Aussage oder auf einen Ausspruch des Propheten zurück, sondern auf den Konsens der Gelehrten, was natürlich heute Anlass zum Neudenken solcher Begründungen gibt, gerade wenn man die etwas zurückhaltende Position asch-Schāfiʿīs, was den Konsens angeht, berücksichtigt.

---

[92] *Az-Zuhaylī* 1999, S. 52.

4.2.4 Analogieschluss

Analogieschluss (*Qiyās*) ist die Übertragung einer bekannten islamischen Norm (*Hukm*) zu einem bekannten Sachverhalt auf einen neuen Sachverhalt aufgrund des gemeinsamen
Anlasses (ʿ*Illa*). Zum Beispiel übertragen die Gelehrten das
Verbot, einen Kaufvertrag während des Freitagsgebets abzu-
schließen, das im Koran in Sure 62 zitiert wird – »O ihr, die
ihr glaubt, wenn gerufen wird zum Gebet am Tag der Ver-
sammlung, so eilt zum Gedenken Gottes, und lasst das
Kaufgeschäft ruhen! Das ist für euch besser, wenn ihr es erkennt«[93] – auf andere Verträge, wie Miet- bzw. Heiratsver-
träge, weil der Anlass des Verbots derselbe ist, und zwar der
Beginn des Freitagsgebets. Die Begründung dafür ist, dass
das Schließen solcher Verträge zur Gebetzeit vom Gebet
ablenken würde. Ähnlich verfahren die Gelehrten beim Verbot von Drogen, da diese zwar keine Erwähnung im Koran
bzw. in der Sunna finden, jedoch mit dem Alkohol eine Ge-
meinsamkeit teilen, und zwar den Rausch. Deshalb werden
sie wie der Alkohol, dessen Verbot dem Wortlaut des Korans und der Sunna zu entnehmen ist, verboten.

Und so hat der Analogieschluss vier Säulen:
- Ein ursprünglicher bekannter Fall (z. B. Alkoholgenuss)
- Eine ursprüngliche Regel/Norm (z. B. Verbot)
- Ein neuer Fall (z. B. Drogen)
- Ein Element, das beiden Fällen gemeinsam ist und als Ur-
  sache der ersten Regel gilt (z. B. der Rausch)

---

[93] Koran 62:9.

4.3 Die Einteilung der islamischen Normen

Die Methodologie der islamischen Jurisprudenz teilt die islamischen Normen üblicherweise in fünf Kategorien ein (die Rechtsschule der Hanafiten allerdings in sieben): Pflicht, Empfohlenes, Verbotenes, Verpöntes und Erlaubtes. Diese Einteilung der Gelehrten orientiert sich an der äußeren Form der im Text (Koran und Sunna) vorkommenden Gebote und Verbote. Dabei dient die »Stärke« des Gebots (*Quwwatu t-talab*) bzw. des Verbots (*Quwwatu t-taḥrīm*) als Grundlage für diese Einteilung:[94]

– Verbindliche Gebote bilden die Grundlage für die Norm »Pflicht« (*farḍ*).
– Nicht verbindliche Gebote bilden die Grundlage für die Norm »Empfohlenes« (*mustaḥab*).
– Verbindliche Verbote bilden die Grundlage für die Norm »Verbotenes« (*ḥarām*).
– Nicht verbindliche Verbote bilden die Grundlage für die Norm »Verpöntes« (*makrūh*).
– Alles andere, das weder geboten noch verboten ist, fällt in die Kategorie »Erlaubtes« (*mubāh*).

Nun stellt sich aber die Frage: Wann ist ein Gebot bzw. ein Verbot verbindlich und wann nicht? Die Gelehrten haben darauf folgende Antwort gegeben: Verbindlich sind solche Gebote, bei deren Unterlassung Tadel angeordnet ist (Strafe im Dies- oder Jenseits oder sowohl als auch). Ist kein Tadel angeordnet, dann ist das Gebot nicht verbindlich und entsprechende Handlungen zählen zur religiösen Norm »Empfohlenes«, welche die Gelehrten folgendermaßen definierten: Handlungen, für deren Ausführung Lob und Lohn im

---

[94] Vgl. *Muhammad Abū Zuhra*, Uṣūl al-fiqh, Kairo 1958, S. 28.

Text angeordnet ist, bei deren Unterlassung aber kein Tadel angeordnet ist.[95]

Verbindlich sind also solche Verbote, bei deren Begehung eine Strafe droht, nicht verbindlich sind Verbote, bei deren Begehung keine Strafe vorgesehen ist.[96] Diese Einteilung der religiösen Normen fragt primär nach im Text vorkommenden sprachlichen Formen, die ein Gebot bzw. Verbot zum Ausdruck bringen. Die sozialen Umstände und die lebensnahe Einbettung der jeweiligen Handlung finden kaum Beachtung.

4.4 Notwendigkeit einer Reform des islamischen Denkens

Bei dem Wort »Reform« sind viele Muslime schnell verunsichert. Sie meinen, der Islam sei in sich vollkommen, er benötige keine Reform. Es liegt hier ein Missverständnis vor: Was den Islam ausmacht ist nicht die Theorie, auch nicht alleine der Koran. Wenn dem so wäre, hätte Gott den Menschen nur Bücher verkündet, ohne Propheten zu entsenden, die die verkündete Botschaft auch interpretieren und vorbildlich leben. Was den Islam ausmacht, ist die Wechselwirkung zwischen dem Koran und der prophetischen Tradition (Sunna) auf der einen Seite und dem Menschen mit seiner Lebenswirklichkeit, seiner Vernunft, seinen Erwartungen, Hoffnungen, Ängsten, Fragen, Antworten usw. auf der anderen Seite.

Der Koran verkündet keineswegs eine Bedienungsanleitung, wie das Leben in all seinen Details zu funktionieren hat. Er appelliert vielmehr an den Menschen, seine Vernunft einzusetzen, um seinen Weg zu Gott immer wieder kritisch

---

[95] Vgl. *Muhammad Abū Zuhra* 1958, S. 28ff.
[96] Ebd.

zu reflektieren und je nach Lebenskontext neu zu beschreiben. Daher trennt der Koran auch nicht zwischen dem erfor-
schenden Nachdenken über den Kontext, in dem der
Mensch lebt, und der Reflexion seiner Beziehung zu Gott:
»In der Erschaffung der Himmel und der Erde und in der
Wende von Nacht und Tag sind Zeichen für die Einsichti-
gen, das Gedenken Gottes im Stehen und im Sitzen und lie-
gend auf ihren Seiten und das Nachdenken über die Erschaffung der Himmel und der Erde: ›Unser Herr, Du hast das
nicht umsonst erschaffen. Preis Dir!‹«[97] Seine Vernunft nicht
zu gebrauchen, wird im Koran sogar als Anlass für den
Zorn Gottes beschrieben: »Und Gott sendet seinen Zorn
auf die, die nicht verstehen wollen.«[98]

Eine Reform ist daher nicht deshalb notwendig, weil dem
Islam etwas fehlt, sondern um ihn und seine Auslegung im
Leben des Muslims immer neu zu aktualisieren, wie es der
Koran nahelegt. Reform in diesem Sinne bedeutet nicht die
Veränderung der Grundsätze der Religion, sondern die Veränderung und Aktualisierung unseres Verständnisses von
ihr. Denn nur in der ständigen Auseinandersetzung und in
der ständigen Konfrontation zwischen der Lebenswirklichkeit und der Religion können wir immer neu aus ihr schöpfen, ansonsten bleiben wir auf der Ebene der Rekonstrukti-
on vorhandener Positionen starr; und so stirbt auch der
Islam. Der Prophet Muhammad drückte diese Tatsache so
aus: »Gott schickt dieser Gemeinschaft alle hundert Jahre
jemanden, um ihre Religion zu erneuern.«[99]

Und diese Notwendigkeit der ständigen Erneuerung war
den muslimischen Gelehrten von Beginn an bewusst. So
schrieb al-Ghazālī schon im 11. Jahrhundert sein Buch mit

---

[97] Koran 3:191.
[98] Koran 10:100.
[99] Überliefert nach *an-Nīsābūrī*, Al-Mustadrak ʿalā as-sahīhayn, Hadith-
Nr. 8639.

dem Titel *Die Wiederbelebung der religiösen Wissenschaf-*
ten. Der Islam ist nichts Abstraktes. Den Islam ohne Menschen gibt es nicht. Den Koran und die Sunna ohne Menschen gibt es ebenfalls nicht. Der Imām ʿAlī sagte: »Der
Koran spricht nicht, sondern die Menschen sprechen für
ihn.«[100] Die Menschen bringen den Koran zum Ausdruck,
indem sie ihn auslegen und leben. Erst dann wird der Koran
lebendig, erst dann wird der Islam selbst lebendig. Daher
spricht der Koran zu den Menschen, zu allen Menschen:
»O, ihr Menschen!«[101] An anderen Stellen spricht er speziell
die Muslime an,[102] und an weiteren Stellen speziell die Juden
und Christen.[103] Alle sind eingeladen, mit ihrem Anliegen an
Gott heranzutreten.

Die Lebenswirklichkeit der Menschen befindet sich im
ständigen Wandel, deshalb ist die Wechselwirkung zwischen
dem lebendigen Islam (dem Menschen) und dem theoreti-
schen Islam ein Prozess, der ständig vorangetrieben werden
muss. Erstarrung würde bedeuten, dass sich die Lebenswirklichkeit der Menschen zwar weiterbewegt, der Islam jedoch
stehenbleibt und sich damit von realen Verhältnissen immer
ein Stück mehr entfernt. Je stärker jedoch der Lebensbezug
des Islams hergestellt werden kann, desto mehr können
Muslime aus ihm für ihren jeweiligen Kontext schöpfen
und ihn dadurch wieder lebendiger machen. Auch Gott begleitet und reagiert auf diesen ständigen Wandel: »Ihn bittet, wer in den Himmeln und auf der Erde. Jeden Tag ist Er
in einer anderen Angelegenheit.«[104]

---

[100] Überliefert nach *Imām ʿAlī*, Nahdsch al-balāgha, Predigt-Nr. 127.
[101] Vgl. zum Beispiel Koran 2:21, 2:168, 4:133, 7:158, 22:73, 35:5.
[102] Vgl. zum Beispiel Koran 2:153, 2:178, 2:183, 3:102, 4:19, 4:29.
[103] Vgl. zum Beispiel Koran 3:65, 4:171, 5:19.
[104] Koran 55:29.

Wenn unser Verständnis vom Islam ein Wechselspiel zwischen Text, Auslegung und menschlicher Erfahrung ist, dann müssen die notwendigen Voraussetzungen für dieses Wechselspiel stets gewährleistet sein und geschützt werden. Dazu zählt an erster Stelle der freie menschliche Geist. Den Islam immer neu zu interpretieren, um ihn laufend im Leben des Muslims zu aktualisieren, bedeutet keineswegs eine bloße Anpassung des Islams an gesellschaftliche Vorgaben. Es ist nicht die Aufgabe von Religion, herrschende gesellschaftliche Verhältnisse zu legitimieren. Dies würde aus Religionen ein Machtinstrument machen. Mit der Aktualisierung der Religion ist vielmehr, die ständige Suche nach Antworten auf die Frage, wie sich Religionen samt ihren Prinzipien immer wieder neu entfalten können, gemeint. Dazu muss aber zuvor die Frage beantwortet werden, was die Religion des Islams eigentlich will und welche Prinzipien sie verfolgt.

Auf die Frage, was der Islam eigentlich will, gibt der Koran eine klare und unmissverständliche Antwort: »Gott ist es, der zu den Völkern einen Gesandten aus ihrer Mitte entsandt hat, um ihnen seine Verse vorzutragen, um sie zu läutern und sie das Buch und die Weisheit zu lehren«[105], »Wir [Gott] entsandten Unsere Gesandten mit klarer Botschaft und schickten mit ihnen das Buch und die Waage herab, auf dass die Menschen Gerechtigkeit üben möchten.«[106] Es geht hauptsächlich um drei Ebenen: eine ethische und spirituelle (die Läuterung des Herzens und seine Bindung an Gott), eine reflexive (Weisheit) und eine gesellschaftliche Ebene (Gerechtigkeit). Der Islam richtet seine Botschaft an das Herz, an die Vernunft und an die Gesellschaft. Das Herz muss geläutert werden, um sich auf Gott ausrichten

---

[105] Koran 62:2.
[106] Koran 57:25.

zu können; die Vernunft muss das reflexive und kritische
Denken leisten und sich von allem befreien, was das unter-
bindet; die Gesellschaft muss für Gerechtigkeit und somit
für eine stabile Ordnung sorgen. Diese drei Ebenen greifen
insoweit ineinander, als sie sich gegenseitig unterstützen.
Nur ein geläutertes selbstloses Herz, das von Hass, Gier
und Neid befreit ist, ist in der Lage, sich für Gerechtigkeit
einzusetzen. Und Gerechtigkeit kann nur dann in einer Gesellschaft herrschen, wenn sich die Menschen von jeglicher
Form von geistiger, sozialer oder politischer Bevormundung
befreien. Eine gerechte Gesellschaft, in der Menschen kritisch reflektieren können, begünstigt ihrerseits die Arbeit
des Einzelnen an seiner Selbstläuterung. Es besteht also ein
ständiges Wechselspiel zwischen den drei Ebenen.

Der Islam erinnert den Menschen an dieses Wechselspiel
und appelliert an ihn, dieses entsprechend zu entfalten. Der
Islam gibt keine Instruktionen, wie genau das Herz geläutert
wird, wie das Leben auf Gott hin ausgerichtet werden kann,
wie die Vernunft zu ihrer kritischen Reflexion findet oder
wie Gerechtigkeit in einer Gesellschaft herrschen kann.
Denn dies müssen die Menschen selbst leisten und zwar so,
dass jedes Individuum in seinem jeweiligen Kontext und in
seiner Gesellschaft mit ihrer jeweiligen Entwicklung für
sich herausfinden soll, wie dies erfolgen kann. Es gibt kein
endgültiges, für alle Menschen allgemeingültiges Rezept,
wie man sein Herz läutert, sein Leben auf Gott hin ausrichtet und seine Vernunft kritisch einsetzt. Und genauso wenig
gibt es ein endgültiges Rezept, das für alle Gesellschaften zu
allen Zeiten gilt, wie diese für Gerechtigkeit sorgen können.
Würde es ein allgemeingültiges Rezept für all das geben,
hätte sich Gott auf eine einzige Verkündung für alle Zeiten
beschränkt. Im Koran beschreibt Gott jedoch die Sendung
vieler Propheten zu verschiedenen Völkern und zwar mit
derselben Botschaft, jedoch auf unterschiedlichem Wege:

»Für jeden von euch haben Wir Richtung und Weg bestimmt.«[107] Auch Tariq Ramadan betont, dass »das Erwachen des islamischen Denkens nicht möglich ist ohne die Versöhnung
mit seiner spirituellen Dimension einerseits, die Erneuerung
des Bekenntnisses auf der Grundlage einer rationalkriti-
schen Lektüre der schriftlichen Quellen (*Idschtihād*) auf
dem Gebiete des Rechts und der Jurisprudenz (*Fiqh*) andererseits.«[108] Und gerade das Gebiet der islamischen Normenlehre, das Normen für die zwischenmenschlichen Beziehungen definiert, unterliegt dem gesellschaftlichen Wandel
sehr stark: »Die heutigen Muslime im Osten wie im Westen
benötigen dringend einen zeitgemäßen *Fiqh* (Recht und
Jurisprudenz), der zu unterscheiden weiß zwischen dem Un-
veränderlichen und dem Veränderlichen an den Koran-
texten.«[109] Das beste Beispiel für die Notwendigkeit der
ständigen Aktualisierung unseres Verständnisses von der
islamischen Normenlehre hat uns ausgerechnet der Gründervater der Methodologie der islamischen Normenlehre,
asch-Schāfiʿī, selbst geliefert. Er schrieb sein Buch über die
islamische Normenlehre *Ar-Risāla* im Irak. Als er dann
nach ein paar Jahren nach Ägypten auswanderte, sah er
dort ein, dass er das Buch neu schreiben musste, da der gesellschaftliche Kontext ein anderer war. Die uns heute bekannte Ausgabe seines Buches ist die ägyptische, da er die
irakische Ausgabe verworfen hat.

---

[107] Koran 5:48.
[108] *Tariq Ramadan*, Radikale Reform. Die Botschaft des Islam für die
moderne Welt, München 2009, S. 7.
[109] Ebd.

4.5 Die Lebenswirklichkeit ist Quelle religiöser Normen

Neben den oben angeführten vier Quellen der islamischen Normenlehre (Koran, Sunna, Konsens, Analogieschluss) haben die muslimischen Gelehrten weitere Quellen und Methoden beschrieben, mit deren Hilfe Normen abgeleitet werden können. Im Folgenden gehe ich auf drei davon ein: Rechtliche Präferenz (*Istihsān*), Brauchtum ('*Urf*) und Gemeinwohl (*Maslaha Mursala*). Anders als die ersten vier Quellen, die sich stark am Text orientieren, berücksichtigen diese drei Quellen den Lebenskontext der Menschen und sind daher für eine Annäherung zwischen der islamischen Normenlehre und der Lebenswirklichkeit der Menschen von großer Bedeutung. Sie werden hauptsächlich von der hanafitischen und der malikitischen Schule vertreten.

4.5.1 Rechtliche Präferenz (*Istihsān*)

»*Istihsān*« bedeutet im Arabischen »etwas für besser halten«.[110] Es geht dabei um die rechtliche Präferenz eines Gelehrten unter Berücksichtigung des öffentlichen Interesses. Der Gelehrte Abū l-Hasan al-Karchī (953–1029) definiert *Istihsān* wie folgt: »Das Abrücken des Gelehrten von einem in der Regel gültigen Urteil zu einem anderen Urteil wegen eines triftigen Arguments«.[111] Beim *Istihsān* wird also darauf verzichtet, in einem Sachverhalt so zu urteilen, wie in einem ähnlichen Sachverhalt geurteilt wurde, und zwar wegen eines triftigen Grundes. Für die malikitische Rechtsschule liegt ein triftiger Grund dann vor, wenn dadurch das

---

[110] *Abū Zuhra* 1958, S. 262.
[111] Ebd.

Allgemeinwohl bewahrt wird.[112] *Istiḥsān* ist also eine Art Ausnahme von der Regel.

In der islamischen Geschichte findet man viele Beispiele für die Anwendung von *Istiḥsān*. Ein berühmtes Beispiel ist der Verzicht auf eine Sanktion bei einem Diebstahl in einem bestimmten Jahr zur Zeit der Herrschaft des zweiten Kalifen ʿUmar. In diesem Jahr herrschte Dürre und viele Reiche hielten die Ernte zurück, um bessere Preise zu erzielen, was zu Hungersnot in der Bevölkerung führte. ʿUmar sah eine Sanktion für Diebstahl nur dann vor, wenn Wohlstand in allen Schichten der Gesellschaft existierte und dennoch Diebstahl vorkam. Damit wich er vom koranischen Wortlaut ab, wonach Diebstahl generell zu sanktionieren ist.

Insbesondere die Hanafiten machen von *Istiḥsān* viel Gebrauch. Asch-Schāfiʿī und die Hanbaliten hingegen lehnen *Istiḥsān* ab. In seinem elfbändigen Buch über schafiitische Rechtslehre *Al-Umm* verfasste asch-Schāfiʿī ein eigenes Kapitel mit der Überschrift: »Die Ungültigkeit von *Istiḥsān*«.[113] Er argumentiert vor allem damit, dass nur der Text, also der Koran und die Sunna, und das Ableiten von Normen daraus durch den Analogieschluss Gültigkeit haben. Die Suche nach einer Norm durch *Istiḥsān* würde Gott unterstellen, er habe es versäumt, alle Angelegenheiten der Menschen zu organisieren. Asch-Schāfiʿī zitiert den koranischen Vers: »Meint der Mensch, er würde unbeachtet bleiben?«[114], sowie den Vers: »Und wenn ihr über etwas streitet, bringt es vor Gott und den Gesandten««[115]. Nach asch-Schāfiʿī ist es also ganz klar, dass alle Urteile, die der Mensch braucht, im Koran und in der Sunna zu finden sind. Nach asch-Schāfiʿī hat der Prophet selbst, wenn er nicht weiter

---

[112] Ebd., S. 263.
[113] *Asch-Schāfiʿī*, Al-Umm, Al-Manṣūra 2001, Band 9, S. 57.
[114] Koran 75:36.
[115] Koran 4:59. Vgl. *asch-Schāfiʿī 2001*, 68ff.

wusste, göttliche Anweisungen abgewartet. In solchen Fällen habe nicht er selbst entschieden, sondern sei auf die göttliche Verkündigung angewiesen gewesen.[116]

Diese Haltung asch-Schāfiʿīs ist nicht vollkommen nachvollziehbar, wenn die zu seiner Zeit herrschenden politischen und geistigen Auseinandersetzungen nicht berücksichtigt werden: Auf der politischen Bühne war die Konkurrenz zwischen den Arabern und den Persern stark. Die Auseinandersetzung zwischen den beiden abbasidischen Brüdern al-Maʾmūn (813–833) und al-Amīn (809–813) war eine Auseinandersetzung zwischen den Arabern (unter der Führung von al-Amīn) und den Persern (unter der Führung von al-Maʾmūn). Der Konflikt endete mit der Überlegenheit al-Maʾmūns und somit der Perser, was asch-Schāfiʿī, der aus dem hochangesehenen arabischen Stamm Quraisch stammte, nicht gefallen konnte.[117]

Al-Maʾmūn unterstützte die Vorgehensweise der Kalām-Gelehrten, also die auf Vernunft basierte Auseinandersetzung mit Fragen des Glaubens, und förderte die muʿtazilitische Schule, die wegen ihrer vernunftbasierten Auseinandersetzung mit Fragen des Glaubens als rationalistische Schule im Islam bekannt geworden ist. Al-Maʾmūn machte die muʿtazilitische Lehre zur Staatsdoktrin und stellte Anhänger dieser Schule in wichtigen Staatspositionen an. Asch-Schāfiʿī war ein Gegner der Muʿtaziliten und ihrer Vorgehensweise. Er bevorzugte es, von Bagdad nach Ägypten auszuwandern, wo ein Statthalter regierte, der ebenso wie asch-Schāfiʿī aus dem Stamm der Quraisch stammte.[118]

---

[116] Ebd.
[117] *Abū Zuhra*, Asch-Schāfiʿī, Kairo 1978, S. 28.
[118] Ebd., S. 28f.

Auf der geistigen Ebene konkurrierten zur Zeit asch-Schāfiʿīs zwei Vorgehensweisen in der islamischen Normenlehre, die sich zu zwei Strömungen etablierten: die Schule der Vernunft (*Ahl ar-raʾy*) und die Schule der Überlieferung (*Ahl al-hadīth*). Beide Strömungen etablierten sich kurz nach dem Ableben des Propheten Muhammad. Zwei seiner Gefährten gelten als geistige Väter beider Schulen: Abdullāh ibn ʿUmar und Abdullāh ibn Masʿūd. Die Schule der Überlieferung (*Ahl al-hadīth*) folgte Abdullāh ibn ʿUmar. Sie hielt an der wortwörtlichen Bedeutung der Quellentexte fest, vor allem der Hadithe, daher auch die Bezeichnung *Ahl al-hadīth* (wörtlich: »Leute des Hadithes«). Die Schule der Vernunft folgte Abdullāh ibn Masʿūd. Sie zeichnete sich dadurch aus, dass sie nicht beim Wortlaut der Quellentexte stehen blieb. Sie suchte vielmehr nach dem Sinn und Ziel einer Aussage. Während sich die Schule der Überlieferung in Mekka und Medina etablierte, etablierte sich die Schule der Vernunft im Irak. Im Irak wirkte Abū Hanīfa, der nicht nur ein Gelehrter war, sondern auch ein tüchtiger Geschäftsmann. Er kannte also die Lebenswirklichkeit der Menschen und die Herausforderungen des Alltags. Das fand seinen Niederschlag auch in seiner induktiven Methodik, in der er von einer realen Situation ausging, um daraus Normen abzuleiten. Abū Hanīfa vertrat zum Beispiel die Meinung, dass die soziale Pflichtabgabe (*Zakāt*) auch in bar statt in Naturalien entrichtet werden darf. In seinen Positionen findet man viele Erleichterungen, gerade was Handelsgeschäfte mit nichtmuslimischen Ländern betrifft. Ihm wurde aber mehrfach vorgehalten, er würde die Sunna verwerfen. Immer wieder musste er sich verteidigen. In Medina wirkte Mālik ibn Anas, der für die Etablierung der Schule der Überlieferung maßgebend war. Wie schon oben erwähnt, war er der Erste, der – in seinem Buch *Al-Muwattaʾ* – die Hadithe systematisch nach Themen ordnete. Die Hadithliteratur spielte für ihn eine zentrale Rolle.

Beide Schulen, die der Vernunft und die der Überlieferung, unterscheiden sich weniger in Bezug auf den Koran, sondern vielmehr hinsichtlich der Sunna und des Umgangs mit den Hadithen. Die Hadithe sind viel anschaulicher als der Koran, sie sprechen konkrete Situationen an und lassen viel weniger Raum für Interpretationen als der Koran. Schon die Gegenüberstellung »Leute des Hadithes« und »Leute der Vernunft« zeigt, wo das Problem liegt. Beide werden implizit gegeneinander ausgespielt. Asch-Schāfiʿī selbst, der, wie gesagt, das erste Werk verfasst hat, in dem die islamische Normenlehre systematisch strukturiert wurde, war ein Schüler von Mālik und daher der Schule der Überlieferung viel näher.[119] In Bagdad traf er den berühmtesten Schüler Abū Hanīfas, Muhammad ibn al-Hassan asch-Schaybānī (750–803 od. 805), der der Schule der Vernunft angehörte. Zwischen ihm und asch-Schāfiʿī kam es zu heftigen Auseinandersetzungen. Abū Hanīfa hingegen war viel offener für vernunftgeleitete Argumente jenseits des Textes. Er wuchs nämlich in Kufa auf, und einer seiner Lehrer war Schiit (Dschaʿfar as-Sādiq), der mit verschiedenen Gruppierungen und Glaubensrichtungen, wie Muʿtaziliten und Zayditen, aber auch mit Griechen, Indern und Persern in Verbindung trat, was sein Denken nachhaltig prägte.

Asch-Schāfiʿī war gegenüber der vor allem vernunftgeleiteten Methodik Abū Hanīfas sehr kritisch. Indem asch-Schāfiʿī sowohl den Konsens als auch den Analogieschluss an den Koran und an die Sunna bindet, erhebt er sie in den Rang einer primären Quelle. *Istihsān* hingegen, der die menschliche Erfahrung im Prozess der Ableitung von Normen einbindet, lehnte er strikt ab. Als Gründervater der

---

[119] Ebd., S. 31f.

Methodologie der islamischen Normenlehre, also der Wissenschaft, die sich mit der Ableitung von Normen auseinandersetzt (*Uṣūl al-fiqh*), konnte sich asch-Schāfiʿī innerhalb der islamischen Tradition schnell durchsetzen. Durch seine Vorgehensweise, Normen fast ausschließlich aus den Quelltexten abzuleiten, wurde die Lebenswirklichkeit der Menschen in den Prozessen der Normableitung ein Stück weit verdrängt. Und genau hier müssten wir heute ansetzen, wenn wir die islamische Normenlehre reformieren wollen. Man darf nicht vergessen, dass die Vorrangstellung der Quellentexte durch asch-Schāfiʿī eine Reaktion auf die Schule der Vernunft war, asch-Schāfiʿī sah sich verpflichtet, die Quellentexte zu verteidigen.

Neben *Istiḥsān* bietet die islamische Tradition zwei weitere Quellen an: das Brauchtum (ʿUrf) und das Gemeinwohl (*Maṣlaḥa Mursala*). Beide berücksichtigen zwar den Lebenskontext der Menschen, dieser bleibt aber in der Praxis, wie auch Ramadan feststellt, »ein untergeordneter Bezugspunkt«.[120]

4.5.2 Brauchtum (ʿUrf)

Das Brauchtum bzw. Normen, die sich in einer bestimmten Gesellschaft etabliert haben und nicht im Widerspruch zu Aussagen im Koran bzw. in der Sunna stehen, gelten für diejenigen Gelehrten, die das Brauchtum als Quelle von Normen anerkennen (das sind nur die Hanafiten und die Malikiten), als islamische Normen, auch wenn weder im Koran noch in der Sunna eine unmittelbare Aussage dazu zu finden ist.[121] Die Gelehrten berufen sich hierbei auf die prophetische Aussage: »Was die Menschen für gut halten,

---

[120] *Ramadan* 2009, S. 68.
[121] Vgl. *Abū Zuhra* 1958, S. 273ff.

hält auch Gott für gut«[122] und: »die Gestaltung des Lebens im Widerspruch zu in einer Gesellschaft bekannten Bräuchen bringt Verlegenheit und Erschwernisse mit sich und Gott sagt im Koran: ›Er hat euch nichts auferlegt, was euch in der Religion bedrängt‹«[123]. Der hanafitische Gelehrte as-Sarchasī (gest. 1391) erklärt dazu: »Was durch ein Brauchtum feststeht gleicht dem, was durch einen Quellentext feststeht.«[124]

Die Lebenswirklichkeit wird so als eigenständige Quelle islamischer Normen betrachtet, solange sie nicht im Widerspruch zu eindeutigen islamischen Grundsätzen steht. Wie Abū Zuhra betont, unterliegt die Lebenswirklichkeit einem ständigen Wandel. Daher müssen sich die Gelehrten mit der Lebenswirklichkeit der Menschen immer wieder auseinandersetzen.[125] Zum Beispiel erkannte Abū Hanīfa die Zeugenschaft von Menschen an, ohne deren Aufrichtigkeit zu überprüfen, was seine Schüler später nicht getan haben. Die hanafitische Schule argumentiert damit, dass Abu Hanīfa nur positive Erfahrungen mit den Menschen in seiner Umgebung gemacht habe, weshalb er auf eine Überprüfung verzichtete. Seine Schüler machten andere Erfahrungen, als sich die hanafitische Schule weit verbreitet hatte. Anfangs haben die Hanafiten auch die Entschädigung für Koranlehrer mit der Begründung abgelehnt, die Arbeit der Koranlehrer sei ein Gottesdienst, wofür man kein Geld beanspruchen solle. Später, als sich die Realität veränderte und Koranlehre zu einem Hauptberuf geworden war, änderte sich auch die Sichtweise der Hanafiten.

---

[122] Überliefert nach *Ahmad*, Hadith-Nr. 3600.
[123] Zitat: Koran 22:78, *Abū Zuhra* 1958, S. 273.
[124] *As-Sarchasī*, Al-Mabsūt, Beirut 1912, Band 19, S. 41.
[125] *Abū Zuhra* 1958, S. 275.

Für uns heute ist es wichtig zu wissen, dass die Einbindung des Lebenskontextes der Menschen in die Normfindung eine feste Grundlage in der islamischen Tradition hat, auch wenn sie heute kaum konsequent praktiziert wird. Eine Erneuerung der islamischen Normenlehre muss also nicht heißen, Neues zu erfinden, sondern solche Ansätze in der islamischen Tradition wiederzubeleben und für uns heute fruchtbar zu machen.

4.5.3 Allgemeinwohl (Al-Maslaha Al-Mursala)

Imām Mālik vertrat die Ansicht, dass die Verwirklichung von individuellen und gemeinschaftlichen Interessen auch normgebend sei. Er stellte folgende Voraussetzungen dafür auf: Diese Interessen dürfen den Grundsätzen des Islams nicht widersprechen; sie dürfen nicht irrational sein; und sie gelten nur für den Fall, dass, wenn sie nicht verwirklicht werden, es zu großen Umständen und Erschwernissen kommt.[126] Das vielleicht berühmteste Beispiel in der islamischen Ideengeschichte für die Anwendung der *Maslaha* ist das Zusammentragen des Korans zu einem Buch. Als, wie schon oben ausgeführt, der Prophet Muhammad starb, war der Koran zwar schon niedergeschrieben, jedoch da und dort verteilt und nicht zu einem Buch vereinigt. Erst die Befürchtung, der Koran könnte verloren gehen, hat den ersten Kalifen Abu Bakr zu dem Auftrag veranlasst, den Koran zu einem Buch zusammenzufassen.

Asch-Schāfiʿī hat *al-Maslaha al-Mursala* genauso abgelehnt wie den *Istihsān*. Al-Ghazālī, der selbst ein Schafiʿīt war, begründet die Ablehnung von *Maslaha Mursala* mit dem Argument, dass *Maslaha*, ähnlich wie *Istihsān*, nicht von den Quellentexten abgeleitet, sondern nach Gutdünken

---

[126] *Abū Zuhra* 1958, S. 279f.

des jeweiligen Gelehrten bestimmt werde.[127] Andere Gelehrte, die *Maslaha* ablehnen, sehen es ähnlich wie al-Ghazālī.
Sie befürchten, dass durch die Erhebung der menschlichen
Interessen zu einer normgebenden Instanz Beliebigkeit entsteht. Denn menschliche Interessen variieren und so würden
auch die Normen entsprechend variieren.[128] Es ist nachvollziehbar, dass menschliche Interessen variieren und es sogar
zu Interessenkonflikten kommen könnte. Allerdings liegt
gerade in diesen Aushandlungsprozessen der Garant dafür,
dass Beliebigkeit ausgeschlossen bleibt. Der Koran drückt
dies auf eindrucksvolle Weise aus: »Und wenn Gott nicht
die einen Menschen durch die anderen abwehrt, zerstört
wären Mönchsklausen, Kirchen, Gebetsstätten und Nieder-
werfungsstätten, in denen des Namens Gottes viel gedacht
wird. Und Gott wird dem helfen, der Ihm hilft.«[129] Die ständige Aushandlung von Interessen zwischen den Menschen
und den Gesellschaften wird im Koran als Schutz beschrieben, und zwar nicht für den Islam allein, sondern für die
Vielfalt und somit als Schutz für die Interessen aller. Daher
ist es Aufgabe des politischen Systems, Räume und Institutionen zu schaffen, die diese Aushandlungsprozesse garan-
tieren und ständig schützen.

4.6 Die menschlichen Interessen sind normgebend

Obwohl jede islamische Norm einen bestimmten Zweck
(*Hikma*) erfüllen soll, werden die Normen nach der traditionellen islamischen Lehre nicht mit ihrem Zweck, sondern
mit ihrem Grund bzw. Anlass (ʿ*Illa*) verknüpft. Diese Vor-

---

[127] *Al-Ghazālī*, Al-Mustasfa, Medina 1992, Band 2, 469ff. und 478ff.
[128] *Abū Zuhra* 1958, S. 283.
[129] Koran 22:40.

gehensweise wird damit begründet, dass es nicht immer möglich sei, den Zweck einer Norm empirisch zu erfassen; der Zweck sei also nicht immer erkennbar. Nach der traditionellen islamischen Lehre darf man zum Beispiel im Monat Ramadan das Fasten brechen, wenn man eine Reise von drei Tagen auf dem Kamel (dies geht auf einen Hadith des Propheten zurück), also über ca. 80 km, macht. Zweck dieser Norm ist, den Körper bei den Strapazen einer Reise (unter der Wüstensonne) nicht zusätzlich zu belasten. Da die Belastbarkeit des Körpers von Mensch zu Mensch variiert, kann der Zweck, nämlich die Schonung, nicht genau festgesetzt werden und stellt nach traditioneller Meinung somit keinen geeigneten Maßstab für die Aufhebung der Fastenpflicht dar. Daher wird die Norm mit dem Grund bzw. dem Anlass (ʿIlla) der Norm verknüpft. Anlass bzw. Grund dieser Norm ist das Verreisen über eine Distanz von mindestens 80 km.

Indem die Gelehrten darum bemüht waren, Regelungen für weite Bereiche des Lebens genauestens festzulegen, wurde aus dem Islam mit der Zeit eine »Gesetzesreligion«. Durch die Suche nach dem Grund bzw. dem Anlass einer Norm geriet der Mensch jenseits des Zwecks noch mehr aus dem Blickfeld. Denn der Anlass ist unabhängig vom Individuum, anders als der Zweck einer Norm.

Der Gelehrte asch-Schātibī (gest. 1388) kritisierte die Vorgehensweise der Gelehrten der islamischen Jurisprudenz bei der Kategorisierung von Normen, da sie lediglich rechtliche bzw. jenseitsbezogene Konsequenzen für menschliches Handeln (Tadel, Lohn) berücksichtigten. Ihn beschäftigte hingegen die Frage nach den sozialen und lebensnahen Umständen menschlichen Handelns. In seiner Konzeption der Methodologie der islamischen Normenlehre erhob er die Erfüllung menschlicher Interessen (Masālih, Singular: Maslaha) zur höchsten Instanz religiöser Normen: »Religiöse Lehren dienen der Erfüllung der Interessen der Menschen im Dies- und im Jenseits.«[130] Demnach sind Handlungen geboten, wenn sie zur Erfüllung dieser Interessen einen Beitrag leisten, und verboten, wenn sie deren Erfüllung verhindern bzw. Schaden verursachen.

Aber um welche Interessen handelt es sich konkret? Schon al-ʿĀmirī (gest. 992), ein muslimischer Philosoph aus dem 10. Jahrhundert, definierte in seinem Buch *Al-ʿilm bi manāqib al-Islām* diese Interessen, die später von al-Dschuwaynī (1028–1085) in seinem Buch *Al-Burhān* übernommen und erst durch dessen Schüler al-Ghazālī bekannt wurden: Es handelt sich hierbei um den Schutz der Religionszugehörigkeit, den Schutz des Lebens, den Schutz des Verstandes, den Schutz des Eigentums und den Schutz der Familie.[131] Im Laufe der Zeit etablierte sich daraus eine eigenständige Wissenschaft mit dem Namen *Maqāsid* (auf Deutsch »Zwecke« bzw. »Maximen der islamischen Lehre«).

Wie kamen aber die muslimischen Gelehrten auf diese fünf Maximen? Al-ʿĀmirī suchte im Koran und in der prophetischen Tradition nach Dingen, deren Schutz ein Ziel der islamischen Lehre darstellte und deren Verletzung im Falle einer Übertretung rechtliche Konsequenzen nach sich ziehen würde. Durch Induktion kam er auf fünf Verbote, aus denen er fünf Dinge ableitete, die die islamische Lehre schützen sollten.

Aus dem Verbot des Religionswechsels leitete er den Schutz der Religion ab. Diese Meinung ist in der traditionellen islamischen Lehre stark vertreten, obwohl sie gegen den koranischen Grundsatz, wonach es »kein[en] Zwang im

---

[130] *Abū Ishāq asch-Schātibī*, Al-muwāfaqātu fi usūl asch-scharīʿa, Beirut 2005, Band 2, S. 6.
[131] Vgl. *ʿAbdalmalik al-Dschuwainī*, Al-Burhān, Beirut 1997, Band 2, S. 923ff.

Glauben gibt«[132], verstößt. Unter vielen heutigen Gelehrten gilt sie als überholt. Aus dem Verbot des Tötens leitete al-ʿĀmirī den Schutz des Lebens, aus dem Alkoholverbot den Schutz des Verstandes, aus dem Verbot des Stehlens den Schutz des Eigentums und aus dem Unzuchtverbot leitete er den Schutz der Familie ab. Die allgemeinen Zwecke der islamischen Lehre sind somit der Schutz dieser fünf Dinge.[133]

Al-Dschuwaynī nahm dann folgende Einteilung der Bedürfnisse vor: Alles, was zum Erfüllen dieser Zwecke notwendig ist, gehört zum Bereich der sogenannten notwendigen Bedürfnisse (*Darūriyyāt*); hierbei handelt es sich um essenzielle Bedürfnisse. Bedürfnisse hingegen, die nicht essenziell, aber notwendig sind, um das Leben zu erleichtern, gehören zum Bereich der sogenannten benötigten Bedürfnisse (*Hadschiyyāt*). Alle anderen Bedürfnisse sind sogenannte ergänzende Bedürfnisse (*Tahsīnāt*). Hierbei handelt es sich weder um essenzielle, noch um notwendige Bedürfnisse, sondern um solche, die das Leben schöner machen.[134]

Auch asch-Schātibī war bemüht, allgemeine Regeln für diese *Maqāsid* zu formulieren (*Qawaʾidu l-maqāsid*). Für unsere Diskussion sind folgende drei Regeln, die asch-Schātibī in seinem Buch *Al-muwāfaqāt* anführte, von Bedeutung:
a) Bei der Auslegung des Textes muss von den allgemeinen Zwecken der islamischen Lehre (*Maqāsid*) ausgegangen werden, eine wortwörtliche Auslegung läuft Gefahr, die Zwecke des Textes zu verfehlen.[135] Ob ein Imperativ eine Verpflichtung oder lediglich eine Empfehlung bzw. ein Verbot oder nur eine Verpönung meint, ist durch den Text alleine nicht herauszufinden; sowohl dem Kontext, als auch den Interessen (*Masālih*) muss Rechnung getra-

---

[132] Koran 2:256.
[133] Vgl. *al-Dschuwainī* 1997, Band 2, S. 923ff.
[134] Ebd.
[135] Vgl. *asch-Schātibī*, Al-Muwātaqāt, Kairo 1975, Band 3, S. 154.

gen werden.[136] So sind für asch-Schātibī die Umstände der Handlung ausschlaggebend, um eine Handlung als Pflicht, Empfohlenes, Verpöntes oder Verbotenes einzustufen.

b) Religiöse Lehren dienen der Erfüllung der Interessen der Menschen im Dies- und im Jenseits.[137]

c) Die Einstufung in »geboten« bzw. »verboten« hängt immer vom Beitrag zur Erfüllung der Interessen der Menschen bzw. zur Abwendung von Schaden ab.[138]

Religiöse Normen sind somit kein Selbstzweck, sondern ein Mittel zum Erreichen der höheren Zwecke der islamischen Lehre (*Maqāsid*). Umso mehr Interessen eine Handlung erfüllt, desto stärker ist sie geboten und umgekehrt; umso mehr Schaden eine Handlung verursacht, desto stärker ist sie verboten.

In der Denkschule der *Maqāsid* »ist es in der Tat unmöglich, die soziale und menschliche Umgebung außer Acht zu lassen. Sie erhellt nicht nur die grundlegenden Quelltexte, sondern man kann nur mit deren genauer Kenntnis der Absicht des göttlichen Gesetzgebers treu bleiben. Deswegen ist es wichtig, sie bei der rechtlichen Ausarbeitung von Beginn an einzubeziehen, um angemessen mit Situationen umzugehen, zu denen die Schrift sich nicht äußert«.[139]

Wenn wir heute von den Maximen der islamischen Normenlehre sprechen, dann werden weiterhin die fünf oben aufgezählten Maximen bzw. Schutzbereiche angegeben. Diese sind jedoch nicht statisch, sie sind auch nicht gottgegeben, sondern basieren auf den Bemühungen der Gelehrten, die, wie wir gesehen haben, diese Maximen ausgehend

---

[136] Vgl. ebd., Band 3, S. 153.
[137] Vgl. ebd., Band 2, S. 2.
[138] Vgl. ebd., Band 2, S. 238.
[139] *Ramadan* 2009, S. 103.

vom Strafrecht definiert haben. Nun lässt sich allerdings kritisch hinterfragen: Wenn der Koran sagt: »Wir [Gott] entsandten unsere Gesandten mit klarer Botschaft und schickten mit ihnen das Buch und die Waage herab, auf dass die Menschen Gerechtigkeit üben möchten«[140], warum taucht dann Gerechtigkeit nicht bei den aufgestellten Maximen auf? Wenn der Koran sagt: »Wir haben den Kindern Adams Würde verliehen«[141], wo bleibt der Schutz der menschlichen Würde als Maxime der islamischen Lehre? Wohlgemerkt, der Koran spricht von einer den Kindern Adams, und nicht den Muslimen oder Gläubigen, durch Gott verliehenen Würde. Wo bleibt die Läuterung des Herzens als Maxime islamischer Normenlehre? Und wenn der Koran die Gleichheit aller Menschen betont und sagt: »Ihr Menschen! Wir haben euch aus einem männlichen und einem weiblichen Wesen erschaffen und Wir haben euch zu Völkern und Stämmen gemacht, damit ihr euch kennenlernt. Als der Vornehmste gilt bei Gott derjenige von euch, der am frömmsten ist«[142], wo bleibt die Gleichheit der Menschen als Maxime islamischer Normenlehre? Wenn der Mensch im Koran als Verwalter (*Kalif*) bezeichnet und bestimmt wird, dem verschiedene materielle und nichtmaterielle Ressourcen zur Verfügung stehen, und er den Auftrag hat, diese Ressourcen in seinem eigenen Sinne, im Sinne seiner Mitmenschen und im Sinne des Universums verantwortungsvoll zu verwalten, dann stellt sich die Frage: Wo bleibt die Verantwortlichkeit des Menschen für die Schöpfung als Maxime der islamischen Lehre?

Auch Tariq Ramadan beklagt zu wenig Selbstkritik bei den muslimischen Gelehrten: »Das Problem der Führer-

---

[140] Koran 57:25.
[141] Koran 17:70.
[142] Koran 49:13.

schaft in der muslimischen Welt geht auch darauf zurück, dass nicht genügend kritische Beiträge aus den Gemeinden kommen, dass die große Mehrheit sich passiv verhält und häufig ergeben einem einzigen sachkundigen oder auch nur charismatischen Gelehrten folgt.«[143]

Die oben zitierte prophetische Aussage, wonach alles, was für die Menschen gut ist, auch von Gott gut geheißen ist, öffnet uns nicht nur eine neue Sichtweise, wenn es um islamische Normen geht, sondern ordnet die Prioritäten neu. Nun tritt der Mensch mit seinem Lebensentwurf, seinen Erwartungen, Hoffnungen, Ängsten und Wünschen in einen dialogischen Prozess mit der Schrift. Er nimmt nun Bezug zur Schrift, aber auch zu seinem Lebensentwurf und ausgehend von diesem Wechselspiel zwischen beiden gestaltet er seine Religiosität.

Das eigentliche Problem muslimischen Denkens liegt heute weniger auf der Wissensebene. Prinzipien wie Gerechtigkeit oder Unantastbarkeit menschlicher Würde werden von Muslimen als Selbstverständlichkeit und als Teil der islamischen Lehre rezipiert. Vergeblich sucht man jedoch nach deren Verwirklichung in der Lebenswirklichkeit vieler Muslime, muslimischer Institutionen und muslimischer Staaten.

Kein Muslim würde behaupten, Gott sei ein Diktator, dennoch haben viele Muslime ein sehr restriktives Gottesbild. Kein Muslim würde bestreiten, dass die Eigenschaft, mit der Gott sich selbst am stärksten beschreibt, die Barmherzigkeit ist, und dennoch stehen göttlicher Zorn, göttliche Bestrafung und göttliche Bedrohung im Vordergrund der Wahrnehmung vieler Muslime. Alleine die quantitative Relation göttlicher Barmherzigkeit zu Bestrafung ist im Koran 18 zu 1. Redet tatsächlich ein Prediger oder ein Reli-

---

[143] *Ramadan* 2009, S. 13.

gionslehrer 18 Mal mehr von der Barmherzigkeit Gottes als
von seiner Bestrafung? Als ich mein Buch »Islam ist Barmherzigkeit« veröffentlicht habe, eilten einige Muslime zur
Kritik: »Gott ist aber nicht nur barmherzig, er hat auch andere Attribute, er ist auch bestrafend.« Die koranische Botschaft: »Meine Strafe trifft, wen ich möchte, und meine
Barmherzigkeit umfasst alle Dinge [also auch seine Be-
strafung]«[144], scheint nicht bei allen angekommen zu sein.
Kein Muslim würde bestreiten, dass die Bewahrung der
Menschenwürde eine der höchsten Maximen islamischer
Lehre ist, jedoch haben nicht viele Bedenken dabei, wenn
ein Kind in der Moschee oder zu Hause angeschrien oder
gar geschlagen wird, was eine klare Sünde darstellt. Ebenso
wenig Bedenken haben viele Muslime, wenn in manchen
Predigten in den Moscheen Nichtmuslime verflucht oder beschimpft werden. Kein Muslim würde bestreiten, dass Gerechtigkeit eine der obersten Maximen islamischer Lehre
ist, jedoch wurden und werden weiterhin in vielen islamischen Staaten ungerechte Regime und Staaten einfach ge-
duldet, ohne ein Bewusstsein dafür zu haben, dass das
Schweigen bei einer Ungerechtigkeit Mittäterschaft bedeutet. Kein muslimischer Verband würde behaupten, seine eigenen Machtinteressen seien wichtiger als die Interessen der
Muslime selbst; die Realität zeigt allerdings, dass Macht-
konkurrenz innerhalb und zwischen muslimischen Verbän-
den und Institutionen das eigentliche Ziel der Interessenver-
tretung der Muslime zum Teil in Vergessenheit geraten lässt.
Kein islamischer Staat würde behaupten, nicht alles im
Sinne seiner Bürgerinnen und Bürger zu unternehmen, und
dennoch leiden die meisten dieser Staaten an Korruption,
mangelnden Investitionen in Bildung und geringfügiger
Schaffung von Arbeitsplätzen. Auch würde kein musli-

---

[144] Koran 7:156.

mischer Diktator behaupten, sein Land undemokratisch zu
regieren, und trotzdem gibt es unter den muslimischen Staaten, bis auf wenige Ausnahmen, kaum funktionierende de-
mokratische Regime und Strukturen.

Es herrscht in den Köpfen vieler Muslime, aber auch in
vielen islamischen Ländern eine Art Diskrepanz zwischen
dem, was man Richtiges über den Islam weiß, und dem,
was tatsächlich reflektiert und praktiziert wird. Es scheint
nicht an Wissen zu mangeln, sondern daran, ein Bewusstsein für dieses Wissen zu entwickeln und es zu reflektieren.
Es reicht offensichtlich lange nicht aus, dass fast alle Muslime humane Werte und Werte wie Gerechtigkeit und Freiheit
anerkennen. Worauf es ankommt ist, dass diese Werte
Hauptbestandteil ihres gelebten Glaubens, also verinner-
licht werden. Nur so kann zum Beispiel das Selbstverständnis entstehen, unter dem Praktizieren des Islams nicht nur
die rituellen Pflichten zu verstehen, sondern eben auch den
Einsatz für Menschenwürde, die Anerkennung des »Anderen«, die Etablierung von Gerechtigkeit usw. Dieses Bewusstsein scheint allerdings noch nicht als Diskurs vorhanden zu sein; anders ausgedrückt: Man spricht nicht von
Gerechtigkeit oder Menschenwürde, wenn man von »Main-
stream-Islam« spricht, meint damit aber keineswegs, dass
diese Werte abzulehnen seien. Sie sind einfach nicht oder
nur marginal in dem religiösen Bewusstsein als Bestandteil
von Religiosität vorhanden.

Diese Diskrepanz hat in meinen Augen zwei Ursachen:
Die erste Ursache ergibt sich aus dem Verständnis von Religion als Instruktion, welche zur Unterbewertung menschlicher Vernunft und menschlicher Erfahrung führt. Wie ich
oben aufgezeigt habe, lässt sich ein solches Verständnis von
Religion bei einem bedeutenden Gelehrten wie asch-Schāfiʿī
finden, wodurch er Methoden zur Ableitung von Normen
abgelehnt hat, die diese nicht unmittelbar aus dem Text

(Koran und Sunna) unternehmen. Konzepte wie *Maslaha*, die die Lebenswirklichkeit der Menschen als eigenständige Quelle für die Ableitung von Normen sehen. (»Was die Menschen für gut halten, hält auch Gott für gut«[145]), gerieten daher aus dem islamischen Bewusstsein, auch wenn die meisten muslimischen Gelehrten heute die Anwendung von *Maslaha* befürworten. Fragt man zum Beispiel nach der Würde des Menschen, dann argumentiert der Theologe in der Regel mit dem koranischen Vers »Wir haben den Kindern Adams Würde verliehen«[146], um so die Unantastbarkeit der menschlichen Würde als einen islamischen Wert zu bestätigen.

Kann man aber die Unantastbarkeit der Würde des Menschen nicht auch durch die menschliche Vernunft und die menschliche Erfahrung begründen, ohne dass es dafür einen koranischen Vers oder einen Hadith gibt? Was ist zum Beispiel mit der Frage nach der Glaubensfreiheit im Islam? Damit beziehe ich mich nicht auf die in der zweiten Sure angesprochene Freiheit, ohne Zwang zum Islam zu konvertieren (»Es besteht kein Zwang im Glauben«[147]), sondern auf die Freiheit, aus dem Islam auszutreten. Gelehrte, die dafür die Todesstrafe fordern, berufen sich auf den Hadith: »Wer seine Religion ändert, den sollt ihr töten!«[148] Andere wiederum, welche die Todesstrafe für den Austritt aus dem Islam ablehnen, versuchen entweder die Authentizität dieses Hadithes selbst in Frage zu stellen, der jedoch in der Sammlung von al-Buchārī, welche als authentischste Hadithsammlung im sunnitischen Islam gilt, zu finden ist, oder aber sie interpretieren den Austritt auf der Grundlage des Hadithes als eine an die Muslime gesprochene Kriegserklä-

---

[145] Überliefert nach *Ahmad*, Hadith-Nr. 3600.
[146] Koran 17:70.
[147] Koran 2:256.
[148] Überliefert nach *al-Buchārī*, Hadith-Nr. 3017.

rung. Diese Interpretation lässt sich aus dem Kontext ableiten, in dem der Hadith ausgesprochen wurde. So sollen
kriegerische Auseinandersetzungen geherrscht haben und
die Zugehörigkeit zur Gemeinschaft der Muslime mit der
politischen Loyalität gleichgesetzt worden sein. Das Verlassen des Glaubens hätte somit einen Wechsel der militäri-
schen Front bedeutet und deshalb beziehe sich dieser Hadith auf einen politischen und keineswegs religiösen Aspekt.

Die Frage, die sich jedoch aufdrängt, lautet: Brauchen
wir einen Hadith, der uns sagt, ob man aus dem Islam aus-
treten darf oder nicht, um für die Religionsfreiheit zu sorgen? Sind die Bewahrung der Würde eines jeden Menschen
und die Garantie für die Religionsfreiheit inzwischen nicht
selbstverständliche Grundrechte geworden? Hat die Geschichte uns nicht anhand genügender Beispiele aufgezeigt,
wie viel Unheil gestiftet und Blut vergossen wurde, weil solche und weitere Rechte nicht beachtet wurden? Diese
Grundrechte stehen eigentlich im Einklang mit dem Geist
des Islams, wenn man den Islam als Botschaft für den Menschen versteht, für seine Glückseligkeit hier und jetzt auf der
Erde, aber auch im Jenseits. Alles, was eine menschenwürdi-
ge Existenz in dieser Welt in irgendeiner Weise bestätigt
oder fördert, ist eine willkommene islamische Norm, auch
wenn sie nicht die Überschrift »islamisch« trägt. Ist das
nicht genau das, was der Prophet Muhammad mit seinem
Ausspruch: »Wer etwas Neues einführt, was den Menschen
zu Gute kommt [Sunna Hasana], der bekommt so viel Lohn
dafür, wie der Lohn jener, die davon Gebrauch machen«[149]
meinte? Der Prophet will damit die Menschen motivieren,
sich einzusetzen und das Leben mit einem konstruktiven
Geist zu bereichern.

---

[149] Überliefert nach *Muslim*, Hadith-Nr. 1697.

Die zweite Ursache der Diskrepanz zwischen Wissen und tatsächlichem Bewusstsein ist die konstruierte Trennung zwischen dem, was man für Gott tut und dem, was man für die Menschen tut. Im Bewusstsein vieler Muslime ist zum Beispiel das Gebet etwas, was man für Gott tut, während die Verrichtung der Arbeit, für die man bezahlt wird, etwas ist, was man für sich bzw. für die Menschen tut. Diese künstliche Trennung zwischen religiösen und weltlichen Handlungen lässt die ethische und religiöse Verantwortlichkeit für »weltliche« Taten in den Hintergrund rücken und hat die Konsequenz, dass man nicht nur Muslimen begegnet, die zwar alle religiösen Rituale einhalten, jedoch mit Hochmut auftreten oder unaufrichtiges Handeln zeigen, sondern auch Muslimen begegnet, die unter religiösem Handeln nur das auffassen, was auf einem koranischen Text bzw. Ausspruch des Propheten beruht. Dabei gilt im Islam jede konstruktive und positive Idee, Handlung oder sogar Geste als Gottesdienst. Es gibt keine Handlungen, die man nur für Gott tut oder nur für die Welt. Es ist alles für Gott und es ist alles für die Welt.

Mit anderen Worten ausgedrückt: Der Mensch ist für alle seine Handlungen verantwortlich – er ist genauso für sein Gebet verantwortlich wie für seine Arbeit, seine Gesundheit, seine Mitmenschen usw. »Mein Gebet, mein Opfer, mein Leben und mein Tod, alles ist für Gott.«[150] Ein aufrichtiges und frommes Leben bedeutet nicht nur zu beten und zu fasten; ein aufrichtiges und frommes Leben beginnt erst richtig in der Auseinandersetzung mit sich und seinen Mitmenschen. Das ist der Prüfstand. Wenn die Ableitung religiöser Normen dieser Tatsache Rechnung trägt, dann nimmt die Lebenswirklichkeit der Menschen ihren richtigen Platz als eine der Hauptquellen religiöser Normen ein. Dann suchen wir nach religiösen Normen nicht nur im Text, son-

---

[150] Koran 6:162.

dern auch in unserem Alltagsleben und versuchen diese
Normen möglichst mit konstruktiven Erneuerungen zu bereichern. Und so findet eine Symbiose zwischen dem gelebten Leben, dem Koran und der Sunna statt. Es ist dann nicht
mehr der Koran und die Sunna auf der einen und das Leben
auf der anderen Seite, sondern sie alle sind auf derselben Seite, auf der sich auch der Mensch befindet, und arbeiten Seite
an Seite für seine Glückseligkeit.

4.7 Welche Scharia ist der Weg zu Gott?

In einer heftigen Auseinandersetzung zwischen einem Anhänger der ägyptischen Muslimbrüder und dem Gründer einer Befreiungsbewegung mit dem programmatischen Namen *Tamarrud* (Ungehorsam) legten beide Diskutanten
ihre Argumente dar. Der Disput ereignete sich in einer Talk-
show im Zuge der politischen Umwälzungen in Ägypten,
welche ihren Höhepunkt in den am 30. Juni 2013 gestarte-
ten großflächigen Demonstrationen gegen Präsident Mursi
fanden. Der Muslimbruder argumentierte gegen die Absetz-
zung Mursis und bezeichnet diese als eine unislamische Ak-
tion. Der Begründer von *Tamarrud* führte hingegen seine
Argumente für eine notwendige Absetzung Mursis zur Herstellung des sozialen Friedens an. Der Muslimbruder argumentierte hauptsächlich mit Hadithen, welche die Ansicht
bestärkten, dass es nicht erlaubt sei, Widerstand gegen einen
Regierenden zu leisten, geschweige denn ihn abzusetzen. Als
Einführung in seine Argumentation zitierte er zunächst den
koranischen Vers: »Ihr Gläubigen! Gehorcht Gott, gehorcht
dem Gesandten und denen unter euch, die für euch Verantwortung tragen.«[151] Danach zitierte er eine Fülle an Hadi-

---

[151] Koran 4:59.

then wie: »Wer etwas an seinem Befehlshaber auszusetzen hat, so möge er Geduld haben, denn niemand stellt sich gegen seinen Anführer, auch wenn es nur eine Handbreite sei. Bleibt er dabei und verstirbt, so befindet er sich auf dem Irrweg [in ewiger Verdammnis]«[152], »Gehorche dem Anführer auch wenn er deinen Rücken schlägt und dir dein Geld nimmt, höre und gehorche!«[153] In einem weiteren Hadith soll der Prophet die Klausel eingeführt haben: »Solange sie [die Anführer] euch erlauben, das Gebet zu verrichten«[154]. Der Begründer von *Tamarrud* zitierte zuerst den Hadith: »Der beste *Dschihād* ist ein wahres Wort zu einem ungerechten Anführer«[155]; er argumentierte jedoch mit sozialen Fakten: er sprach von der Frustration der Menschen wegen steigender Arbeitslosenzahlen, steigender Preise, schmutziger Straßen, unterbrochenen Stroms usw. Er führte einige Statistiken auf, nach denen die wirtschaftlichen Investitionen innerhalb des Regierungsjahres von Mursi um 15 % zurückgegangen seien, die Armut in den Städten betrage 25 % und auf dem Land sogar 50 %. Die Menschen würden ständig ausgeraubt usw. Sie würden nicht mehr von religiösen Parolen leben können und wollen. Der Vertreter der Muslimbrüder war sehr verlegen, denn er wusste keine Antworten auf diese kritischen Rückmeldungen. Koranische Verse und Hadithe zu bedingungslosem Gehorsam halfen ihm nicht weiter.

Die Menschen, nicht nur in Ägypten, haben Grundbedürfnisse, sie machen sich Sorgen um ihren Lebensunterhalt, um ihre Gesundheit, um ihre Sicherheit, um die Zukunft ihrer Kinder, um Ausbildungsplätze für ihre Kinder,

---

[152] Überliefert nach *Muslim*, Hadith-Nr. 3445.
[153] Überliefert nach *Muslim*, Hadith-Nr. 1847.
[154] Überliefert nach *al-Bayhaqī*, Hadith-Nr. 15279.
[155] Überliefert nach nach *at-Tabarānī*, Mu'dscham al-kabīr, Hadith-Nr. 8003.

um die Zukunft ihres Landes. Sie erwarten Lösungen für diese Sorgen. Ein Vertrösten auf das Jenseits mit dem Appell, sie mögen Geduld bewahren und alle sozialen Benachteiligungen einfach hinnehmen, »solange der Anführer ihnen erlaubt, das Gebet zu verrichten«, funktioniert nicht mehr. Dieses Verständnis von Religion ist Ausdruck des eigenen Versagens und der Unfähigkeit, die Menschen in ihrer Lebenswirklichkeit zu begleiten. Es ist aber auch Ausdruck einer distanzierten Haltung von Religion, die sich nicht für die Interessen und Sorgen der Menschen interessiert, sondern sie auf das Jenseits, auf ein schönes Leben nach dem Tod, vertröstet und so im Namen des Heiligen Tür und Tor für die Reproduktion von Ungerechtigkeiten, Diktatur und sozialem Unfrieden öffnet. Steckt aber nicht dahinter ein Bild von Gott, dem die Sorgen, die Wünsche, die Ängste und die Interessen der Menschen mehr oder weniger egal sind? Steckt nicht dahinter ein Bild von einem Gott ohne Empathie? Steckt nicht dahinter ein Bild von Gott, dem es nur um die Befolgung seiner Befehle geht, die er in Form von juristischen Aussagen verkündet (Scharia)? Widerspricht so eine Vorstellung von Scharia, die sich nicht für den Menschen selbst und für sein Wohlergehen hier und jetzt auf der Erde interessiert, nicht dem Gottesbild, das Muhammad versucht hat, zu vermitteln? War es nicht Muhammad, der Folgendes erzählt hat: »Im Jenseits wird Gott einen Mann fragen: ›Ich war krank und du hast mich nicht besucht, ich war hungrig und du hast mir nichts zu essen gegeben, und ich war durstig und du hast mir nichts zu trinken gegeben.‹ Der Mann wird daraufhin erstaunt fragen: ›Aber du bist Gott, wie kannst du krank, durstig oder hungrig sein?!‹ Da wird ihm Gott antworten: ›Am Tag soundso war ein Bekannter von dir krank und du hast ihn nicht besucht; hättest du ihn besucht, hättest du mich dort, bei ihm, gefunden. An einem Tag war ein Bekannter von dir hungrig und du hast ihm nichts zum Essen gegeben, und an einem Tag war ein Bekannter von dir durstig und du hast ihm nichts zum Trinken gegeben.‹«[156] Diese Erzählung erinnert an das Matthäus-Evangelium, Kapitel 25, das eine ähnliche Erzählung anführt und anschließend betont: »Was ihr für einen meiner geringsten Brüder getan habt, das habt ihr mir getan.« Das ist der Gott des Islams und des Christentums, das ist der Gott der Liebe und Barmherzigkeit. Ein Gott, der sich mit und für den Menschen freut, wenn es ihm gut geht und in Sorge ist, wenn es ihm schlecht geht. Das ist Gott, dem es sogar im Jenseits wichtig ist, dass nicht nur er mit den Menschen zufrieden ist, sondern dass auch sie mit ihm zufrieden sind: »Diejenigen, die glauben und Gutes verrichten, sind die besten Geschöpfe. Ihr Lohn bei ihrem Herrn: die Gärten von Eden, unterhalb derer Bäche fließen und in denen sie ewig weilen. Gott ist mit ihnen zufrieden und sie sind mit ihm zufrieden. Dies ist für jeden, der fromm ist.«[157]

Nur ein Verständnis von Scharia, das einem kooperativen Verhältnis zwischen Gott und Mensch gerecht wird, indem es nach dem Menschen fragt und seine geistigen, emotionalen und physischen Bedürfnisse und Angelegenheiten an den Ausgang seiner Überlegungen stellt, hat auch eine Chance, vom Menschen selbst getragen zu werden. Die schnelle Frustration vieler Menschen in Ägypten, die im islamischen Modell der Muslimbrüder den längst erhofften Ausweg aus politischer und sozialer Repression gesehen haben, ist nur ein Indikator für das Versagen dieses Modells, solange nicht der Mensch selbst im Mittelpunkt der Politik steht.

Es geht im Grunde um das Verhältnis zwischen Religion und Menschen. Wenn dieses so aufgefasst wird, dass der

---

[156] Überliefert nach *Muslim*, Hadith-Nr. 2569.
[157] Koran 98:7–8.

Mensch da ist, um der Religion zu dienen, dann ist er auch da, um der einen oder anderen politischen Partei, die für sich beansprucht, den Islam zu vertreten, zu dienen. Versteht man das Verhältnis aber so, dass Religionen da sind, um dem Menschen zu dienen und nicht umgekehrt, dann gilt die Loyalität des Menschen nicht derjenigen Partei oder Institution, die beansprucht, die Religion zu vertreten bzw. für sie zu sprechen, sondern vielmehr derjenigen Partei oder Institution, die sich am stärksten für den Menschen interessiert und sich in seinem Dienste sieht. Diese Partei oder Institution arbeitet so im Sinne des Islams, auch wenn sie nicht die Überschrift »islamisch« trägt. Sie trägt zur Verwirklichung von Gottes Intention bei und ist im Grunde »islamischer« als eine Partei, die zwar im Namen des Islams Politik betreibt, jedoch im Menschen nur einen Diener der Religion, einen Diener eines starren Verständnisses von heiligen Texten sieht. Dieses Religionsverständnis leistet kaum einen Beitrag zur Hervorhebung des Humanen im Menschen und hindert sogar den Menschen daran, ein Medium göttlichen Wirkens zu sein.

Die künstliche Dichotomie: Islamische versus nichtislamische Regierung oder Partei, wie wir es zurzeit in Ägypten erleben, ist äußerst irreführend, wenn sie entlang von Überschriften gezogen wird. Denn Gott schaut nur und nur auf den Inhalt. Die Partei, die sich mehr für die Verwirklichung von Gerechtigkeit, von Freiheit, von Gleichheit, die sich mehr für die Menschenwürde und humane Werte einsetzt, ist islamischer als andere Parteien, die dies weniger oder gar nicht tun, unabhängig davon, wer sich als »islamisch« bezeichnet. Die Bezeichnung »islamisch« bzw. die Behauptung, im Namen des Islams zu agieren, ist ein gutes Mittel, um die Emotionen einfacher und leichtgläubiger Menschen zu manipulieren. Dies ist jedoch nichts anderes als eine Form des Missbrauchs des Islams, um politische Macht zu erlangen. Wie die Erfahrung in Ägypten zeigt, fallen immer weniger Menschen auf diese Spielereien herein. Die Menschen stehen hinter derjenigen Politik, die hinter ihnen und nicht hinter ideologischen und machtpolitischen Ansprüchen steht.

Die nächsten Jahre werden uns viele solcher Veränderungen zeigen, die die islamische Theologie immer stärker herausfordern und den Menschen mit seiner Lebenswirklichkeit ins Bewusstsein der Theologie rufen werden.

5. Exkurs: Salafisten und keine Salafiten

Wenn heute von Fundamentalismus im islamischen Kontext die Rede ist, dann stehen die Salafisten ganz vorne auf der Liste. Sie berufen sich auf die ersten drei Generationen des Islams (zwischen dem siebten und dem neunten Jahrhundert), daher die aus dem Arabischen stammende Bezeichnung »Salafisten« (zu Deutsch: »Altvordere«). Sie sehen im Leben und Wirken dieser drei Generationen einen Idealtypus, dem es nachzueifern gilt. In Wirklichkeit selektieren sie jedoch eine bestimmte Lesart dieser Epoche, mit der sie ihre Ideologie zu legitimieren versuchen. Historische Fakten werden hingebogen, um bestimmte Positionen als islamisch zu deklarieren. Sie erklären alle Prophetengefährten für unfehlbar. Zum Beispiel wird die unrechtmäßige Machtübernahme eines Prophetengefährten, namens Muʿāwiya ibn Abī Sufyān (603–680), und die mit ihr begonnene Diktatur in der islamischen Geschichte verdrängt. Jede Kritik an Muʿāwiya, der so gut wie alle islamischen Werte verworfen hatte und dessen Diktatur in der islamischen Welt bis heute Schule macht, wird von Salafisten als Angriff gegen den Islam selbst gesehen. Ihre Ideologie trägt daher massiv dazu bei, diktatorische Regime im Namen des Islams am Leben zu erhalten. Alle islamischen Lehrmeinungen, die mit ihren Lehren nicht vereinbar sind, sehen sie als unislamisch an. Sie sehen sich als die einzig wahre Gemeinschaft der Gläubigen, da sie meinen, nur sie lebten den Islam so, wie Gott es vorgeschrieben habe. Sie werfen den übrigen Muslimen vor, einen falschen Islam zu praktizieren. Aus dieser Intoleranz entsteht ein dualistisches Weltbild, das nur noch aus Gläubigen und Ungläubigen besteht, sodass den Salafisten in der muslimischen Gemeinschaft der Ruf von Intoleranz und Fanatismus vorauseilt. Sie sehen im Islam eine reine Gesetzesreligion; ihre Lehrmeinungen basieren auf einem wortwörtlichen Verständnis islamischer Quellen, ohne nach dem inhaltlichen Sinn dieser Texte zu fragen. Sie argumentieren hauptsächlich mit Hadithen. Jeder Einsatz von Vernunft als eigenständige Quelle der religiösen Erkenntnis wird von ihnen verworfen. Eine zeitgemäße Interpretation dieser Quellen wird genauso wie eine historische Kontextualisierung strikt abgelehnt.

Salafisten selbst bezeichnen sich als Salafiten und lehnen die Bezeichnung Salafisten strikt ab. Denn der Begriff »Salafisten« bringt zum Ausdruck, dass es sich um eine Ideologie handelt. Es geht ihnen auch – wie schon oben erwähnt – keineswegs um eine neutrale und objektive Nachahmung der Altvorderen (*Salaf*), sondern tatsächlich um eine ideologische Haltung, in der Andersdenkende nicht nur als solche angesehen, sondern darüber hinaus als schlechte Muslime bzw. schlimmstenfalls als vom Islam Abgefallene bezeichnet werden. Auch die Bezeichnung »Fundamentalisten« ist erklärungsbedürftig, denn es geht keineswegs darum, dass Salafisten sich stärker an die islamischen Fundamente halten als andere Muslime. Das ist es, was sie gerne von sich behaupten, um die Deutungshoheit über den Islam für sich und nur für sich zu beanspruchen; nur sie wüssten, was Islam ist. Was sie zu Fundamentalisten macht, ist aber gerade nicht, dass sie sich an die islamischen Fundamente halten, sondern ihre exklusivistische Haltung und Intoleranz gegenüber andersdenkenden Muslimen sowie gegenüber Nichtmuslimen. Daher stehen Salafisten keineswegs in der Tradition der Prophetengefährten (*Salaf*).

Ich thematisiere den Salafismus im Rahmen meines Buches, weil in dieser Ideologie das restriktive Gottesbild wie in keiner anderen islamischen Richtung zum Tragen

kommt. Entsprechend beschränkt sich das Verständnis von
Scharia im Salafismus auf reine Instruktionen, die, wie einige später angeführte Beispiele zeigen werden, zu Absurditä-
ten führen können. Sie machen aus dem Islam alles andere
als eine Religion, die zur Hervorhebung des edlen Charak-
ters im Menschen einen wichtigen Beitrag leisten möchte.
Die Beharrung auf einer unreflektierten Übertragung von
Lebenssituationen aus dem siebten Jahrhundert auf unsere
heutige Zeit macht die Vereinbarung zwischen dem Islam
und der Lebenswirklichkeit der Menschen heute zu einer
großen, fast nicht zu bewältigenden Herausforderung. Der
Salafismus definiert Frömmigkeit über den dogmatischen
Weg, es gelte an die richtige ʿAqīda (Glaubenslehre) zu glauben. Diese wird allerdings von den Salafisten selbst definiert. Wer ihr widerspricht, gilt als Abtrünniger. Mir geht
es an dieser Stelle nicht um eine inhaltliche Diskussion über
die richtige oder falsche Glaubenslehre, sondern um zwei
wesentliche Aspekte: Zum einen möchte ich aufzeigen, dass
bei einem Verständnis von Scharia als einer Ansammlung
von dogmatischen Aussagen und Instruktionen das Herz,
als Ort der Erkenntnis Gottes, nicht nur kaum berührt, sondern auch soweit unempathisch wird, dass es keinen Platz
mehr für die Toleranz anderer Meinungen hat, geschweige
denn diese als gleichwertig anerkennen kann. Zum anderen
trägt ein restriktives Verständnis von Scharia, welches den
Bezug zur Lebenswirklichkeit des Menschen ausschließt,
dazu bei, aus dem Islam eine lebensfremde Religion zu machen, die keinen Beitrag mehr für den Aufbau der Gesellschaft leisten kann.

5.1 Der Wahhabismus verkörpert den Geist der Intoleranz im Islam

Der Salafismus fand in den letzten 100 Jahren starke Verbreitung in Form einer Bewegung, die auf Muhammad ʿAbd al-Wahhāb (1703–1792) zurückgeht und daher die Bezeichnung Wahhabismus trägt. Der Wahhabismus gilt heute als dogmatische Form des sunnitischen Islams hanbalitischer Prägung (benannt nach dem Gründer der hanbalitischen Rechtsschule Ahmad ibn Hanbal (780–855)). Wahhabiten bezeichnen sich als »Ahl as-sunna wa-l-dschamāʿa« – »Anhänger der prophetischen Tradition und des islamischen Konsenses«. Diese programmatische Bezeichnung soll suggerieren, dass ihre Gegner keine Anhänger der prophetischen Tradition und des islamischen Konsenses sind.

Die Positionen der Wahhabiten stützten sich in erster Linie auf die Werke und Ideen Ibn Taymiyyas (1263–1328), eines muslimischen Gelehrten, der die islamische Tradition in dem Sinne verwarf, dass er den Rückgriff auf die islamischen Rechtsschulen ablehnte. Er betonte, dass alle juristischen Entscheidungen direkt auf einen Beleg aus dem Koran oder der Sunna zurückgehen müssten. Er verwarf die Mystiker, die Schiiten und die muslimischen Philosophen.

Wenn ich hier den Salafismus bzw. den Wahhabismus thematisiere, dann nicht, um die Gedanken dieser Gruppen wiederzugeben oder zu verbreiten. Mein Anliegen ist, sowohl auf die Polarisierungs- als auch auf die Gewaltpotentiale in dieser eher modernen Strömung im Islam aufmerksam zu machen. Und diese Potentiale haben sich längst auf nicht-salafistische und nicht-wahhabistische Denkströmungen im Islam übertragen. Dass mich der Vorsitzende eines türkischen muslimischen Verbandes in Deutschland zur Reue aufruft sowie das dadurch implizit zum Ausdruck gebrachte Urteil, ich sei vom Islam abgefallen, ist nur ein klei-

nes Indiz dafür. Es etabliert sich auch außerhalb fundamen-
talistischer Kreise ein Diskurs, in dem nicht über Ideen diskutiert wird und Argumente mit Gegenargumenten wider-
legt werden, sondern viel schlichter einfach die Religiosität
von Menschen mit einer anderen Meinung in Frage gestellt
wird. Menschen zu verurteilen und sie zu diskreditieren war
und ist immer einfacher, als sachlich auf ihre Positionen einzugehen und sich mit Gegenargumenten zu behaupten.

Der Wahhabismus zeichnet sich durch eine intolerante
Haltung gegenüber Muslimen und Nichtmuslimen aus.
Exemplarisch möchte ich einen kurzen Text von Muhammad ʿAbd al-Wahhāb anführen, um diesen Geist der Intoleranz zu entlarven. In seinem Buch »Kaschf asch-Schubuhāt«
(arab.: »Aufdecken von Ungereimtheiten«) schreibt Muhammad ʿAbd al-Wahhāb:

»Monotheismus bedeutet, alleine den einen Gott anzubeten. Und das ist die Religion, zu der alle Gesandten Gottes
aufgerufen haben. Der erste ist Noah, Friede sei mit ihm,
Gott hat ihn zu seinem Volk entsandt, als sie mit der Verherrlichung ihrer Frommen übertrieben haben (…) Und der
letzte der Gesandten ist Muhammad, Friede sei mit ihm, er
hat die Bilder dieser Frommen zerstört. Gott hat ihn zu
Menschen entsandt, die beten, Pilgerfahrt verrichten, Geld
spenden und Gottes viel gedenken, sie nehmen allerdings einige Geschöpfe als Mittler zwischen sich und Gott, sie sagen: ›Wir wollen durch diese Geschöpfe näher zu Gott kommen und wir hoffen auf ihre Fürbitte bei Gott‹ (…) deshalb
hat Gott ihnen Muhammad, Friede sei mit ihm, entsandt,
um die Religion von deren Vater, Abraham, Friede sei mit
ihm, für sie zu erneuern und ihnen zu vermitteln, dass diese
Annäherung und dieser Glaube Gott alleine gebührt, nichts
von dem darf einem König, oder einem Propheten gelten,
geschweige denn anderen Personen. Ansonsten waren diese
Polytheisten [zu denen Muhammad entsandt wurde] über-

zeugt, sie bezeugten, dass Gott der alleinige Schöpfer und Versorger sei, niemand ihm dabei zur Seite stehe, niemand außer ihm versorge, niemand außer ihm erschaffe oder sterben lasse, niemand außer ihm alles lenke und dass alles, was in den sieben Himmeln und in den sieben Erden ist, seine Diener seien, sie alle seien seiner Macht unterworfen (...) und so war der Monotheismus, den sie verleugnet haben, der Anbetungsmonotheismus [dass also Gott nicht nur der einzige Schöpfer und Erhalter ist, sondern auch der einzige Anbetungswürdige], den die heutigen Polytheisten ›Iʿtiqād‹ [Glaubensgrundsätze] nennen, sie [die Mekkaner] haben Gott Tag und Nacht angebetet, einige von ihnen haben aber ihre Gebete auch an die Engel gerichtet, weil diese Gott nahestehen, damit die Engel Fürbitte bei Gott einlegen, oder sie haben ihre Gebete an einen frommen Menschen gerichtet (...) oder an einen Propheten, wie Jesus. Der Prophet Muhammad hat sie wegen diesem Polytheismus bekriegt und sie dazu aufgerufen, nur den einen Gott anzubeten (...) Der Prophet Muhammad hat sie bekriegt, damit alle Bittgebete nur an Gott gerichtet werden, damit die Tieropfer ebenfalls ihm galten und damit der Hilferuf und somit alle Gebetsarten nur an Gott gerichtet waren. Ihr Glaube an Gott als Schöpfer und Versorger reichte nicht aus, damit sie dem Islam beitraten und dass sie sich bei den Engeln, Propheten und frommen Menschen Fürbitte bei Gott und eine Annäherung an ihn erhofft haben, hat ihr Vermögen und ihr Blut freigegeben. Muhammad, Friede sei mit ihm, kam um die Mekkaner zum Monotheismus zu rufen: Es gibt keine Gottheit außer dem einen Gott (...) Die Ahnungslosen unter den Ungläubigen haben verstanden, dass der Prophet, Friede sei mit ihm, damit gemeint habe, dass man nur an Gott hängen und von ihm Hilfestellung erwarten dürfe (...) Wenn schon die Ahnungslosen unter den Ungläubigen dies richtig verstanden haben, dann wundert aber, dass manche, die behaupten, dem Islam anzugehören, nicht das verstehen, was die ahnungslosen Ungläubigen verstanden haben. Und sie denken, dass es reicht, das Glaubensbekenntnis auszusprechen, ohne dass das Herz an deren Inhalt glaubt. Der Kluge unter ihnen denkt, dass es lediglich bedeutet, dass niemand erschafft, versorgt und lenkt außer Gott. Es ist nichts Gutes in einem Menschen, wenn die Ahnungslosen unter den Ungläubigen besser wissen, was das Glaubensbekenntnis bedeutet, als er.«[1]

Wenn man diesen und weitere Texte ʿAbd al-Wahhābs aufmerksam liest, erkennt man schnell den Kontext, aus dem der Autor spricht, und die Adressaten, an die er diese Worte richtet. Er richtet nämlich seinen Zorn gegen zeitgenössische Muslime, die in frommen Menschen einen Segen gesucht und gehofft haben, dass diese als eine Art Mittler zwischen Menschen und Gott agieren können. Ich will bewusst nicht auf die inhaltliche Fragestellung eingehen, wie es sich mit der Verehrung von Menschen verhält. Was für meine Argumentation von Interesse ist, ist mehr die Art und Weise, wie ʿAbd al-Wahhāb mit seinen geistigen Gegnern umging. Für ihn sind sie, wie er selbst betont, schlimmer als die Ungläubigen von Mekka, die dem Propheten Muhammad das Leben schwer gemacht und ihn bekämpft haben.

Ich will hier einige Anmerkungen zum oben zitierten Text von ʿAbd al-Wahhāb machen, die aufzeigen sollen, wo das Problem wahhabitischen Denkens liegt:

ʿAbd al-Wahhāb reduziert die Botschaft der Verkündung aller Gesandten Gottes von Noah bis Muhammad auf einen einzigen Aspekt: Der Verehrung frommer Menschen muss eine strikte Absage erteilt werden. Damit wollte er zum einen seine Ideologie bedienen, die er hauptsächlich als Ant-

---

[1] Vgl. *Muhammad ʿAbd al-Wahhāb*, Kaschf asch-Schubuhāt, Alexandrien o.J., S. 14ff.

wort auf seine Gegner, die unter anderem die Sufis waren, entwickelt hat. Und ich spreche hier bewusst von »Ideologie«, denn ʿAbd al-Wahhāb reduzierte die islamische Lehre auf einen einzigen Aspekt, nämlich darauf, die Beigesellung (arab. *Schirk*) zu bekämpfen. Ein idealtypisches Beispiel dafür ist seine Zitation des koranischen Verses gleich zu Beginn seines bekannten Werkes »Das Buch des Monotheismus«[2]: »Sprich [Muhammad zu den Menschen]: ›Kommt her, ich will bekanntgeben, was euer Herr euch verbot: Ihr sollt Ihm nichts an die Seite stellen.‹«[3] Dieser Vers endet jedoch nicht an dieser Stelle, sondern wird durch die Aufzählung weiterer Ge- und Verbote, wie das Gebot, gütig zu den Eltern zu sein, das Verbot, die eigenen Kinder aus Armut zu töten, das Verbot von Ehebruch, das Verbot, Menschen zu töten, das Gebot zur Gerechtigkeit usw. fortgesetzt. Und so geraten diese und weitere zentrale Aspekte der islamischen Lehre aus dem religiösen Bewusstsein vieler der Anhänger dieser Bewegung. Der saudische Gelehrte Hasan Farhān al-Mālikī, der heute in Saudi Arabien wirkt und sich Themen wie der Kritik an der Intoleranz und den Gewaltpotentialen des Wahhabismus gewidmet hat, merkt daher an: »Der Wahhabismus hat viele Muslime zu Unrecht getötet, sogar während der Verrichtung des Gebets und in den Moscheen. Zudem handelten sie [die Wahhabiten] ungerecht, als sie vielen Gelehrten und Laien den Glauben abgesprochen haben.«[4]

Zum anderen suggeriert ʿAbd al-Wahhāb, dass seine Lehre die Fortsetzung der Botschaft aller Propheten sei. Für einen Muslim klingt es plausibel, dass man keine Menschen als Heilige verehren soll und dass es keinen Mittler zwischen

---

[2] *Muhammad ʿAbd al-Wahhāb*, Kitāb at-tawhīd, Riad 1995, S. 5.
[3] Koran 6:151–153.
[4] *Hasan Farhān al-Mālikī*, Dāʿiyya wa laysa Nabiyyan, Amman 2004, S. 180.

Gott und dem Menschen gibt. Auch der Koran selbst kritisiert einen solchen Glauben: »Wahrlich, Gott allein steht die
Hingabe zu. Und diejenigen, die außer Ihm Beistände nehmen, sagen: ›Wir dienen ihnen nur, damit sie uns nahebrin-
gen zu Gott.‹ Wahrlich, Gott wird richten zwischen ihnen
über das, worüber sie uneins waren. Wahrlich, Gott leitet
nicht recht den Lügner, den Leugner.«[5] Hier muss man jedoch vorsichtig sein, um Muslimen kein Unrecht zu tun,
denn in diesem Vers geht es konkret um die Mekkaner, die
dafür kritisiert werden, dass sie Götzen in der Annahme an-
beteten, diese brächten sie Gott näher. Die Analogie zu den
Sufis und anderen Muslimen, die fromme Menschen als be-
sonders gesegnete Menschen verehren und durch sie Gottes-
nähe suchen, ist nicht gegeben, denn die Sufis beten nieman-
den außer Gott an, sie glauben lediglich daran, dass die
Nähe frommer Menschen wegen ihrer besonderen Segnung
und ihres besonderen Stellenwerts bei Gott Segen bringe.
Die Kritiker ʿAbd al-Wahhābs warfen ihm vor, dass die Gelehrten, denen er den Glauben absprach, Muslime waren.
Deshalb war er bemüht zu betonen, dass sie durch ihre Lehren keine Muslime mehr seien.

Um seine Ideologie gegen die Sufis und gegen den Gedanken der Mittler zwischen Mensch und Gott bedienen zu
können, konstruiert ʿAbd al-Wahhāb eine andere Geschichte der alten Mekkaner. Das Bild, das ʿAbd al-Wahhāb malt,
entspricht keineswegs der Wirklichkeit des siebten Jahrhunderts. Die vorislamischen Mekkaner haben nicht Tag und
Nacht zu Gott gebetet. Sie waren nicht vollkommen, wie
der zitierte Text suggerieren will. Ihr größtes Problem bestand nicht darin, dass sie Mittler zwischen sich und Gott
gelassen hatten und es deshalb notwendig wurde, einen Propheten zu ihnen zu schicken. Der Koran kritisiert die Mek-

---

[5] Koran 39:3.

kaner sehr scharf für mehrere Verfehlungen, auch für men-
schenfeindliche Praktiken, die ʿAbd al-Wahhāb gar nicht erwähnt: Sie glaubten nicht an die Wiederauferstehung und
das Rechenschaftablegen im Jenseits[6], auch an keine Propheten, sie haben Götzen angebetet, sie haben gemordet,
neugeborene Mädchen lebendig begraben, Unzucht getrie-
ben usw. Das Bild, das ʿAbd al-Wahhāb von den polytheistischen Mekkanern, die den Propheten über Jahre bekämpft
haben, malt, widerspricht offensichtlich der koranischen
Darstellung. So schreibt er: »Sie haben Gott erfahren, waren
gottesfürchtig und haben sein Wohlgefallen angestrebt«[7],
»sie haben gespendet, gepilgert, gebetet, sich an einige Verbote gehalten aus Furcht vor Gott«.[8] Auch über die im Koran als Heuchler (arab.: *Munāfiqūn*) bezeichneten Gruppen,
die dem Propheten Muhammad nur scheinbar gefolgt und
ihm feindlich gesonnen waren, schreibt er: »Sie haben zur
Zeit des Propheten *Dschihād* mit ihrem Vermögen und ihrem Leben auf dem Weg Gottes ausgeübt, sie haben mit
dem Propheten die fünf Gebete gebetet und sind mit ihm gepilgert.«[9] Auch diese Beschreibung der Heuchler widerspricht der koranischen Kritik an ihnen: »Nur träge kommen sie zum Gebet und sie spenden nur widerwillig«[10],
denn auf dem Weg Gottes haben sie nichts geleistet.

ʿAbd al-Wahhāb will den Schwerpunkt der prophetischen
Verkündigung auf den Aspekt der Bekämpfung der Mittler
zwischen Gott und Mensch reduzieren. Er zählt die Vorzüge
der Mekkaner auf, was dem Leser suggerieren könnte, dass,
so wie Muhammad gegen Menschen mit so vielen Vorzügen

---

[6] Vgl. Koran 17:49, 17:98, 23:82, 37:16, 56:47.
[7] *Abdurrahmān an Nadschdī*, Ad-durar as-suniyya, o.A. 1996, Band 1,
S. 146.
[8] Ebd., Band 2, S. 118.
[9] Ebd., Band 2, S. 86.
[10] Koran 9:54.

vorgegangen ist, wir heute gegen Muslime vorgehen und sie bekämpfen dürfen, auch wenn sie Vorzüge vorzuweisen haben. Er geht so weit, einen der Hauptgegner der prophetischen Botschaft, Musaylima (gest. 632), der behauptet hatte, selbst Prophet zu sein und die Prophetie Muhammads nicht anerkannt hatte, mit Lob zu überschütten: »Musaylima bezeugt, dass es nur den einen Gott gebe und dass Muhammad sein Prophet sei, er betete und fastete (...) seine Anhänger [Bani Hanifa] gelten als definitive Apostaten und Ungläubige, obwohl sie bezeugen, dass es keine Gottheit außer Gott gebe und dass Muhammad sein Prophet sei, sie riefen zum Gebet und beteten.«[11] ʿAbd al-Wahhāb geht es hier um einen ideologischen Zweck; er versucht mit allen Mitteln Belege zu sammeln, oder besser: zu erfinden, um seine zeitgenössischen muslimischen Gelehrten, auch wenn diese offensichtlich an Gott glaubten, beteten und fasteten usw., auf dieselbe Stufe zu stellen wie die polytheistischen Mekkaner und die Heuchler, die zwar auch fromm gewesen seien, aber trotzdem als Ungläubige gelten und bekämpft werden mussten. Für ʿAbd al-Wahhāb hat Muhammad nicht aus Gründen der Selbstverteidigung gekämpft bzw. weil den Muslimen Unrecht getan wurde, wie der Koran betont, sondern weil seine Gegner zwar an Gott und an den Propheten glaubten, beteten, pilgerten und fasteten, jedoch falsche religiöse Ansichten vertraten, indem sie zum Beispiel an die Mittlerschaft der frommen Menschen glaubten. So gelingt es ʿAbd al-Wahhāb, die spirituelle, ethische und soziale Botschaft der islamischen Verkündung auszuhöhlen. Für ihn war und ist der Islam eine Kampfansage an (muslimische) Andersdenkende. Weder geht es um Gott noch um die Beziehung zu ihm. In den Köpfen der wahhabitischen Anhänger entsteht eine angebliche Botschaft des Islams, die sich

---

[11] *An-Nadschdī* 1996, Band 2, S. 44 und Band 9, S. 387.

primär gegen Muslime selbst richtet, diese werden eben nicht als Muslime, sondern als *Kuffārs* (Leugner), im Sinne von Ungläubigen, betrachtet. Solche Ansätze bereiten den Boden für ein Bewusstsein der religiösen Intoleranz. »Takfīr« (Absprechen des Glaubens) wird zur Regel, auch wenn der Koran fragt: »Sollen wir Muslime wie Verbrecher gleichstellen?!«[12]

Für ʿAbd al-Wahhāb reicht es nicht aus, das islamische Glaubensbekenntnis auszusprechen und sich damit zum Islam zu bekennen, um als Muslim zu gelten. Seine Position widerspricht jedoch der islamischen Lehre, nach der nur Gott wissen kann, was in den Herzen der Menschen vorgeht. Menschen werden nach ihrem Bekenntnis als Muslime bezeichnet. Die Selbstwahrnehmung ist ausschlaggebend; wenn sich jemand als Muslim bezeichnet, dann ist er als Muslim anzuerkennen, auch wenn manche muslimische Gelehrte seine Ansichten nicht teilen. Deshalb galten und gelten die Wahhabiten und die Salafisten für ihre Gegner immer als Muslime, obwohl sie tatsächlich klaren islamischen Positionen widersprechen; andersherum gelten ihre muslimischen Gegner für die Wahhabiten und Salafisten jedoch nicht als Muslime.

Der Wahhabismus und damit der Salafismus haben die islamische Gemeinde wie keine andere Ideologie gespalten. Die Hauptgegner ʿAbd al-Wahhābs waren nicht Andersgläubige, sondern an erster Stelle Muslime. Dies prägt das wahhabitische und salafistische Denken bis heute. ʿAbd al-Wahhāb öffnet Tür und Tor für die Degradierung von Muslimen, die anders denken. Denn auch Muslime, die an Gott glauben, ihn »Tag und Nacht« anbeten, fasten, spenden und pilgern sind für die Wahhabiten noch lange keine Muslime. Dramatischer wird es dann, wenn ʿAbd al-Wahhāb in den

---

[12] Koran 68:35.

wenigen oben zitierten Zeilen zweimal hintereinander betont, dass es genau diese Menschen seien, die der Prophet
Muhammad bekriegt habe. Also sollten wir die heutigen
Muslime bekriegen, die anders denken als die Wahhabiten
und Salafisten!? Dabei vergessen diese Menschen die letzte
Botschaft des Propheten, die er bei seiner Pilgerfahrt in der
sogenannten Abschiedspredigt vermittelt hat. Er fragte dabei die Masse: »O ihr Menschen, was ist das für ein Tag
heute?« Sie sagten: »Ein heiliger Tag.« Er fragte: »Was ist
das für ein Ort?« Sie sagten: »Ein heiliger Ort.« Er fragte:
»Was ist das für ein Monat?« Sie sagten: »Ein heiliger Monat.« Er sagte dann: »Und so sind euer Blut, euer Vermögen
und eure Familien heilig, wie dieser Tag, dieser Ort, dieser
Monat.« Er wiederholte diesen letzten Satz mehrmals, rich-
tete seine Augen in den Himmel und sagte: »O Gott, ich
habe dies verkündet, ich habe dies verkündet.« Und dann
sagte er zu den Menschen: »Der Anwesende soll dies dem
Abwesenden weitersagen. Nicht dass ihr nach mir Leugner
werdet, die sich gegenseitig die Köpfe abschlagen!«[13] Aufrufe zum Töten von Menschen, weil sie andere theologische
Positionen vertreten, stehen daher im klaren Widerspruch
zur Botschaft Muhammads.

ʿAbd al-Wahhāb scheute auch nicht davor zurück, das
Bekriegen von Völkern religiös zu legitimieren. So schreibt
er über die Fatimiden (eine islamische Dynastie von 909 bis
1171 in Nordafrika): »Sie bezeugten, dass es keine Gottheit
außer dem einen Gott gebe und dass Muhammad sein Prophet sei, sie sahen sich als Muslime, beteten die Freitags-
gebete und die anderen Gebete. Als sie aber der Scharia in
einigen Dingen widersprachen, einigten sich die muslimischen Gelehrten darauf, dass sie aus dem Islam ausgetre-
ten waren und dass sie bekämpft werden müssen und dass

---

[13] Überliefert nach *al-Buchārī*, Hadith-Nr. 1652.

ihre Länder Kriegsgebiete sind und so wurden sie von den Muslimen bekriegt, bis alle Gebiete zurückerobert wurden.«[14] Diese Darstellung übersieht, dass die Auseinandersetzung zwischen den Fatimiden und ihren Gegnern eine rein politische war.

Wenn ʿAbd al-Wahhāb von den muslimischen Gelehrten seiner Zeit spricht, dann verwendet er häufig den Ausdruck »die heutigen Polytheisten«, eine Bezeichnung, die der Koran verwendet, um die Mekkaner, die Götzen angebetet haben, zu beschreiben. ʿAbd al-Wahhāb selbst verteidigt sich gegen den Vorwurf, er würde Muslimen den Islam absprechen: »Das ist eine Lüge, denn wir sprechen nur denjenigen den Islam ab, die zwar bezeugen, dass der Monotheismus der Glaube Gottes und die Verkündung seines Gesandten ist und bezeugen, dass die Anbetung von etwas anderem außer Gott nicht gestattet ist, jedoch Anhängern des Monotheismus den Islam absprechen und sie als Abtrünnige [arab.: *Chawāridsch*] bezeichnen.«[15] Mit »Anhängern des Monotheismus« bezeichnet ʿAbd al-Wahhāb sich und seine Anhänger. Mit anderen Worten gelten für ihn Muslime, die ihn und seine Lehren kritisieren und diese als unislamisch entlarven, als Abtrünnige. Dieser hochmütige Ton, der alle Gelehrten, die anders denken, zu Nichtmuslimen erklärt, ist für das wahhabitische und salafistische Denken typisch. Gegen solche Menschen auch mit Gewalt vorzugehen, wird als Fortführung der so verstandenen prophetischen Botschaft aufgefasst.

Interessant ist, dass ʿAbd al-Wahhāb die muslimischen Gelehrten, die zu der Glaubenslehre »Iʿtiqād« sagen, als Polytheisten bezeichnet. Heute wie zur Zeit ʿAbd al-Wahhābs verwenden allerdings alle muslimischen Gelehrten, selbst

---

[14] *ʿAbd al-Wahhāb* o.J., S. 35ff.
[15] *An-Nadschdi* 1996, Band 1, S. 63.

die heutigen Wahhabiten, diesen Ausdruck, um damit die
Glaubenslehre zu bezeichnen. In seinen Büchern richtet er
seine Kritik gegen Zeitgenossen wie Ibn Fayrūz, Murīd at-
Tamīmī, ʿAbdullāh ibn ʿAbd al-Latīf, Muhammad ibn Sulaymān al-Madanī, ʿAbdullāh ibn Dawūd az-Zubayrī, al-
Haddād al-Hadramī, Sulaymān ibn ʿAbd al-Wahhāb, Ibn
ʿAfāliq, al-Qādī Tālib al-Humaydī, Ahmad ibn Yahyā, Salih
ibn ʿAbdullāh, Ibn Mutlaq u. a. Dabei haben sich diese saudischen Gelehrten ebenfalls auf die Altvorderen *(Salaf)* berufen und sich in deren Tradition gesehen, allerdings haben
sie die radikale Art ʿAbd al-Wahhābs im Umgang mit anderen Positionen abgelehnt. ʿAbd al-Wahhāb bezeichnet sie
alle als Polytheisten und setzt sie damit den Mekkanern
gleich, die Muhammad bekämpft hat. Die Wahhabiten des
20. Jahrhunderts haben ebenfalls einer Fülle von zeitgenössischen traditionellen großen Gelehrten den Islam abgesprochen, obwohl diese weder als Reformer noch als liberale
Theologen gelten, wie al-Kawtharī, Abū Ghudda, Muhammad Hussayn Fadl Allāh, Schaltūt, ad-Dadschawī, Abū
Zuhra, Muhammad al-Ghazālī, al-Qaradāwī, at-Tantāwī,
al-Būtī, Habīb ar-Rahmān al-ʿAzāmī, al-Kubaysī, ʿAbd al-
Qādir al-Bihānī, ʿAbd ar-Rahīm at-Tahhān u. a.[16]
ʿAbd al-Wahhāb öffnet Tür und Tor dafür, die Todesstrafe für andersdenkende Muslime zu verhängen, wenn er
bezüglich Apostasie schreibt, dass die Gelehrten viele Formen der Apostasie genannt hätten und jede davon würde
genügen, um einen Muslim als ungläubig zu bezeichnen
und »somit sein Vermögen und sein Blut freizugeben«. Er
stützt seine Argumente auf Gelehrte, die »einfache Sachen
genannt haben, wie ein Wort, das man ausspricht, auch
wenn als Scherz«[17], um jemandem den Glauben abzuspre-

---

[16] *Al-Mālikī* 2004, S. 51f.
[17] *ʿAbd al-Wahhāb* o.J., S. 39.

chen. Al-Mālikī erwidert darauf: »Die zeitgenössischen Gelehrten von ʿAbd al-Wahhāb, die sich mit Apostasie auseinandergesetzt haben, (...) haben keine solchen Fatwas [Rechtsgutachten] gegeben, die massenweise Vermögen und Blut von Menschen freigeben.«[18]

Im Folgenden möchte ich einige Beispiele dafür anführen, wie ʿAbd al-Wahhāb seine und nur seine eigene Position für die einzig richtige gehalten hat und allen seinen zeitgenössischen muslimischen Gelehrten, und gerade den saudischen, den Islam abgesprochen hat. Er schrieb zum Beispiel: »Wer von den Gelehrten von Nadschd [ein Gebiet Mitten im heutigen Saudi Arabien, in dem ʿAbd al-Wahhāb gewirkt hat] behauptet, dass er vor dieser Zeit [er meint vor seiner eigenen Verkündigung des in seinen Augen wahren Islams] verstanden hat, was der Satz ›Es gibt keine Gottheit außer dem einen Gott‹ bedeutet, oder behauptet, den Islam verstanden zu haben, oder behauptet, dass jemand von seinen Gelehrten dies verstanden hat, der lügt und erfindet Unwahrheiten und betrügt die Menschen.«[19] Damit erklärt er die Gelehrten von Nadschd zu Abtrünnigen, die den Islam und das Glaubensbekenntnis nicht verstanden haben, von den Laien ganz zu schweigen. Dabei gibt es eine Fülle von Berichten über die Gelehrten von Nadschd, in denen der Konsens besteht, dass diese die islamische Lehre in allen ihren Grundsätzen vertreten haben.[20] In einem Brief an den hanbalitischen Gelehrten Sulaymān ibn Sahīm schreibt ʿAbd al-Wahhāb: »Hiermit betone ich, dass du und dein Vater Abtrünnige, Ungläubige und Heuchler seid!! (...) Du und dein Vater seid Feinde dieser Religion, ihr kämpft Tag und Nacht gegen sie!! (...) Du bist ein sturer, abgeirrter Mann,

---

[18] *Al-Mālikī* 2004, S. 73.
[19] *An-Nadschdī* 1996, Band 10, S. 51.
[20] Vgl. *al-Mālikī* 2004, S. 82.

der den Unglauben bewusst gewählt hat!!«[21] Über den hanbalitischen Gelehrten Ibn Fayrūz, der in der Tradition von
Ibn Taymiyya und dessen Schüler Ibn al-Qayyim stand,
schreibt er an einer Stelle: »Ibn Fayrūz ist eher in der Nähe
vom Islam [also noch kein Muslim]«[22], an einer anderen
Stelle heißt es dann über Ibn Fayrūz: »Er ist *Kāfir*, sein Unglaube ist eindeutig.«[23] Den Menschen von Nadschd und
Hidschāz [Gebiet im Westen Saudi Arabiens]unterstellt er,
dass ein Großteil von ihnen nicht an die Wiederauferstehung
glaube.[24] Dies entspricht jedoch keineswegs der Wahrheit.[25]
Für ʿAbd al-Wahhāb gehörten alle Städte und Länder, in denen nicht seine Lehre herrschte, zum Haus des Unglaubens,
dabei bilden Mekka und Medina, wo sich die heiligen Stät-
ten der Muslime befinden, keine Ausnahme.[26] ʿAbd al-Wahhābs Intoleranz scheint keine Grenzen zu kennen, so schrieb
er: »Wer glaubt, dass Christen durch das Gebet in der Kirche
Gott näherkommen, fällt vom Islam ab.«[27] Auch Schiiten
hält er für Ungläubige, und wer sie nicht für ungläubig erklärt, ist selbst auch vom Islam abgefallen.[28] Er erklärt diejenigen, die die Gefährten des Propheten kritisieren, zu Ungläubigen [gemeint sind an erster Stelle die Schiiten]. Auch
die muslimischen Beduinen in Saudi Arabien werden nicht
verschont; an mehreren Stellen erklärt er sie zu Ungläubigen.[29] »Sie haben nicht einmal ein Haar vom Islam, auch
wenn sie das Glaubensbekenntnis aussprechen.«[30] Ganze

---

[21] *An-Nadschdī* 1996, Band 10, S. 31.
[22] Ebd., S. 78.
[23] Ebd., S. 63.
[24] Ebd., S. 43.
[25] Vgl. *al-Mālikī* 2004, S. 84.
[26] *An-Nadschdī* 1996, Band 10, S. 12, 64, 75, 77.
[27] Ebd., S. 369.
[28] Vgl. ebd.
[29] Ebd., S. 113 sowie Band 8, S. 118.
[30] Ebd., Band 9, S. 238.

saudische Stämme erklärte er zu Ungläubigen.[31] Auch den großen Mystiker Ibn ʿArabī (1165–1240) hielt ʿAbd al-Wahhāb für einen Abtrünnigen: Er sei mehr *Kāfir* als der Pharao, und wer ihn nicht zu einem *Kāfir* erkläre, ist selbst ein Abtrünniger[32], wer also daran zweifele, dass Ibn ʿArabī, oder seine Anhänger Abtrünnige seien, sei selbst ein Abtrünniger,[33] und damit hat ʿAbd al-Wahhāb alle sufischen Gelehrten und die Gelehrten der meisten anderen muslimischen Schulen zu Abtrünnigen erklärt. Zum Beispiel unterstellt er einem Großteil der Syrer, dass sie Abtrünnige seien, weil sie Ibn ʿArabī angebetet hätten,[34] was wiederum nicht der historischen Wahrheit entspricht.

Die exklusivistische und äußerst intolerante Haltung ʿAbd al-Wahhābs wird im folgenden Zitat sehr deutlich: »Wer sagt: ›Ich nehme mir die Polytheisten [mit Polytheisten meint er immer Muslime, die zwar an Gott glauben, denen er aber die Beigesellung vorwirft] nicht zu Feinden‹, oder wer sie zu Feinden nimmt, sie jedoch nicht für abtrünnig erklärt, oder wer sagt: ›Ich lasse alle, die bezeugen, dass es keine Gottheit gibt, außer dem einen Gott, in Ruhe‹, obwohl sie Unglaube betreiben und Gott beigesellen und sich gegen Gottes Religion lehnen (…) dieser ist keineswegs ein Muslim (…) Gott der Erhabene hat befohlen, die Polytheisten zu Feinden zu nehmen, sie nicht zu tolerieren und zu Ungläubigen zu erklären.«[35] Diese Botschaft ist auch an die Laien gerichtet, um sie zu verpflichten, sich gegen Muslime zu positionieren und damit die islamische Gemeinschaft stärker zu spalten.

---

[31] Ebd., Band 10, S. 113, Band 8, S. 57, Band 10, S. 8, Band 2, S. 77, Band 1, S. 54.
[32] Vgl. ebd. Band 10, S. 25.
[33] Vgl. ebd.
[34] Ebd., Band 2, S. 45.
[35] Ebd., Band 10, S. 139.

Die Entwicklung der wahhabitischen Schule und ihre
Etablierung in Saudi Arabien können nicht nachvollzogen
werden ohne einen Blick auf die politischen Hintergründe
zu werfen, die diese Prozesse begleitet haben. ʿAbd al-Wahhāb wurde im Jahre 1745 vom saudischen Emir, Muhammad ibn Saʿūd (1710–1765), aufgenommen und unterstützt. Im Zuge dieser Unterstützung nahm der Emir die
wahhabitische Lehre an und setzte sich für deren Verbreitung ein, dabei gingen die militärische Unterwerfung von
Nadschd und die Bekehrung der Stämme zur Lehre der
Wahhabiten Hand in Hand. Dieser Pakt zwischen Glaube
und Macht war für die religiöse Legitimation der saudischen Dynastie von großer Bedeutung. Für ʿAbd al-Wahhāb ergab sich zudem durch die Heirat mit einer der Töchter von Muhammad ibn Saʿūd die Möglichkeit, sein enges
Verhältnis zu dem Emir noch durch verwandtschaftliche
Bande zu stärken. Nachdem nun die Eroberung von Mekka
und Medina durch die Wahhabiten im Jahre 1805 abge-
schlossen war, wurden die muslimischen Gelehrten dieser
beiden Städte gezwungen, eine Erklärung zu unterzeichnen,
in der bestätigt wurde, dass die Bewohner Mekkas und
Medinas, aber auch aller anderen muslimischen Länder (!),
Abtrünnige seien, deren Blut und Vermögen keinen Schutz
genießen.[36] Hier ein Ausschnitt aus dieser Erklärung, der
die Wurzeln der Mentalität des Hochmuts und des Exklusi-
vismus heutiger Salafisten etwas näher erklärt: »Wir, die
hier unterschreibenden Gelehrten Mekkas, bezeugen, dass
diese Religion des Monotheismus und die Absage an den
Polytheismus, die Muhammad ʿAbd al-Wahhāb verbreitet
und zu der der Imām der Muslime Saʿūd ibn ʿAbd al-ʿAzīz
die Menschen ruft, die Wahrheit ist, ohne Zweifel. Und wir
bezeugen, dass das, was in Mekka und Medina, aber auch

---

[36] *Al-Mālikī* 2004, S. 87.

in Ägypten und Syrien sowie anderen Ländern vorher an Formen des Polytheismus verbreitet war, eine Form des Unglaubens ist, die das Blut und das Vermögen für frei verfügbar erklärt und zur Verewigung in der Hölle führt. Wer diesen Glauben nicht annimmt und entsprechend handelt und seine Loyalität zu seinen Anhängern und seine Feindschaft zu seinen Feinden erklärt, der gilt für uns als ungläubig, der Imām der Muslime und die Muslime müssen den *Dschihād* gegen ihn erklären, ihn bekriegen bis er diesen Glauben annimmt.«[37]

Auch große Gelehrte der islamischen Ideengeschichte, wie al-Aschʿarī (873/874–935), blieben vom Vorwurf des Unglaubens durch ʿAbd al-Wahhāb nicht verschont.[38] Er spricht allen den Glauben ab, die die Attribute Gottes metaphorisch auslegen, dazu gehören u. a. Großteile der Zahiriten, der Sufis, der Schiiten, der Hanafiten und viele der Anhänger der vier Rechtsschulen. Somit schließt er Großteile der Muslime vom Islam aus.[39] Er scheut ebenfalls nicht davor zurück, dies auch so zum Ausdruck zu bringen: »Die Mehrheit der Menschen heute sind Ungläubige.«[40] Es sei sogar ausreichend denjenigen, der unwissend ein Wort ausspricht, das dem Glauben widerspricht, als abtrünnig zu erklären.[41]

Der Wahhabismus als exklusivistische Denkschule etablierte sich nach dem Tod ʿAbd al-Wahhābs. Hier einige Beispiele von Aussagen wahhabitischer Gelehrter, die nach ʿAbd al-Wahhāb gelebt haben: ʿAbdullāh ibn ʿAbd al-Latīf (1841–1921) vertrat die Ansicht, dass das osmanische Reich kein Haus des Islams sei, wer dies nicht einsehe, sei selber ein Abtrünniger und habe das Glaubensbekenntnis nicht begrif-

---

[37] *An-Nadschdī* 1996, Band 1, S. 314.
[38] Ebd., S. 112.
[39] Vgl. ebd., S. 113.
[40] Ebd., S. 160.
[41] Ebd., Band 10, S. 125.

fen.[42] Wahhabitische Gelehrte meinten auch, wer behaupte,
sein Vater sei Muslim gewesen, ohne dass dieser die Lehren
von ʿAbd al-Wahhāb angenommen habe, sei selbst ein Abtrünniger, und wenn er keine Reue zeige, müsse er geköpft
werden.[43] Für die Wahhabiten waren die Religionslehrer,
die das saudische Schulministerium aus anderen arabischen
Ländern angeworben hatte, abtrünnige Häretiker, so schrieb
zum Beispiel der wahhabitische Gelehrte Abdullah ibn Muhammad ibn Hamīd (1911–1981) einen Beschwerdebrief an
den zeitgenössischen Bildungsminister: »Ihr seid die Ursache
dafür, dass solche Menschen eingebunden worden sind, die
euren Glauben und den Glauben eurer Vorfahren zerstören
wollen. Ihr habt diese Häretiker angeworben.«[44] Sie seien
ins Land gekommen, um den Ruf nach dem wahren Bekenntnis, zu dem ʿAbd al-Wahhāb aufgerufen habe, zu zerstören.[45] Sie seien Agenten der Europäer.[46] Dass an den saudischen Schulen Fächer wie Zeichnen und Sport unterrichtet
würden, sei nicht islamisch. Auch die Einrichtung von Schulen für Mädchen, überhaupt der Schulbesuch von Mädchen
sei im Islam verboten.[47] Die Bildung der Frau sei deshalb verboten, da in den benachbarten Ländern, wo diese stattfindet,
Kinos eröffnet worden seien und Frauen zu tanzen begonnen
hätten, wodurch sich unmoralische Sitten ausgebreitet hätten.[48] Schulen für Mädchen seien eine große Katastrophe
und eine Tragödie.[49] Als im Jahre 1960 ein Verantwortlicher
im Schulministerium die Einführung von Fächern wie Ma-
thematik, Geometrie und Geographie an Mädchenschulen

---

[42] Ebd., Band 10, S. 429.
[43] Ebd., S. 143.
[44] Ebd., Band 16, S. 12.
[45] Ebd., S. 8.
[46] Ebd., S. 100.
[47] Ebd., S. 71.
[48] Ebd., S. 74 sowie S. 81.
[49] Ebd., S. 78 sowie S. 83.

begann, wurde er dafür heftig kritisiert.[50] Wer zur Bildung von Mädchen aufrufe, sei ein Agent des Westens,[51] würde sich im Grunde nur mit den Mädchen vergnügen wollen und sie deshalb mit der Ausrede der Bildung aus ihren Häusern locken.[52] Wer mit dem Einrichten von Mädchenschulen einverstanden sei, habe keine Ehre, keine Männlichkeit und keinen Glauben.[53] Auch Fußballspielen sei eine unerwünschte Erneuerung, da es das Spiel zur Zeit der Kalifen nicht gegeben habe.[54] Fußballspielen sei eine Form der Nachahmung der Feinde Gottes.[55] Dieser Sport werde nur von Narren betrieben. Ein anderer begründet dieses Verbot damit, dass man dabei Spaß haben könnte (!) und zitiert einen koranischen Vers (Koran 31:18): »Und schreite nicht überheblich auf der Erde.«[56] Fußball sei übler als Schach,[57] und wer Schach spiele, sei ein Frevler.[58] Fernsehen sei ein Übel, ein Werkzeug des Satans, das verboten gehöre.[59] Alle Formen der Musik seien verboten, auch die Trommel, welche zur Zeit des Propheten erlaubt war.[60] Rauchen sei verboten, denn es mache betrunken wie Wein.[61] Wer rauche, müsse 80-mal ausgepeitscht werden, so wie derjenige, der Alkohol trinkt.[62] Wahhabiten haben darüber hinaus alle Formen von Fotografie verboten.[63] Auch Polizeiuniformen seien ver-

---

[50] Ebd., Band 16, S. 79.
[51] Ebd., S. 81.
[52] Ebd., S. 82.
[53] Ebd., S. 84.
[54] Ebd., Band 15, S. 200 sowie S. 204.
[55] Ebd., S. 206.
[56] Ebd., S. 210.
[57] Ebd., S. 215.
[58] Ebd., S. 214.
[59] Ebd., S. 236 sowie S. 243.
[60] Ebd., Band 14, S. 536f sowie S. 573.
[61] Ebd., Band 15, S. 59 sowie S. 62.
[62] Ebd., S. 93.
[63] Ebd., S. 295.

boten, da sie eine Nachahmung von Ungläubigen darstellen würden.[64] Ein Verbot, das auch für Hüte und Hosen gilt.[65] Diese Kleider seien eine Verschwörung gegen den Islam, wer sie bejahe, bejahe damit den Unglauben.[66] Auch das Klatschen mit den Händen durch Männer gehöre zu den größten Übeln,[67] da dies das Handeln der Leute zur Zeit des Propheten Lot (denen Homosexualität vorgeworfen wurde) gewesen sei.[68] Es ist nur Frauen gestattet, mit den Händen zu klatschen, und wer als Mann Frauen nachahme, der sei verflucht.[69]

Diese wenigen Beispiele zeigen, dass ein fehlendes Reflektieren über seinen Glauben dazu führen kann, voreilig und zu Unrecht Menschen und Positionen zu verurteilen und sie als unislamisch darzustellen. Mir geht es nicht um den Wahhabismus an sich, sondern um den Geist des Hochmuts und der Intoleranz in der islamischen Ideengeschichte, der seit dem 19. Jahrhundert durch den Wahhabismus salonfähig geworden ist. Viele der oben angeführten Beispiele wahhabitischer Lehre sind heute, auch in den Augen der Wahhabiten selbst, überholt, nicht jedoch die Mentalität des Misstrauens gegenüber Erneuerungen oder die der Beurteilung der Religiosität anderer. Der intolerante und hochmütige Geist des Wahhabismus lebt heute weiter im Salafismus, der sich zwar nicht wie viele saudische Gelehrte direkt auf Muhammad ibn ʿAbd al-Wahhāb und seine Lehren bezieht, jedoch, ähnlich wie der Wahhabismus, für sich beansprucht, den einzig wahren Islam, den Islam der Altvorderen zu vertreten und alle Gegner und Gegenpositionen

---

[64] Ebd., Band 15, S. 365.
[65] Ebd., S. 367.
[66] Ebd., S. 366.
[67] Ebd., S. 396.
[68] Ebd., S. 397.
[69] Ebd., S. 399.

als vom Islam abgefallen bezeichnet. Dieser Geist scheint mittlerweile auch Schule unter Nichtsalafisten bzw. Nichtwahhabiten zu machen.

ʿAbd al-Wahhāb wurde von einigen zeitgenössischen muslimischen Gelehrten, die sich selbst als Salafiten betrachtet haben, scharf kritisiert; dennoch konnte die Art, wie er mit Andersdenkenden umging und ihnen ihren Glauben absprach, Schule machen und ist im heutigen Wahhabismus und Salafismus etabliert. Sein Bruder, Sulaymān ibn ʿAbd al-Wahhāb, fragte ihn einmal: »Wie viele Säulen hat der Islam?« ʿAbd al-Wahhāb antwortete: »Fünf.« Sein Bruder erwiderte: »Du hast sie jedoch zu sechs gemacht, denn wer dir nicht folgt, ist für dich kein Muslim, das ist bei dir die sechste Säule des Islams.«[70] Asch-Schawkānī as-Salafī sah in dieser Haltung der Salafisten eine eher machtpolitische Haltung als eine theologische: »Sie [die Wahhabiten] zählen jeden, der sich der Regierung von Nadschd nicht unterwirft und ihr nicht gehorcht als vom Islam abgefallen«.[71] Mansūr al-Hāzimī as-Salafī kritisierte ʿAbd al-Wahhāb sehr scharf, weil dieser »fast alle Muslime wegen Kleinigkeiten zu Nicht-Muslimen erklärte«, und weil er mehrfach dafür plädierte, Andersdenkende zu töten.[72] Zu dieser Ansicht kam auch der Gelehrte al-Haddād al-Hussaynī, der schrieb: »Wenn jemand ihm folgen will, dann sagt er ihm: Bezeuge zuerst, dass du vorher ungläubig warst, dass deine Eltern Ungläubige sind und dass dieser und jener Gelehrte ungläubig ist, erst wenn er dies tut, dann akzeptiert er [ʿAbd al-Wahhāb] ihn als Muslim, ansonsten lässt er ihn umbrin-

---

[70] *ʿAbd al-ʿAzīz ʿAbd al-Latīf*, Daʿāwā al-Munāwiʾīn, Riyadh 1986, S. 166f.
[71] *Muhammad asch-Schawkānī as-Salafī*, Al-badr at-tāliʿ, Kairo o.J., Band 2, S. 5.
[72] *Siddīq al-Qanūdschī*, Abyad al-ʿulūm, Damaskus 1978, Band 3, S. 194f.

gen.«[73] Manche Gelehrte sahen in ihm eine Last für den Islam. So schrieb ʿUthmān ibn Mansūr al-Hanbalī as-Salafī:
»Gott hat den Menschen von Nadschd mit diesem Mann
eine schwere Last auferlegt. Er erklärte die ganze Umma
[muslimische Gemeinschaft], ob Gelehrte oder Laien, für
Abtrünnige und legitimierte dies durch Manipulation.«[74]

Vergeblich sucht man in der Lehre ʿAbd al-Wahhābs nach
den wesentlichen Aspekten der prophetischen Botschaft,
wie Gerechtigkeit, innere Vollkommenheit, Läuterung des
Herzens, Menschenwürde, Freiheit usw. Vergeblich sucht
man diese Elemente im heutigen Wahhabismus und Salafismus, wenn etwas davon vorkommt, dann nur am Rande.
Solche Werte stehen nicht im religiösen Bewusstsein dieser
islamischen Strömungen. Sie wurden durch dogmatische
Fragen verdrängt. Die Botschaft Muhammads wurde auf
den Kopf gestellt und manipuliert. Dies erklärt auch das
Fehlen von Gesellschaftskritik durch wahhabitische und salafistische Strömungen in Saudi Arabien, wo seit Jahrzehnten eine politische Diktatur besteht.

ʿAbd al-Wahhāb selbst war nie einsichtig: »Was die Feinde über mich sagen, dass ich Menschen schnell ihren Glauben abspreche (…) das ist eine große Lüge, sie wollen damit
die Menschen von der Religion Gottes und seines Gesandten abbringen.« Er unterstellte den muslimischen Gelehrten,
die ihn kritisierten, dass sie dies tun würden, um die Menschen vom Glauben abzubringen, und unterstellte ihnen in
der Folge den Unglauben oder machte sie zu Feinden der
Religion.[75] Diese Mentalität der Degradierung Andersden-
kender lebt heute, wie gesagt, im Salafismus weiter. Auch
wenn Salafisten dementieren, Gewalt anzuwenden, ihre

---

[73] *Al-ʿAbd al-Latīf* 1986, S. 165.
[74] Ebd., S. 166.
[75] *An-Nadschdī* 1996, Band 10, S. 113.

Lehren, wie ich hier exemplarisch an einigen Aussagen und Positionen von ʿAbd al-Wahhāb zu zeigen versucht habe, bieten ausreichend Potentiale für das Schüren von Hass in jeder Gesellschaft, in der der Salafismus beheimatet ist. Salafisten belügen sich selbst, wenn sie glauben, den wahren Islam zu vertreten, denn die Botschaft Muhammads, der »ausschließlich als Barmherzigkeit für alle Welten entsandt wurde«[76], hat nichts mit Gewalt gegen Andersdenkende zu tun. Barmherzigkeit lässt sich nicht mit Hass und Hochmut auf einen Nenner bringen. Der fromme Mensch hofft in Demut und Bescheidenheit, dass er auf dem rechten Weg ist, und würde sich nie anmaßen zu behaupten, sein und nur sein Islamverständnis sei richtig. Der fromme Mensch würde sich nie anmaßen, Urteile über andere Menschen zu fällen, denn dies liegt einzig und alleine in Gottes Kompetenz: »Wahrlich, zwischen den Muslimen, den Juden, den Sabäern und den Christen und den Magiern und den Polytheisten wird Gott am Tag der Auferstehung richten. Wahrlich, Gott ist aller Dinge Zeuge.«[77] Der Koran legt es nahe, Menschen mit Mitteln der Güte anzusprechen, sogar diejenigen, mit denen man sich im Dissens befindet: »Rufe zum Weg deines Herrn mit Weisheit und schöner Ermahnung und diskutiere mit ihnen auf die schönste Art.«[78] Denn »aus Barmherzigkeit Gottes warst du [Muhammad] zu ihnen sanft. Wärest du aber harsch und harten Herzens gewesen, so wären sie dir ringsum entflohen«[79]. Diese koranischen Gebote scheinen bei den Wahhabiten und Salafisten nicht angekommen zu sein. Der Gelehrte az-Zahawī schrieb: »Wenn jemand fragen würde, was die wahhabitische Schule ausmacht und was ihr Ziel ist, dann würde ich beide Fragen so beantwor-

---

[76] Koran 21:107.
[77] Koran 22:17.
[78] Koran 16:125.
[79] Koran 3:159.

ten: Alle Muslime für ungläubig zu erklären. Diese Antwort
ist zwar knapp, bringt die Beschreibung dieser Schule jedoch auf den Punkt.«[80] Ein anderer Gelehrter schrieb:
»Schwerpunkt der wahhabitischen Botschaft ist, die Muslime zu Abtrünnigen zu erklären.«[81]

Wenn heutige Wahhabiten bzw. Salafisten meinen, sie
wären gegen Gewalt und gegen das Erklären anderer Muslime zu Abtrünnigen, dann verdrängen sie bewusst oder unbewusst die Grundsätze ihrer Ideologie, die Gewalt gegen
Andersdenkende durch und durch bejaht und ihnen umge-
hend den Glauben abspricht. Durch solche Ideologien werden Intoleranz und Gewalt unter Jugendlichen, die diesen
Milieus angehören, salonfähig.

Dadurch, dass wahhabitische und salafistische Strömungen seit vielen Jahren mit vielen saudischen Geldern gefördert und ins weite Ausland exportiert werden, hat sich deren Geist längst auch in den Köpfen von Nichtwahhabiten
und Nichtsalafisten eingenistet. Wenn ein Muslim heute einen Gedanken über den Islam liest oder hört, dann fragt er
meist nicht nach dem fruchtbaren Gehalt dieses Gedankens, sondern danach, ob dieser Gedanke islamisch oder
weniger islamisch ist. Man neigt dazu, statt sich mit Argu-
menten und Gegenargumenten auseinanderzusetzen, über
die Religiosität des Gedankens, oder noch schlimmer des
Inhabers dieses Gedankens, zu urteilen. Man maßt sich
schnell an, Gott zu spielen. Und ist es nicht gerade das,
wodurch sehr viel Unheil in der islamischen Gesellschaft
gestiftet wird?

---

[80] *Al-ʿAbd al-Laṭīf* 1986, S. 167.
[81] Ebd., 165f.

5.2 Warum der Salafismus immer attraktiver für muslimische Jugendliche wird

Nur wenn ich weiß, wer ich bin und mir meiner Identität sicher bin, habe ich keine Angst, mich dem Anderen zu öffnen, in ihm das Neue zu begrüßen. Die Begegnung des Islams mit Europa Mitte des zwanzigsten Jahrhunderts im Zuge der Arbeitsmigration führte jedoch zu Identitätsverunsicherungen auf beiden Seiten, was statt Nähe Distanz hervorrief. Um dies genauer zu erklären, wird im Folgenden auf die konkrete Situation der Muslime in Deutschland eingegangen, vor allem die der zweiten und dritten Generation.

Wenn heute in Deutschland von Muslimen gesprochen wird, dann spricht man hauptsächlich von den ehemaligen »Gastarbeitern«, die im Zuge der Anwerbeabkommen in den 1960er- und 1970er-Jahren als Arbeitskräfte nach Deutschland gekommen sind, von deren Familien, die in den 1980er-Jahren im Zuge der Familienzusammenführung nachgekommen sind sowie von deren Nachkommen, die mittlerweile in zweiter und dritter Generation in Deutschland geboren wurden. Es ist mehr oder weniger ein Zufall, dass es sich beim Großteil der ehemaligen »Gastarbeiter« um Muslime handelt. Dadurch überlagern sich verschiedene Dimensionen des Andersseins, der Fremdartigkeit, und so verschärfen sich Probleme der Abgrenzung, der Anpassung und der Integration; ethnische Dimensionen überlagern sich mit nationalen, religiösen und sozioökonomischen.[82]

Sprach man in den 1960er- und 1970er-Jahren von »Gastarbeitern«, so begann man in den 1980er- und 1990er-Jahren, als die Arbeitsmigration durch die Familienzusammenführung sichtbar geworden war, von »Auslän-

---

[82] Vgl. *José Casanova*, Der Ort der Religion im säkularen Europa, in: Transit – Europäische Revue, Nr. 27/2004, S. 86–105.

dern« zu sprechen. Spätestens seit dem 11. September 2001
spricht man von »Muslimen«, gemeint sind aber noch immer die ehemaligen Gastarbeiter und deren Nachkommen.
Mit dieser Verschiebung der Wahrnehmung wurden aus
den typischen sozialen Problemen einer Gastarbeiterschaft
religiöse Probleme. Man hört nicht selten Aussagen wie:
»Die sprechen schlecht Deutsch, weil sie Muslime sind«,
oder: »Die steigen im Schulsystem und an ihrem Arbeitsplatz nicht schnell auf, weil sie Muslime sind.« Die Kategorie »Muslim« rückt immer stärker als Deutungsmuster für
soziale Defizite der Gastarbeiterschaft in den Vordergrund.
Die Religion sei das Problem, sei das Integrationshindernis,
heißt es. Muslime finden sich entsprechend in einer Rechtfertigungsposition wieder. Betrachtet man die Debatten der
letzten Jahre um das Thema Islam, dann sind diese entweder
überschattet von sicherheitspolitischen Fragen oder es geht
um Moscheebauten, Minarette und das Kopftuch. Und wer
die Ankunft der Muslime in Europa als Sicherheitspro-
blematik begreift, wird voraussichtlich früher oder später
auch der eigenen Angst erliegen und im Islam und in den
Muslimen nur noch eine Gefahr und Bedrohung sehen. Dadurch, dass sich Muslime in einer Rechtfertigungsposition
wiederfinden, kommen sie kaum dazu, die Frage an sich zu
stellen: Wie kann der Islam die europäischen Gesellschaften
bereichern?

Gerade Angehörige der sogenannten zweiten und dritten
Generation der Muslime fühlen sich mit der hiesigen Gesellschaft stark verbunden, ihre Distanz zur Heimatkultur ihrer
Großeltern ist groß. Je stärker sie sich integriert fühlen, desto größer sind auch ihre Erwartungen an das Aufnahme-
land; das zeigt sich vor allem im Anspruch auf Gleichbe-
handlung und Chancengleichheit in allen gesellschaftlichen
Institutionen (Bildung, Arbeits- und Wohnungsmarkt), aber
auch in der Erwartung, allgemein anerkannt und akzeptiert

zu sein.[83] Dies ist Ausdruck ihrer Integration in der Gesellschaft.

Die erste Generation der Gastarbeiterinnen und Gastarbeiter aus islamischen Ländern kam primär aus der Türkei und Nordafrika, war also in einem islamischen Land aufgewachsen. Die Angehörigen dieser Generation wurden in ihren Heimatländern sozialisiert und internalisierten dort Werte und Normen, für sie war Religion nicht mehr als ein Teil ihrer Herkunftsidentität. Eine reflexive Zuwendung zur eigenen Kultur und zur eigenen Religion setzte vor allem mit dem Familiennachzug ein.

Die Bedeutung der Religion in der zweiten und dritten Generation differenzierte sich stärker aus. Das begründet sich dadurch, dass diese Generationen in ihrer Sozialisation, Sprache und Identitätsentwicklung stärker einer Spannung zwischen den Orientierungen der Herkunfts- und der Aufnahmegesellschaft ausgesetzt sind und ihnen dabei Religion als (mögliche) Bewältigungsstrategie dient. Die Erwartungen der Jugendlichen an die europäischen Gesellschaften sind hoch. Hier, wo sie geboren und aufgewachsen sind, wünschen sie sich eine Heimat, die ihnen nicht nur Chancengleichheit im Bildungssektor, am Arbeitsmarkt und am Wohnungsmarkt bietet, sondern auch eine innere Heimat, in der sie sich als anerkannte Menschen entfalten können. Werden diese Erwartungen nicht erfüllt und haben die Jugendlichen das Gefühl, diskriminiert zu sein, dann kommt es zu verschiedenen Reaktionen. Manche kapseln sich ab, sie gehen zu beiden Systemen – zur Kultur der Eltern und zur Mehrheitsgesellschaft – auf Distanz. Viele Jugendliche greifen aber auch reaktiv bei der Suche nach einem sicheren »Wir-Gefühl« auf die Religion zurück. Auf die Frage, als

---

[83] Vgl. *Ursula Mehrländer*, Türkische Jugendliche – keine beruflichen Chancen in Deutschland?, Bonn 1983.

was sie sich fühlen, bezeichnen sie sich selbst hauptsächlich
als Muslime, der Islam bedeute für sie sehr viel. Diese Form
der islamischen Identität bezeichne ich als »Schalenidenti-
tät«.[84]

Für die Konstruktion einer kollektiven Identität bedienen sich diese Jugendlichen eines Islams »ohne Inhalt«;
der Islam, den sie leben, ist mit einer leeren Schale zu vergleichen. Die Religion dient der Konstruktion einer kollektiven Identität, die auch Schutz vor dem »Anderen« bietet.
Schalenmuslime stützen sich also auf ausgehöhlte (entkern-
te) Identitäten. Diese Jugendlichen fühlen sich als unwill-
kommene Ausländer und als benachteiligte Außenseiter.
Durch den Islam, der vor allem als Bindeglied zu anderen
Migrantenjugendlichen gleicher Herkunft bzw. Religion
gesehen wird, können sie ein gewisses Gefühl der Sicherheit aufbauen. Sie halten sich überwiegend an die gottes-
dienstlichen kollektiven Praktiken. Diese finden ihren Ausdruck in der Gemeinschaft, werden im Bezug zur Gruppe
verrichtet und von ihr mehr oder weniger kontrolliert. Viele Jugendliche fasten also im Monat Ramadan, viele männ-
liche Jugendliche gehen freitags mit ihren Vätern zum
gemeinschaftlichen Freitagsgebet in die Moschee, und
Mädchen tragen ein Kopftuch; so erfüllen sie die Erwartungen der Eltern bzw. der sozialen Kontrolle seitens der
eigenen Community und konstruieren gleichzeitig eine re-
aktive kollektive Identität, die ihnen das notwendige Gefühl der Sicherheit und Stärke vermittelt. Gottesdienstliche

---

[84] Vgl. *Mouhanad Khorchide*, Die Bedeutung des Islam für MuslimInnen
der zweiten Generation, in: *Hilde Weiss* (Hg.), Leben in zwei Welten. Zur
sozialen Integration ausländischer Jugendlicher der zweiten Generation,
Wiesbaden 2007, S. 217–242, und *Mouhanad Khorchide*, Die Dialektik
von Religiosität und Gesellschaft – Zur Identitätskonstruktion junger
Muslime in Europa, in: *Bülent Ucar* (Hg.), Die Rolle der Religion im In-
tegrationsprozess. Die deutsche Islamdebatte, Frankfurt am Main 2010,
S. 365–385.

individuelle Praktiken, die unabhängig von der Gruppe verrichtet werden und sich deren Kontrolle entziehen, wie z. B. das tägliche Gebet oder die Koranlektüre, die in der islamischen Lehre einen hohen Stellenwert haben, finden hingegen keine Berücksichtigung.

Diese religiöse kollektive Identität ist also als Reaktion zu verstehen – einerseits auf die Erwartungen der Eltern und der eigenen Community, andererseits auf das Gefühl der Nicht-Anerkennung seitens der Mehrheitsgesellschaft. Gerade aus dem letztgenannten Punkt wird diese Identität über die Beschreibung des Anderen und weniger über die Beschreibung des Eigenen skizziert. Das heißt: Wenn Jugendliche beschreiben, was sie als Muslime ausmacht, geben sie weniger an, was sie sind, sondern vielmehr, was sie nicht sind.

Es kommt bei Jugendlichen der zweiten Generation zu einer Umwertung: Hier geboren und aufgewachsen, erwarten sie, hier auch eine Heimat geboten zu bekommen, in der sie sich heimisch fühlen können. Bei Nichterfüllung dieser Erwartungen beginnen die Jugendlichen kulturelle Gegensätze zu konstruieren und vorhandene zu übertreiben. Es kommt zur Überbetonung von Differenzen. Gemeinsamkeiten in den Ein- und Vorstellungen, aber auch religiöse Gemeinsamkeiten werden heruntergespielt. Ein offenes Islamverständnis, das nicht nur Gemeinsamkeiten mit den anderen Weltreligionen betont, sondern auch das im Koran verankerte Prinzip der Würdigung aller Menschen als Menschen – unabhängig davon, welcher Weltanschauung sie angehören – spricht diese Jugendlichen weniger an, denn sie suchen nach Elementen in der Religion, die ihr Anderssein betonen sollen. Begriffe wie Aufklärung oder Moderne werden pauschal als »westlich« abgelehnt, ohne sich mit deren Inhalten zu beschäftigen. Hier besteht die Gefahr der Instrumentalisierung der Religion, im Sinne einer reaktiven

Rückbesinnung, die sich durch das Festhalten an sichtbaren Symbolen äußert, um Grenzen zwischen Kollektiven auf der Basis religiöser Differenz zu ziehen.

Eine immer stärkere Identifikation und zugleich kaum reflexive Beschäftigung mit dem Islam führen zur Aushöhlung der Religion. Denn es geht bei dieser Identifikation mit dem Islam nicht um Spiritualität, um Gotteserfahrung, um Inhalt, sondern lediglich um die äußere, identitätsstiftende Fassade. Und genau hier wird das salafistische Angebot attraktiv, denn dieses spaltet die Welt in Gut und Böse. Die Guten liebt Gott, die Bösen verdammt er bis in die Ewigkeit. Salafisten seien die Einzigen, die von Gott geliebt werden, sie seien letztendlich die Sieger, die Auserwählten. Dazuzugehören gibt ein Gefühl der Stärke und vor allem der Überlegenheit. Das restriktive Gottesbild der Salafisten verleiht Macht, denn an der Seite eines kriegerischen Gottes zu stehen, dessen Botschaft eine Kampfansage ist, macht mächtig. Ein barmherziger, liebender Gott, dessen Barmherzigkeit seinem Zorn vorauseilt, ist hingegen ein schwacher Gott; daher konstruieren fundamentalistische Gruppierungen einen patriarchalischen Gott, der seine Männlichkeit immer wieder mit Zorn und Gewalt unter Beweis stellt. Sich mit solchen fundamentalistischen Gedanken zu identifizieren, ist letztendlich Ausdruck innerer Ohnmacht, die manche Jugendliche, aber nicht nur Jugendliche, durch die Identifikation mit einer mächtig auftretenden Religion zu kompensieren versuchen.

Auf die Frage nach der Identifikation der Jugendlichen mit dem Herkunftsland ihrer Eltern beziehungsweise mit dem Islam antworten viele, dass sie sich als stolze Angehörige ihrer Herkunftsländer, als stolze Muslime fühlen. Hier könnte schnell der falsche Eindruck entstehen, dass die Jugendlichen ein starkes und stabiles Verhältnis zum Herkunftsland ihrer Eltern beziehungsweise zum Islam haben.

Fragt man allerdings nach, ob sie sich zum Beispiel vorstellen könnten, in ihrem jeweiligen Herkunftsland zu leben, zeigt sich ein anderes Bild: Vielen liegt das völlig fern. Sie meinen, dass sie während der Sommerferien, wenn sie in der Heimat ihrer Eltern auf Besuch sind, als Fremde aus Europa angesehen würden; man behandle sie dort als Ausländer, weil sie weder ihre Muttersprache akzentfrei sprächen noch sich kleideten und verhielten wie ihre dortigen Altersgenossen. Schon nach zwei Wochen wollen viele Jugendliche zurück »nach Hause«, nach Europa. Hier werden sie allerdings auch nicht als Einheimische betrachtet, sie sind, vor allem nach dem 11. September, die »Anderen«, die Muslime. Es ist daher für diese Menschen einfacher, auf abstrakte Kategorien wie Religion zurückzugreifen und die Fremdzuschreibung »ihr Muslime« zur Eigenzuschreibung »wir Muslime« zu machen. Plötzlich rückt die religiöse Identität, die bislang nur im Hintergrund Teil des Türke-Seins, des Ägypter-Seins war, in den Vordergrund. Trotz geringem Interesse an den Inhalten der Religion und fehlender religiöser Praxis sehen sich die Jugendlichen als stolze Muslime und meinen, ohne den Islam gar nicht leben zu können. In Gesprächen zeigt sich allerdings rasch, dass sie wenig Wissen und kaum Informationen über den Islam haben; ihre Kenntnisse beschränken sich auf das, was sie zu Hause beiläufig erfahren. Dadurch kommt es bei ihnen zur verstärkten Vermischung von Heimattraditionen und religiösen Normen.

So entsteht ein Teufelskreis: Das Muslim-Sein wird mit dem »Fremd-Sein« gleichgesetzt, es wird zu einem Identitätsmerkmal. Die Muslime identifizieren sich damit, die Mehrheitsgesellschaft grenzt sich damit von den Muslimen ab: »Wir und ihr, die Muslime.«

Solche ausgehöhlten Identitäten sind stark anfällig für politische Instrumentalisierung und entsprechende Rekrutierung in fundamentalistischen Milieus. Jürgen Oelkers bringt diese Gedanken auf den Punkt: »Die politische Bearbeitung dieser Probleme dürfte umso schwieriger werden, je weniger die sozio-ökonomische Integration gelingt, je geringer der Schulerfolg der Kinder ist, je mehr verschiedene Generationen Desintegration erleben und je härter die eigene Kultur abgeschottet wird. Von der anderen Seite aus gesagt: Je weniger die aufnehmende Kultur bereit ist, Integrationswillige aufzunehmen, je stärker sich die fundamentalistische Diskussion entwickelt und je weniger echte Chancen sich die Mitglieder der fremden Kultur ausrechnen können, desto mehr verschärft sich das Problem. Religiöse Überzeugungen lassen sich dabei politisch instrumentalisieren, und dies umso mehr, je weniger Kontakt mit anderen Kulturen besteht.«[85]

Der Religionssoziologe José Casanova unterstreicht, dass der Islam uns heute in Europa doppelt herausfordert: Zum einen stellt er eine Herausforderung an das europäische Verständnis von Säkularität dar; dieses will – anders als in den USA – Religion völlig aus dem öffentlichen Raum verbannen; und zum anderen handelt es sich hierbei nicht nur einfach um Religion, sondern um eine »fremde« Religion, um den Islam.[86]

Viele Länder Westeuropas haben die Säkularität nicht nur als institutionelle Trennung von Staat und Religion verstanden, sondern auch als völlige Verbannung des Christentums aus dem öffentlichen Raum. Die Ankunft des Islams in Europa verunsicherte die religiöse Identität Europas, er wurde als eine Bedrohung für die mittlerweile weit in den Hintergrund gerückte religiöse Identität gesehen. Und nun

---

[85] *Jürgen Oelkers*, Bildung, Kultur und Religion, in: *Norbert Mette* (Hg.) u. a., Was sollen Kinder und Jugendliche im Religionsunterricht lernen? Jahrbuch der Religionspädagogik, Band 27/2011, S. 120f.
[86] *José Casanova*, Europas Angst vor der Religion, Berlin 2009.

hört man immer mehr die starke Betonung einer Leitkultur, einer christlich-abendländischen Identität Europas. Was das genau sein soll, weiß allerdings kaum jemand. Die Situation ähnelt der Situation der jungen Muslime, die sich einem ausgehöhlten Islam zuwenden, um eine kollektive Identität in Abgrenzung zur Mehrheitsgesellschaft zu konstruieren. Es begegnen sich ausgehöhlte und dadurch verunsicherte Identitäten, die sich über die Abgrenzung zum jeweils Anderen definieren. Man ist in der Lage zu sagen, wer man nicht ist, jedoch nicht, wer man ist.

Der Islam benötigt ein Europa, das ihm Raum gibt, in dem er sich entfalten kann. Anders kommen Muslime aus der Rechtfertigungsposition nicht heraus, um sich selbst die zentrale Frage stellen zu können: »Wie können wir die Gesellschaft bereichern, was können wir beitragen?«

Ich habe mehrfach die Erfahrung gemacht, dass, wenn muslimische Jugendliche in Begegnungen mit Jugendlichen nicht-muslimischen Glaubens von ihrer religiösen Praxis, von ihrem Moscheebesuch, von ihrem Fasten sprechen, sich die nicht-muslimischen Jugendlichen fragen: »Und wie ist es eigentlich bei uns, in unserer Religion?« Durch die Ankunft des Islams entdecken viele ihre eigene Religiosität wieder, und zwar nicht im Sinne einer christlichen Identität als Gegenpol zur islamischen Identität, sondern im Sinne einer Erweiterung der europäischen Identität, die nicht mehr als jüdisch-christlich zu sehen ist, sondern als jüdisch-christlich-islamisch. Die Ankunft des Islams in Europa ruft auch christliche Werte in Erinnerung, die der Islam genauso vertritt: Nächstenliebe, Verantwortlichkeit für die Schöpfung, soziale Verantwortlichkeit, aber auch Familie und vor allem Spiritualität.

Ob Europa im Islam das »Fremde« und somit eine Bedrohung, oder in ihm das »Neue« sieht, und ob die Muslime in Europa eine Heimat oder eine Diaspora sehen, hängt von

der Perspektive des jeweiligen Betrachters ab. Das »Fremde« an und für sich gibt es nicht, es ist ein Konstrukt in unseren Köpfen. Fremdheit ist keine Eigenschaft einer Person
oder einer Gruppe, sondern das Ergebnis eines Zuschreibungsprozesses. Ein Perspektivenwechsel – »neu« statt
»fremd«, »aufeinander zugehen« statt »sich zurückhalten«,
»sich dem Anderen öffnen« statt »verschließen« – das verlangt jedoch selbstsichere Identitäten, keine ausgehöhlten.
Der Prozess beginnt also mit der kritischen Reflexion des Eigenen, um sich dann mit dem notwendigen Selbstbewusstsein offen und ohne Angst dem Anderen, dem Neuen zuzuwenden, mit und von ihm zu lernen, es zu bereichern und
sich von ihm bereichern zu lassen.

5.3 Notwendigkeit einer reflektierten religiösen Bildung

Die religiöse Bildung muslimischer Jugendlicher in Deutschland muss der angesprochenen Entwicklung der Entstehung
ausgehöhlter religiöser Identitäten Rechnung tragen und ein
Angebot machen, das diese entkernten Identitäten mit einem sinnvollen Gehalt füllt. Moderne religiöse Bildung versteht sich nicht als Prozess der Vermittlung von Religion.
Beim veralteten Konzept der Vermittlung stand das zu Vermittelnde im Vordergrund. Heute geht es um Aneignungsprozesse. Bei diesem Konzept der Aneignung steht die Schülerin bzw. der Schüler, also das Subjekt selbst, mit seiner
Lebenswirklichkeit, seinen Erfahrungen, Erwartungen,
Wünschen, Bedürfnissen usw. beim Prozess der religiösen
Bildung im Vordergrund. In der islamischen Bildung geht
es heute also nicht um das Eintrichtern von Glaubensgrundsätzen und die Vermittlung von endgültigen Antworten,
sondern darum, Schülerinnen und Schüler zu befähigen,
ihre eigene Religiosität zu entwickeln und wahrzunehmen

sowie die Bedeutung religiöser Inhalte individuell zu reflektieren, damit sie ihre Religiosität selbst verantworten können. Es geht also um Fragen wie »Was bedeutet Religion
für mich?« und »Welchen Bezug haben religiöse Inhalte zu
meinem Alltag?«.

Durch religiöse Bildung sollten Menschen befähigt werden, ihr Leben in religiöser Hinsicht selbst entwerfen und
diesen Lebensentwurf selbst verantworten zu können. Sie
sollten in der Lage sein, zwischen lebensfreundlichen und le-
bensfeindlichen religiösen Angeboten zu unterscheiden.

Aufgabe einer zeitgemäßen islamischen Bildung ist es
nicht, jungen Menschen einen Katalog an Erlaubtem (*halal*)
und an Verbotenem (*haram*) zu vermitteln und Heranwach-
sende zur unkritischen Befolgung religiöser »Gesetze« anzu-
halten, was den Prozess der Entstehung ausgehöhlter Identitäten nur begünstigt. Vielmehr sollen junge Menschen zur
kritischen Reflexion von Traditionen, die sich mit humanen
Werten nicht vereinbaren lassen, angehalten und dazu befähigt werden, ihre freie individuelle Selbstbestimmung als
Muslime auf Basis eines offenen Islamverständnisses im Sinne einer spirituellen und ethischen Religion und weniger einer Gesetzesreligion zu entfalten. Sie sollen den Sinn ihrer
Religiosität für sich entdecken und dazu befähigt werden,
Gotteserfahrung zu machen.

Moderne religiöse Bildung will Menschen befähigen, ihr
Leben in religiöser Hinsicht selbst zu entwerfen und diesen
Lebensentwurf selbst zu verantworten. Das Subjekt muss
sich also selbst einbringen. Wenn es aber in religiöser Bildung um ein subjektives Betroffensein von Religion geht,
dann setzt dies eine dialogische Theologie voraus, die die
Beziehung Gott-Mensch nicht als Gehorsamkeitsbezie-
hung, sondern als dialogische, ja als Liebes-Beziehung vorsieht, einen Gott meint, der zugänglich ist, der erfahrbar
ist, einen Gott also, dem es nicht um sich selbst, dem es

nicht um Instruktionen geht, sondern um den Menschen selbst.[87]

Gott ist nur dann fremd, wenn wir Menschen uns gegenüber Gott verschließen.

---

[87] Vgl. *Khorchide* 2012, S. 137ff.

6. Scharia beginnt mit der Selbsterkenntnis

Das Bekenntnis zu den islamischen Glaubenssätzen und zu
den fünf Säulen des Islams begründet zwar die Zugehörigkeit zum Islam, jedoch noch lange nicht die Frömmigkeit
des Menschen. Der Koran unterscheidet zwischen einem
bloßen Bekenntnis zum Islam und einer inneren Haltung,
die das Herz ergreift und ihren Ausdruck im Charakter und
im Handeln des Menschen findet. Nur diese innere Haltung
bezeichnet der Koran als Glaube (arab.: *Imān*): »Die Beduinen sagen: ›Wir glauben.‹ Sag: ›Ihr glaubt nicht.‹ Sagt vielmehr: ›Wir sind ergeben [zugehörig zum Islam], und nicht
eingedrungen ist der Glaube in eure Herzen.‹«[1] Erst wenn
der Glaube im Herzen angekommen ist, entflammt die
Frömmigkeit. Was heißt das konkret, dass der Glaube im
Herzen ankommt?

Der Weg, der ins Herz führt, ist der Weg der Selbst-
erkenntnis. Je mehr der Mensch sich selbst erkennt, seine
Begierden zügelt und das Gute, in Form von Empathie, Bescheidenheit, Nächstenliebe, Barmherzigkeit, Selbstlosig-
keit, Verantwortlichkeit, Aufrichtigkeit, Bereitschaft zur
Vergebung usw. in sich hervorhebt, desto mehr Raum hat
der Glaube im Herzen. Deshalb beschreibt der Koran die
Frommen als diejenigen, »die spenden im Guten und im
Schlechten und unterdrücken den Groll und verzeihen den
Menschen. Und Gott liebt die Schönhandelnden. Und die,
wenn sie Schändliches begangen oder sich selbst Übles zuge-
fügt, Gottes gedenken und für ihre Sünden bitten um
Vergebung – wer vergibt die Sünden als Gott allein? –, und

---

[1] Koran 49:14.

die nicht auf dem beharren, was sie [an Verfehlungen] taten, wo sie es doch wissen. Ihr Lohn ist die Vergebung von ihrem Herrn und Gärten, unterhalb derer Bäche fließen, in jenen werden sie ewig weilen. Welch vortrefflicher Lohn für die Handelnden!«[2]. In diesen Versen werden einige lebensnahe Aspekte angeführt, die den Charakter und das Handeln der Frommen beschreiben: Sie spenden, sie zügeln ihren Zorn, sie vergeben, sie sind demütig, sie sind einsichtig und reflektieren ihre Verfehlungen usw. Und genau diese und ähnliche Handlungen bezeichnet der Koran als gütig. Sie sind die Indikatoren dafür, dass der Glaube im Herzen angekommen ist. Denn Geld im Guten wie auch im Schlechten zu spenden braucht Überwindung; ebenso seine Wut zu zügeln und Menschen zu verzeihen; dem Bösen mit dem Guten zu begegnen. Fromme Menschen sind nicht fehlerfrei, sie sündigen, aber sie sind einsichtig, wenden sich demütig Gott zu und bitten um Vergebung. Ständige Selbstüberwindung und Selbstreflexion bedingt Selbsterkenntnis. Al-Ghazālī beschreibt dies wie folgt: »Wisse: Der Schlüssel zur Erkenntnis Gottes ist die Selbsterkenntnis. Darum ist gesagt worden: ›Wer sich selbst erkannt hat, der hat seinen Herrn erkannt‹, und darum heißt es im Koran: ›Wir werden sie Unsere Zeichen überall auf Erden und an ihnen selbst sehen lassen, damit ihnen deutlich wird, dass es die Wahrheit ist‹.[3] Es gibt nichts, was dir näher wäre, als du selbst. Wenn du dich aber selbst nicht kennst, wie willst du dann andere kennen?«[4]

Die Erkenntnis Gottes ist also nicht von der Selbsterkenntnis zu trennen. Das Herz kann Gott nicht erkennen, wenn es mit Hass, Neid, Hochmut und anderen Dingen getrübt ist.

---

[2] Koran 3:134–136.
[3] Koran 41:53.
[4] *Al-Ghazālī*, Das Elixier der Glückseligkeit, Düsseldorf 1979, S. 35.

Man kann das Herz nicht läutern, wenn man nicht sich selbst erkannt hat. Die Selbsterkenntnis ist der erste Schritt auf dem Weg zu Gott. Mit der Selbsterkenntnis beginnt die Scharia. Und der Weg verläuft von dort über die Selbstläuterung. Gott hat der Seele »Sündigkeit und Gottesfurcht eingegeben! Selig ist, wer sie reinigt, unselig aber, wer sie verkommen lässt«[5]. Genau das ist es, was der Prophet Muhammad mit dem eigentlichen *Dschihād* (»Anstrengung«) bezeichnet hat. Als er eines Tages von einem Krieg zurückkehrte, sagte er zu seinen Gefährten: »Nun sind wir zum *Dschihād* zurückgekommen.« Seine Gefährten haben sich gewundert und argumentierten: »Wir kommen aber gerade vom Krieg.« Der Prophet sagte: »Der Kampf gegen das Schlechte in sich selbst, das ist der eigentliche *Dschihād*.«[6]

Al-Ghazālī erinnert daran, dass es Gott nicht um das Äußere, nicht um die Schale geht, sondern um den inneren Kern des Menschen. Die Gotteserkenntnis ist daher eine Erkenntnis seines Inneren: »Sagst du: ›Ich kenne meine Gestalt doch!‹, so irrst du dich, denn solche Erkenntnis taugt nicht zum Schlüssel für die Erkenntnis Gottes. Auch die Tiere kennen so viel von sich selbst wie du von dir. Dies äußere Haupt und dies Gesicht, diese Hand und diesen Fuß, dies Fleisch und diese Haut, die kennst du, sonst nichts; von deinem Inneren aber weißt du gerade so viel, dass du isst, wenn du hungrig bist, die Menschen angreifst, wenn du zornig wirst, und nach Begattung strebst, wenn die Begierde über dich kommt. Darin aber sind dir alle Tiere gleich. Darum sollst du nach Erkenntnis deines wahren Wesens streben, was du bist, woher du gekommen bist, wohin du gehst, und zu welchem Zweck du für diese paar Tage in diese Karawanserei gekommen bist, wozu du erschaffen bist, worin

---

[5] Koran 91:8–10.
[6] Überliefert nach *al Bayhaqī*, az-Zuhd al-kābir, Hadith-Nummer 383.

dein Glück besteht und wodurch du glücklich wirst, worin
dein Elend besteht und wodurch du elend wirst.«[7]

Es ist nicht einfach, sich täglich selbst den Spiegel vor die
Nase zu halten, das eigene Handeln, das eigene Innere und
die eigenen Gedanken kritisch zu reflektieren, die eigenen
Absichten laufend zu hinterfragen und mit sich selbst hart
ins Gericht zu gehen. Diese Prozesse benötigen viel Überwindung, aber auch die Bereitschaft zum aufrichtigen und
ehrlichen Dialog mit Gott und mit sich selbst, um in Demut
immer und immer wieder neue Vorsätze mit dem aufrichtigen Wunsch nach innerer Vervollkommnung zu fassen.
Denn im Grunde »kennt sich der Mensch selbst sehr gut,
auch wenn er seine Ausreden einbringt«[8]. Daher war der
Hauptauftrag der Propheten nicht, den Menschen Gesetze
aufzuerlegen. Sie waren keine Juristen, sondern religiöse Erzieher. Ihre Hauptaufgabe war, den Menschen Angebote zu
machen, sich zu läutern: »Gott ist es, der den Menschen einen Gesandten aus ihrer Mitte geschickt hat, um ihnen Seine Verse vorzutragen, sie zu läutern (vervollkommnen) und
sie die Schrift und die Weisheit zu lehren.«[9] Und so sagte der
Prophet Muhammad: »Ich wurde entsandt um die guten
Charaktereigenschaften zu vervollkommnen.«[10] Und als er
nach dem Edelsten, was dem Menschen gegeben wurde, gefragt wurde, sagte er: »Den edlen Charakter«[11].

Al-Ghazālī spricht vom Herzen als Quelle der Erkenntnis
Gottes. Die Nahrung dieser Quelle ist »das Anschauen der
göttlichen Schönheit«. Dies geschieht jedoch nicht erst im
Jenseits, sondern hier und jetzt, indem sich das Herz für das
Empathische, das Barmherzige, öffnet und die Welt durch

---

[7] *Al-Ghazālī* 1979, S. 35.
[8] Koran 75:14–15.
[9] Koran 62:2.
[10] Überliefert nach *Ahmad*, Hadith-Nr. 8595.
[11] Überliefert nach *at-Tabarānī*, Al-Dschāmiʿ al-kabīr, Hadith-Nr. 470.

diese Brille der Liebe und Barmherzigkeit zu betrachten versucht. Das Anschauen der göttlichen Schönheit heißt nicht, dass man Gott als schönes Wesen mit seinen Augen anschaut, sondern sich diese Schau im Herzen durch die Wahrnehmung der Manifestation Gottes in der Welt vollzieht. Und Gott manifestiert sich in der Welt in Form seiner Barmherzigkeit, durch die er die Welt erschaffen hat, durch die er die Welt erhält und zu der er uns alle einlädt. Diese Barmherzigkeit wahrzunehmen und sie in sich und seiner Umwelt zu entfalten, darin verwirklicht sich die Schau Gottes. Darauf muss aber das Herz vorbereitet sein. Al-Ghazālī lenkt daher den Blick weg vom Äußeren hin zum Wesentlichen: dem Inneren des Menschen, dem Herzen: »Die Eigenschaften die in deinem Innern vereinigt sind, sind teils Eigenschaften des Viehs, teils solche der Raubtiere, teils solche der Teufel und teils solche der Engel. Welches von diesen Wesen bist du nun? Welches von ihnen ist deine wahre Substanz, und welche sind dir fremd und nur geliehenes Gut? Solange du das nicht weißt, kannst du nicht nach deinem Glück suchen, denn jedes dieser vier Wesen findet in etwas anderem seine Nahrung und sein Glück. Die Nahrung und das Glück des Viehs: essen, schlafen und begatten. Gehörst du also zum Vieh, so befleißige dich der Werke des Bauches und der Zeugungsglieder Tag und Nacht. Die Nahrung und das Glück der Raubtiere ist: schlagen, töten und rasen. Die Nahrung und das Glück der Teufel ist: Böses anstiften, betrügen und überlisten. Gehörst du also zu ihnen, so tue ihre Werke, auf dass du zu deiner Ruhe und zu deinem Glücke gelangst. Die Nahrung und das Glück der Engel aber ist: das Anschauen der göttlichen Schönheit. Begierde und Zorn und die Triebe des Viehs und der Raubtiere finden keinen Weg zu ihnen. Wenn du also von der Substanz der Engel bist, so bemühe dich, dass du Gott erkennst und den Weg zum Anschauen seiner Schönheit findest und dich frei machst von der Herrschaft der Begierde und des Zornmutes, und suche zu erkennen, wozu die Triebe der Raubtiere und des Viehs in dich gelegt sind, ob sie dir dazu anerschaffen sind, dass sie dich zu ihrem Sklaven machen, sodass du ihnen dienen und Tag und Nacht frönen musst, oder dazu, dass du sie zu deinen Sklaven machst und auf der Reise, die dir auferlegt ist, dir von ihnen Frondienste leisten lässt (…) Willst du dich selbst erkennen, so wisse, dass du aus zwei Dingen geschaffen bist. Das eine ist diese äußere Hülle, die man Leib nennt und mit dem äußeren Auge sehen kann. Das andere ist jenes Innere, das man bald Seele, bald Geist und bald Herz nennt, und das nur von dem inneren Auge erkannt werden kann. Dies Innere ist dein wahres Wesen, alles andere ist nur sein Gefolge, sein Heer und seine Dienerschaft. Wir wollen es das Herz nennen. Wenn wir also von dem Herzen sprechen, so wisse, dass wir damit das wahre Wesen des Menschen meinen (…) Der Geist, den wir hier Herz nennen, das ist das Organ der Erkenntnis Gottes, den haben die Tiere nicht, und er ist weder Körper noch Akzidens, sondern eine Substanz von der Art der Substanz der Engel. Dieser Weg beginnt mit dem inneren Kampf [Dschihād], und wer nach Gebühr diesen Kampf kämpft, dem fällt jene Erkenntnis von selber zu, ohne dass er sie von jemand anders zu hören brauchte. Denn diese Kenntnis gehört zu der Gnadenleitung, von der es im Worte Gottes heißt: ›Diejenigen aber, die sich um unsertwillen abmühen, werden wir ganz gewiss unsere Wege leiten. Und Gott ist wahrlich mit denen, die Gutes verrichten.‹[12] Wer aber diesen Kampf noch nicht vollendet hat, zu dem darf man nicht von dem Wesen des Geistes reden.«[13]

---

[12] Koran 29:69.
[13] *Al-Ghazālī* 1979, S. 35.

6.1 Der Weg zu Gott ist der Weg des Herzens

Scharia ist der Weg des Herzens zu Gott. Dieser Weg besteht aus drei Pfeilern: der Überwindung des eigenen Egos, dem selbstlosen Einsatz für das Gute und der Fähigkeit des Herzens, Gottes Liebe zu erfahren. Die reine Absicht ist die gemeinsame Basis dieser drei Pfeiler. Eine reine Absicht bedeutet, dass der Mensch das Gute tut und das Schlechte meidet aus einer inneren Haltung und nicht aus opportunistischen Gründen. Wenn die Absicht rein ist, dann fragt der Mensch nicht nach dem Eigennutz seiner Handlung, bevor er sich dafür oder dagegen entscheidet, sondern er fragt danach, ob diese Handlung gut ist oder nicht, und dann tut er sie, weil sie gut ist. Man entscheidet sich für das Gute um des Guten willen. Der Koran bezeichnet diese reine Absicht als den Weg Gottes »fi sabilillāh«. Der Weg zu Gott, die Scharia, basiert auf der reinen Absicht. Eine solche Absicht geht vom Prinzip des Guten aus und hält sich daran, unabhängig vom Gegenüber. So sagte der Prophet Muhammad exemplarisch, als er nach dem Guten gefragt wurde: »Dass du deine Verwandtschaft pflegst, auch wenn diese den Kontakt abgebrochen hat, dass du dem verzeihst, der dir Unrecht tut, dass du dem gibst, der dich beraubt.«[14]

Das Gute zu verrichten wird zu einer inneren Haltung, einer Art Selbstverpflichtung, unabhängig von Belohnung und Bestrafung. Wer durch seine Handlung eine dies- oder jenseitige Belohnung anstrebt bzw. Sanktion vermeiden will, der handelt nicht aus reiner Absicht, die das Gute anstrebt, weil es gut ist. Wenn das Gute zu einem unverrückbaren Prinzip, zum Absoluten wird, dann wird es heilig. Und so setzt der Koran das absolut Gute mit dem Göttlichen gleich: »Der Fromme, der sein Vermögen hergibt, um sich zu läu-

---

[14] Überliefert nach *Ahmad*, Hadith-Nr. 16999.

tern, ohne zu suchen dafür den Lohn, sondern allein aus dem Streben nach dem Antlitz seines Herrn, des Höchsten. Wahrlich, er wird zufrieden sein.«[15] »Und spendet nicht außer aus Verlangen nach dem Antlitz Gottes.«[16] Das Gute um des Guten willen zu verrichten, verlangt Überwindung und Geduld: »Die geduldig trachten nach dem Antlitz ihres Herrn, verrichten das Gebet und spenden von dem, was wir ihnen beschert, geheim und offen, und wehren das Schlechte mit dem Guten ab, die sind es, welche die letzte Wohnstätte erhalten.«[17] Das Streben nach einer Belohnung oder danach, einer Sanktion zu entgehen, sowie das Streben nach sozialem Ansehen, nach Macht, nach Geltung, all dies sind Formen der Beigesellung. Wenn der Koran davor warnt: »Und nicht ruf an neben Gott einen Gott, einen anderen! Kein Gott außer Ihm. Alles ist untergehend: nicht Sein Antlitz«[18], dann ruft er den Menschen damit zur Aufrichtigkeit, die durch die reine Absicht zum Guten verwirklicht wird.

Es steht außer Frage, dass die Erwartung an den Menschen, stets das Gute um des Guten willen zu verrichten, sehr anspruchsvoll ist. Zudem ist es für die Menschen, denen gütiges Verhalten zu Gute kommt, in der Regel uninteressant, ob dieses Verhalten aus einer reinen Absicht oder eben aus anderen Motiven erfolgt ist. Für sie ist die gütige Leistung an sich wichtig. Dennoch spricht der Koran an zahlreichen Stellen nicht nur vom nützlichen Handeln, sondern koppelt dieses auch unmittelbar an den Glauben: »Diejenigen, die glauben und Nützliches [arab.: *Salihāt*] verrichten, die sind Gefährten des Gartens und werden darin ewig weilen.«[19]

---

[15] Koran 92:17–21.
[16] Koran 2:272.
[17] Koran 13:22.
[18] Koran 28:88.
[19] Koran 2:82, vgl. auch: 2:25, 2:277, 3:57, 4:122, 4:124.

Der Glaube muss seinen Ausdruck im Handeln des Menschen finden. Für das nützliche Handeln wird auch Belohnung versprochen, ohne das Motiv dabei direkt anzusprechen: »Diejenigen, die gute Werke verrichten, egal ob Mann oder Frau, und sind dabei gläubig, lassen Wir in den Garten eintreten, ihnen wird kein Dattelgrübchen Übles getan.«[20] Der Einschub in diesem Vers »und sind dabei gläubig« deutet auf die Erwartung hin, das Gute aus Überzeugung zu verrichten und nicht aus innerem oder äußerem Zwang. Der Koran ist nüchtern und spricht die Menschen in all ihren unterschiedlichsten religiösen Stadien an. Er spricht an zahlreichen Stellen bewusst von einer materiellen Belohnung bzw. Meidung materieller Bestrafung als Motive aufrichtigen Handelns. Damit will der Koran Menschen erreichen, die sich in diesem Stadium der Belohnung/Bestrafung befinden. Er verurteilt sie dabei keineswegs, gibt jedoch zu verstehen, dass dieses Stadium zu wenig ist, da es Höheres gibt, was der Mensch anstreben kann und soll, und zwar die Gemeinschaft Gottes: »Du Seele voll Ruhe, kehre zu deinem Herrn zufrieden zurück«[21], »Für diejenigen, die gütig handeln, ist das Beste bereitet und noch mehr.«[22] Der Koran interessiert sich nicht nur für das Ergebnis einer Handlung, sondern vor allem für das Individuum selbst, das hinter dieser Handlung steht. Es geht um den Menschen, um seine Vervollkommnung als das edelste Geschöpf Gottes. Daher ist es das Ziel, nicht aus opportunistischen Gründen zu handeln, sondern das Handeln im Sinne von Kant als Selbstverpflichtung zu verstehen. Das bedeutet wiederum, dass die aufrichtige Handlung zum Teil der

---

[20] Koran 4:124.
[21] Koran 89:27–28.
[22] Koran 10:26.

menschlichen Natur wird. Der Weg dorthin ist jedoch ein Prozess, der viel Selbstreflexion voraussetzt.

Die koranische Rede von jenseitiger Belohnung und Bestrafung versteht sich demnach als pädagogische Maßnahme und erste Stufe auf dem Weg der Vervollkommnung, auf der der Mensch keineswegs stehen bleiben darf. Wer einem armen Menschen mit dem Motiv hilft, später im Paradies materielle Vergnügung genießen zu wollen, der handelt nicht wirklich aufrichtig, denn sein Streben gilt letztlich sich selbst und seiner eigenen Vergnügung. Dies gilt genauso für denjenigen, der Böses aus dem Motiv meidet, seiner späteren Verbrennung in der Hölle zu entgehen. Beide erstreben das Gute bzw. meiden das Schlechte nicht, weil das Gute gut bzw. das Böse böse ist, sondern weil sie sich etwas für sich selbst erhoffen. Beide streben letztendlich nach eigenen Vorteilen und nicht nach dem Absoluten, nach Gott. Beide drehen sich um ihre eigene Achse. Dies ist eine Form der Beigesellung,[23] von der der Islam befreien will. Die Mystikerin Rābiʿa al-ʿAdawiyya (gest. 801) kritisierte diese Vorstellung in ihrer berühmten Aussage, sie würde so gerne das Höllenfeuer löschen und das Paradies mit Feuer anzünden, damit die Menschen nicht aus Angst vor der Hölle bzw. Hoffnung auf das Paradies handeln. Die Menschen sollen aus Liebe und im Nachvollzug der göttlichen Liebe ethisch korrekt handeln. »Er liebt sie und sie lieben Ihn.«[24] Die oben angesprochene Negation im islamischen Glaubensbekenntnis impliziert die Befreiung des Menschen auch von dieser Form der Beigesellung. Der reine Monotheismus strebt demnach nur nach dem Einen: Gott.

---

[23] *Muhammad ar-Rachawī*, Al-anwār al-qudsiyya fī manāqib an-naqschabandiyya, o. A., S. 235.
[24] Koran 5:54.

6.2 Das Diesseits als Ort der Selbsterkenntnis

Pointierter als es al-Ghazālī ausgedrückt hat, kann man es nicht tun, er bringt es auf den Punkt, wenn er sagt: »Die Erkenntnis seines Wesens und seiner Eigenschaften ist der Schlüssel zur Erkenntnis Gottes. Darum bemühe dich, es zu erkennen, denn es ist eine edle Substanz von der Art der Substanz der Engel, und sein Ursprungsort ist die Gottheit, dorther kam es, und dorthin wird es gehen.«[25] Wenn der Koran davon spricht, dass das Diesseits eine Prüfung ist, dann keineswegs im Sinne einer göttlichen Falle, keineswegs in dem Sinne, dass Gott für den Menschen Hürden aufstellt, um zu sehen, wer diese meistert und wer nicht. Es geht vielmehr darum, dass der Mensch sich selbst in verschiedenen Situationen kennenlernt. Als ein Mann einen anderen vor dem zweiten Kalifen, ʿUmar, lobte, fragte ihn ʿUmar: »Hast du ihn auf einer Reise begleitet?« Der Mann antwortete: »Nein.« Daraufhin sagte ʿUmar zu ihm: »Dann kennst du ihn noch nicht.«[26] Auf einer Reise, damals in der Wüste mit allen Strapazen, hat man die Möglichkeit, seinen Begleiter, dessen Charakter und Handeln besser kennenzulernen. Und so geht es uns Menschen auf der Reise durch das Leben. Nur durch das Durchlaufen verschiedener Situationen, die mal schön, mal weniger schön, mal leicht, mal anstrengend, mal mehr, mal weniger herausfordernd sind, kann sich der Mensch erkennen, nur so kann er seine Stärken und Schwächen erfahren und entsprechend die einen unterstützen und die anderen unterbinden.

So gut wie jeder von uns hält sich für einen guten Menschen und hält viel von sich. Wie will man dies jedoch mit Gewissheit wissen? Der wahre Prüfstein ist das Leben selbst.

---

[25] *Al-Ghazālī* 1979, S. 37.
[26] http://www.saadaldeen.8m.net/e-alkhatab.htm (31.07.2013).

Erst wenn der Mensch erfährt, wie er sich in einer Situation verhält, was in ihm an Emotionen und Gedanken vorgeht und er diese reflektiert, beginnt der Prozess der Selbsterkenntnis. Und genau dies meint der Koran, wenn er zum Beispiel sagt: »Voller Segen ist der (...), der den Tod und das Leben erschaffen hat, auf dass Er euch prüft, wer von euch am besten handelt. Und Er ist der unübertrefflich Erhabene, der Vergebende.«[27] Dabei handelt es sich nicht um eine Prüfung, die Gott auferlegt, weil er sehen will, wer gehorcht und wer nicht, sondern um eine Prüfung, durch die der Mensch sich selbst näherkommen soll.

Auch die Vielfalt der Religionen und Wege zu Gott sind nicht etwa von Gott als Fallen gestellt, um zu sehen, wer sich für die richtige Religion entscheidet, sondern damit der Mensch sich selbst besser kennenlernt und für sich herausfindet, welcher Weg zu Gott für ihn geeignet ist. Der Mensch kann durch die Konfrontation mit der Vielfalt seine eigene Einstellung und sein Handeln gegenüber anderen Religionen sowie das, was er aus einer eigenen Religion im Vergleich zu anderen Religionen schöpft, auf den Prüfstand bringen, um sich selbst besser kennenzulernen: »Für jeden von euch haben Wir Richtung und Weg bestimmt. Und hätte Gott gewollt, hätte Er euch zu einer Gemeinschaft gemacht, einer einzigen. Aber Er wollte euch in dem prüfen, was Er euch gegeben. So wetteifert um die guten Dinge! Zu Gott werdet ihr zurückkehren, allesamt, und dann wird Er euch offenlegen, worüber ihr uneins wart.«[28]

Der Koran beschreibt auch die Menschen als verschieden in ihren Funktionen, Talenten, Kompetenzen und Möglichkeiten: »Und Er ist es, der euch zu Statthaltern auf der Erde gemacht und die einen von euch über die anderen um Rang-

---

[27] Koran 67:2.
[28] Koran 5:48.

stufen erhöht, um euch dadurch zu prüfen, was Er euch gegeben.«[29] Durch die Interaktion der unterschiedlichen Menschen entstehen Situationen, die einen Prüfstand des Cha-
rakters des Menschen bilden. Es ist einfach zu sagen, dass
man nicht neidisch sei, dass man allen Menschen Erfolg
wünsche. Der leitende Angestellte in einer Firma kann zum
Beispiel behaupten, er würde dem Buchhalter oder der Se-
kretärin seiner Firma das Beste wünschen, was er auch
höchstwahrscheinlich ehrlich meint. Seine Haltung kann er
allerdings nur dann auf den Prüfstand bringen, wenn er sich
fragt, was er einem anderen leitenden Angestellten in der
Firma wünscht, nur dann kann er eruieren, ob sein Herz
von Neid befallen ist oder nicht. Hier sehe ich die Schwäche
in der Position mancher Sufis, die meinen, der Mensch müsse sich isolieren und die Gesellschaft anderer Menschen
möglichst meiden, um in sich gehen zu können, um sich
selbst zu erkennen und sich so zu vervollkommnen. Es ist
eine Utopie zu glauben, sich und sein Inneres isoliert von
Menschen vervollkommnen zu können. Jeder kann von
sich in Einsamkeit behaupten, gütig und geduldig zu sein.
Nur dann, wenn einem etwas angetan wird, weiß man, ob
man tatsächlich in der Lage ist, darauf mit Vergebung zu
reagieren. Nur dann, wenn man beleidigt und heraus-
gefordert wird, zu reagieren, weiß man, ob man in der
Lage ist, seinen Zorn zu zügeln und geduldig zu reagieren.
Jeder kann behaupten, er sei ehrlich und aufrichtig. Wie
würde man sich aber verhalten, wenn man dringend Geld
brauchen würde und dann Geld vor einem liegen würde,
das einem nicht gehört? Der Student, der von sich behauptet
selbstlos und hilfsbereit zu sein, kann sich nur dann wirklich
erkennen, wenn zum Beispiel ein anderer Student ihn nach
seinen Mitschriften fragt und er sich bereit zeigt, diese wei-

---

[29] Koran 6:165.

terzugeben, oder wenn er zum Beispiel seinen Mitstudieren-
den Informationen, die hilfreich für ihr Studium wären,
auch ungefragt weitergeben würde.

Das wichtigste Beispiel aber betrifft gläubige Menschen
und religiöse Gelehrte, die andere über ihren Glauben aufklären. Sie glauben, ihre Intention sei rein, da sie nur das
Beste für andere wollten. Wir beobachten, dass nicht wenige
solcher Menschen sehr aggressiv werden, wenn jemand ihrer Meinung widerspricht oder diese nicht teilt. Sie beeilen
sich, dieser Person den Glauben abzusprechen oder sie im
besten Fall als weniger gläubig zu disqualifizieren. Andersgläubige sind für sie auf ewig Verdammte, für die sie nur
Worte der Verachtung übrig haben. Das alles zeugt keineswegs von einer aufrichtigen Intention. Wenn man wirklich
das Beste für diese Menschen wünschen würde, würde man
ihnen gegenüber keineswegs mit Hochmut auftreten bzw.
sich so abfällig über sie äußern. Eines Tages ging ein Mystiker gemeinsam mit seinen Schülern an einer Gruppe von
jungen Männern und Frauen vorüber, die betrunken waren
und offensichtlich ihren Spaß hatten. Da wandte sich der
Mystiker zu Gott und betete: »O Gott! Schenk ihnen im
Jenseits noch mehr Glück als dieses.« Seine Schüler fragten
ihn voller Verwunderung: »Wieso betest du für sie, dass sie
glücklich sein sollen, wo sie in Sünde leben?!« Er antwortete: »Dass Gott ihnen im Jenseits Glück schenkt, bedeutet,
dass sie von ihren Sünden abrücken werden.« Heute vermisst man eine solche Haltung unter sehr vielen Muslimen.
Man würde in so einem Fall sagen: »Diese verdorbenen
Menschen, möge Gott sie für das, was sie anstellen bestrafen«, »Möge Gott sie verfluchen!« Der Koran berichtet,
wie besorgt und bekümmert der Prophet Muhammad darüber war, dass die Mekkaner auf ihrem Irrweg beharrten.
Das war ihm nicht egal, es bereitete ihm schlaflose Nächte,
sodass sogar der Koran ihn für seine Sorge, die an ihm zerr-

te, kritisiert: »Willst du dich zu Tode ärgern, dass sie nicht glauben?!«[30] Wer sich ehrlich um seine Mitmenschen sorgt, der wird bemüht sein, sie rücksichtsvoll auf ihre Verfehlungen aufmerksam zu machen, er wird nie aufhören, für sie um Gnade und Erbarmen zu beten, er wird ihnen immer das Beste im Dies- und Jenseits wünschen. Dies kann sich jedoch nur ein reines Herz leisten. Ein Herz, das von Liebe erfüllt ist und keinen Hass kennt. Ein Herz, das böse Handlungen ablehnt, nicht jedoch die Menschen, die diese Handlungen verüben.

An dieser Stelle fühle ich mich verleitet, ein offenes Wort an meine muslimischen Brüder und Schwestern zu richten, die, wenn sie ein Buch über den Islam lesen oder von einer Idee hören, die sich auf den Islam bezieht, schnell nach dem Negativen in diesem Buch bzw. an dieser Idee suchen. Statt das Gute zu sehen und es zu betonen, suchen sie nach Fehlern oder dem ein oder anderen Satz, den sie negativ auslegen können, um nicht nur das Buch, sondern den Autor selbst zu diskreditieren. Diese Erfahrung musste ich machen, als mein Buch »Islam ist Barmherzigkeit« veröffentlicht wurde. Und Erfahrungen wie diese machen sehr viele muslimische Wissenschaftler. Der bekannte ägyptische Koran- und Literaturwissenschaftler Nasr Hamid Abū Zaid (1943–2010) ist nur ein Beispiel. Er beschreibt in seinen Büchern mehrfach, was ihm alles an Ungerechtigkeiten widerfahren ist und welche Kritiken er einstecken musste und zwar von Menschen, die seine Bücher entweder nie gelesen oder gelesen, aber nicht verstanden hatten. Wer wissen will, wie es mit seinem Herzen steht, der möge sich fragen, was in ihm vorgeht, wenn er eine andere Meinung als die eigene liest oder hört. Entsteht Hochmut oder eine reflektierte Haltung,

---

[30] Koran 26:3.

die sich durch sachliche Argumentation auszeichnet? Entsteht ein Gefühl der Überlegenheit im Herzen: »Nur meine Sicht ist richtig«, oder gibt man sich die Chance zu überlegen: »Meine Sicht ist für mich richtig, aber vielleicht ist die andere Sicht auch richtig, oder vielleicht kann ich etwas aus ihr lernen und meine Sicht neu überdenken?« Der Koran kritisiert das Beharren auf dem Eigenen, Alten, ohne sich die Chance zu geben, sich mit dem Neuen auseinanderzusetzen. Wenn man sich damit beschäftigt, wer ins Paradies, wer in die Hölle geht, um sich selbst bewusst oder unbewusst die Macht zu verleihen, über Menschen zu richten, dann steckt dahinter die alles andere als aufrichtige Absicht, sich selbst zu profilieren und sich über andere zu erheben. »Jedes Mal, wenn Wir einen Gesandten vor dir [Muhammad] zu einer Stadt entsandten, sagten die Wohlhabenden, die verschwenderisch lebten: ›Wir fanden unsere Väter auf einem Weg und wir treten in ihre Fußstapfen.‹ Der Gesandte sagte daraufhin: ›Wenn ich nun aber mit einer Botschaft zu euch gekommen bin, die besser für euch ist, als was ihr als Brauch eurer Väter vorgefunden habt?‹ Sie sagten: ›Wir nehmen eure Botschaft nicht an.‹«[31] Und wenn der Koran sagt: »Und die Juden sagen: ›Den Christen fehlt die Sachkunde‹, und die Christen sagen: ›Den Juden fehlt die Sachkunde.‹ Dabei lesen sie doch die Schrift. Sie reden wie diejenigen, die kein Wissen haben. Am Tag der Auferstehung wird Gott zwischen ihnen richten, worüber sie uneins waren«[32], dann will er damit nicht die Juden oder die Christen kritisieren, sondern die grundsätzliche Haltung, anderen die ihnen gebührende Anerkennung abzusprechen. Mit anderen Worten, würde der Koran heute verkündet, würde er den Muslimen sagen: »Und die Juden sagen: ›Den Christen fehlt die

---

[31] Koran 43:23–24.
[32] Koran 2:113.

Sachkunde‹, und die Christen sagen: ›Den Juden fehlt die Sachkunde‹, und die Muslime sagen: ›Den Juden und den Christen fehlt die Sachkunde.‹« Am Ende des Verses betont der Koran, dass es lediglich in der Kompetenz Gottes liegt, zwischen den Menschen und den Konfessionen zu richten: »Wahrlich, zwischen den Muslimen, den Juden, den Sabäern und den Christen und den Magiern und den Polytheisten wird Gott richten am Tag der Auferstehung. Wahrlich, Gott ist aller Dinge Zeuge.«[33]

Der Koran betont: Wenn es etwas gibt, was zwischen einem Menschen und der Wahrheit steht, dann ist es der Mensch selbst. Der Koran spricht von den versiegelten Herzen[34], von den kranken Herzen[35], von den verblendeten Herzen[36]. Der Irrweg wird im Koran weniger als eine dogmatische Abweichung bezeichnet, sondern vielmehr als Ergebnis eines kranken Herzens: »Sie sind keine Gläubigen. Sie möchten Gott und die Gläubigen betrügen, doch sie betrügen sich selbst, und sie bemerken es nicht. In ihren Herzen ist Krankheit.«[37] Auch der Teufel findet nur Platz in den kranken und abgestorbenen Herzen.[38] Und wenn das Herz abgestorben ist, kann es die Wahrheit nicht mehr erkennen. So schreibt al-Ghazālī über einen Menschen mit einem solchen Herzen, wenn dieser etwas anderes hört, als das, was er kennt: »[Dieser] sagt: ›Das widerspricht dem, was ich gehört habe, und alles, was dem widerspricht, ist falsch‹, so ist es unmöglich, dass einem solchen Menschen die Wahrheit der Dinge offenbart werde. Denn jene Glaubenssätze, die das gemeine Volk lernt, sind nur das Gehäuse für die Wahrheit, nicht die Wahr-

---

[33] Koran 22:17.
[34] Vgl. Koran 2:7 sowie 47:24.
[35] Vgl. Koran 2:10, 5:52, 8:49, 9:125, 22:53, 33:12, 47:20, 47:29.
[36] Vgl. Koran 21:3.
[37] Koran 2:8–10.
[38] Vgl. Koran 22:53.

heit selbst. Die wahre Erkenntnis besteht darin, dass man
jene Wahrheiten von dem Gehäuse unterscheiden lernt, so
wie das innere Mark von der umgebenden Haut.«[39] Religiö-
ses Wissen alleine reicht nicht aus, um religiös zu sein. Religiosität beginnt mit der religiösen Erfahrung. Und diese vollzieht sich nicht alleine im Gebet, sondern auch im Alltag.
Zornig zu sein, aber seinen Zorn zu zügeln, ist eine religiöse
Erfahrung, weil sie nicht nur einen Beitrag zur Selbsterkenntnis leistet, sondern auch zur Läuterung des Herzens und somit ein Schritt hin zur Gottesgemeinschaft ist.

Scharia, der Weg zu Gott, beginnt mit der Überwindung
negativer Gefühle in uns. Al-Ghazālī spricht von der Reinigung des Herzens von allen bösen Charaktereigenschaften
wie Zorn, Geiz, Neid, Hochmut und Eitelkeit. Er sieht diese
Eigenschaften als gefährliche »Engpässe des Weges der Religion«[40]. Es ist im Bewusstsein der Muslime stark verankert,
dass sie sich an die religiösen Rituale, wie das Beten oder
das Fasten halten sollen. Wenn es jedoch um die Befreiung
von negativen Eigenschaften oder Handlungen wie Neid,
Hass oder übler Nachrede geht, dann ist dies kaum verankert. Bei manchen Muslimen ist sogar zu beobachten,
dass sie, je mehr sie sich an die Äußerlichkeiten halten, desto
eingebildeter werden und sich dann anmaßen, über die Religiosität anderer zu richten. Wie soll sich der Mensch von
Hochmut, Zorn, Neid, Hass usw. befreien? Die Rede von
der Reinigung des Herzens hört sich sehr einfach an, sie ist
es jedoch nicht. Die Läuterung des Herzens ist ein Prozess,
allerdings handelt es sich dabei keineswegs um ein rein ko-
gnitives Geschehen. Es genügt nicht, ein Buch über den
Hochmut zu studieren, um danach bescheiden zu werden.
Es genügt nicht, ein Buch über den Neid, oder Hass zu stu-

---

[39] *Al-Ghazālī* 1979, S. 62.
[40] Ebd., S. 29.

dieren, um diese Gefühle zu unterbinden. Dafür gibt es kein allgemeingültiges Rezept. Jeder Mensch muss individuell für sich die Frage beantworten, wie er sich von solchen Gefühlen und Eigenschaften befreit. Nur der Mensch selbst kann überhaupt erkennen, inwieweit er von der einen oder anderen Eigenschaft befallen ist. Dazu benötigen wir eine ständige ehrliche und aufrichtige Reise in uns selbst. Und zwar nicht nur im Gebet, sondern in jeder Lebenssituation. Man muss nicht in Büchern lesen, um sich selbst zu erkennen, es ist alles hier in uns: »Und in euch selbst, wollt ihr nicht sehen?«[41] Jeder kann sich erkennen, wenn er möchte, daher helfen auch keine Ausreden: »Wahrlich, der Mensch kennt sich gut, auch wenn er seine Entschuldigungen vorbringt.«[42]

Der Weg zu Gott führt aber nicht nur durch die Befreiung des Herzens von schlechten Eigenschaften, auch gute Eigenschaften müssen gefördert werden. Al-Ghazālī spricht hier vom »Schmücken des Herzens mit guten Charaktereigenschaften«[43] wie Geduld, Dankbarkeit, Liebe, Hoffnung, Gottvertrauen usw. Hier gilt dasselbe Prinzip wie für die Befreiung von den schlechten Eigenschaften: Man kann seine guten Eigenschaften nur in der gelebten Wirklichkeit entdecken und nur in der Konfrontation im Alltagsleben fördern. Gute Eigenschaften zu fördern ist ebenfalls keine rein kognitive Aufgabe, sondern vielmehr eine Auseinandersetzung mit sich selbst in verschiedenen Lebenssituationen. Ob man freigebig ist oder nicht, wird man nur dann feststellen, wenn es zum Beispiel darauf ankommt, Geld zu spenden, wenn man selbst knappe Ressourcen hat. Es ist keine ehrliche Behauptung, sich für ein friedliches Miteinander der Menschen einzusetzen, wenn man nicht einmal regel-

---

[41] Koran 51:21.
[42] Koran 75:14–15.
[43] *Al-Ghazālī* 1979, S. 29.

mäßig nach den eigenen Verwandten fragt und ihnen dort hilft, wo Hilfe benötigt wird. Es ist keine aufrichtige Behauptung, ein lieber Mensch zu sein, wenn die eigenen Eltern auf Hilfe angewiesen sind, man aber nicht an der Seite der Eltern zu finden ist. Wir neigen dazu, die Welt verändern zu wollen – was aber haben wir zuerst an uns selbst verändert? Wir wollen für alle das Beste – aber finden uns unsere Nächsten an ihrer Seite, wenn sie uns brauchen? Der Mensch muss nüchtern und realistisch sein, wenn er das Gute anstrebt. Es geht nicht um schöne Parolen, sondern um ehrliche Arbeit. Wer einfach so vor sich hin lebt im Glauben, ein aufrichtiges Leben zu führen, läuft Gefahr, verblendet zu sein, daher warnt der Koran: »Sag: ›Sollen Wir euch die kundtun, die Verlierer sind ob ihrer Werke, die, deren Bemühung verfehlt ist im diesseitigen Leben, während sie meinen, sie täten Gutes?‹«[44] und appelliert damit an jeden, sich selbst und seine Handlungen ständig zu reflektieren.

6.3 Religiös sein kann nur, wer Religion schmecken kann

Der Ort der Religiosität ist das Herz des Menschen. Religiosität ist an erster Stelle eine emotionale Angelegenheit. Das heißt, dass nur das Herz, das bereit ist, Emotionen zu entfalten, in der Lage ist, Religion zu schmecken. Der Koran gibt einen interessanten Hinweis darauf und sagt: »Dies die Schrift, darin kein Zweifel, Rechtleitung für die Frommen.«[45] Er setzt somit die Frömmigkeit schon voraus, damit die göttliche Verkündung überhaupt ankommen kann. Und wie der Prophet Muhammad betont hat, liegt der Ort der

---

[44] Koran 18:103–104.
[45] Koran 2:2.

Frömmigkeit im Herzen.[46] Frommsein heißt in diesem Sinne, dass das Herz für die Liebe empfänglich ist. Und das ist nur das demütige Herz, das keinen Hochmut kennt. Religiöse Erziehung beginnt daher mit der Erziehung des Herzens zu einem für die Liebe empfänglichen Medium. Dies geschieht schon in jüngsten Jahren, indem das Kind Liebe, Geborgenheit und Vertrauen erfährt. Diese Erfahrung macht der Mensch sogar schon vor der Geburt im Bauch seiner Mutter. Durch die Berührungen und Umarmungen der Mutter und des Vaters macht das Neugeborene seine ersten Erfahrungen mit Liebe und Geborgenheit. Religiöse Erziehung beginnt mit diesen ersten Erfahrungen. Nur ein Herz, das Liebe erfahren hat, kann Liebe entfalten. Nur ein Herz, das Liebe kennt, kann für Liebe empfänglich sein.

Ein Student erzählte mir, dass er in der Moschee regelmäßig vom Imam geschlagen und beschimpft wurde, wenn er Fehler bei der Wiedergabe auswendig gelernter Koranverse gemacht hatte. Der Imam sagte ihm: »Wenn du den Koran nicht richtig auswendig kannst, wie willst du, dass Gott dich liebt?« Der Imam hätte sich fragen sollen, wie ein junger Mensch, der im Namen einer Religion geschlagen und erniedrigt wird, jemals Gott aufrichtig lieben lernen wird. Kinder werden mehr oder weniger mit Mitteln der Drohung, der physischen und emotionalen Gewalt zur Religiosität »gezwungen« und von ihnen wird verlangt: »Du sollst Gott mehr als dich selbst lieben!« Diese Erzieher begehen gleich mehrfache Verbrechen gegen diese jungen Menschen, ja gegen den Islam selbst. Sie verstümmeln das Bild von Gott in den Köpfen. Gott wird als gewalttätige angsteinflößende Gestalt wahrgenommen. Wie soll man so eine Gestalt aufrichtig lieben?! Einige Erzieher machen es sich leicht, indem sie mit Mitteln der Drohung und des

---

[46] Überliefert nach *Ahmad*, Hadith-Nr. 16208.

Verängstigens versuchen, Kindern Religion näherzubrin-
gen. Dahinter steht das Verständnis, das Verhältnis zwischen Gott und Mensch sei eine Beziehung, in der es letztendlich darum ginge, dass die Menschen die von Gott
verkündeten juristischen Maßnahmen befolgen. Wie man
die Menschen dazu bringt, ist dann zweitrangig oder irrelevant. Was zählt, ist das Endergebnis, also dass die juristischen Maßnahmen eingehalten werden. Dahinter steckt die
Vorstellung von einem Richtergott, dem es hauptsächlich
um sich selbst geht, um die Befolgung seiner Vorschriften
als Mittel seiner Verherrlichung, der zornig wird, wenn er
das Gefühl hat, er werde nicht zur Genüge verherrlicht. Es
ist ein Unterschied, ob man glaubt, Gott verlange etwas
von uns Menschen oder etwas für uns Menschen. Ihm
geht es keineswegs um sich selbst, sondern darum, dass es
uns Menschen gut geht. Er freut sich für und mit uns,
wenn es uns gut geht, und ist in Sorge, wenn es uns
schlecht geht. Er begleitet uns auf dem Weg unserer Vervollkommnung, denn was er letztendlich anstrebt, ist die
Aufnahme der Menschen in seine Gemeinschaft. Eigentlich
hat sich Gott dafür entschieden, alle Menschen in seine
Gemeinschaft aufzunehmen, es obliegt dem Menschen
selbst, ob er diese Einladung annimmt oder nicht, ob er
»Ja« zu Gott sagt oder nicht. Gott selbst hat längst schon
in der Ewigkeit »Ja« zum Menschen gesagt. »Ja« zu Gott
heißt, dass das Herz »Ja« zu Gottes Liebe und Barmherzigkeit sagt. Die göttliche Verkündigung spricht eigentlich unser Herz an. Sie will das Herz zum Guten gewinnen, zum
absolut Guten, zur ewigen Gottesgemeinschaft; dort wo es
eigentlich hingehört.

Es gibt mehrere Motive, das Gute zu tun und das
Schlechte zu unterlassen: In der heteronomen Ethik geht es
um eine Fremdbestimmung von Gut und Böse. Geboten
oder verboten ist das, was vorgegeben wird (z. B. für Sol-

daten). Im Utilitarismus geht es um den Wert der Nützlichkeit einer Sache. Gut ist, was nützlich ist. Im Eudämonismus geht es um die Glückseligkeit des Menschen. Demnach ist gut, was zur Glückseligkeit des Menschen (auch im Jenseits) beiträgt. Was der Islam anstrebt, ist noch etwas anderes. Er will, dass das Streben nach dem Guten eine innere Haltung, also ein Grundbestandteil des Menschen wird. Die unter vielen Muslimen verbreitetste Form der Motivation zum sittlichen Handeln ist die heteronome Ethik, in der es darum geht, dem zu folgen, was durch muslimische Gelehrte als Gebote bzw. Verbote beschrieben wird. Wenn man wissen will, ob man eine Handlung verrichten darf oder nicht, fragt man einen Gelehrten oder Imam, schlägt in dem einen oder anderen Buch nach, recherchiert im Internet, und folgt schließlich der einen oder anderen Autorität. Es ist keineswegs verwerflich, sich genau zu informieren, selbst zu recherchieren und die unterschiedlichen Positionen miteinander zu vergleichen. Wichtig ist jedoch, dass die endgültige Entscheidung nicht deshalb getätigt wird, weil X oder Y dies oder jenes gesagt hat, sondern weil man von der einen oder anderen Position überzeugt ist. Die Entscheidung kann nicht an Dritte delegiert werden. Daher sagte der Prophet Muhammad zu einem Mann: »Frag dein Herz, egal, was sie dir an Fatwa mitteilen, egal, was sie dir an Fatwa mitteilen, egal, was sie dir an Fatwa mitteilen!«[47] Die dreimalige Wiederholung ist ein Appell an jeden Menschen, seine Entscheidungen selbst zu verantworten. Der Koran versucht uns diesbezüglich wachzurütteln und erzählt wie es im Jenseits aussehen wird, »wenn diejenigen, denen man gefolgt, sich von jenen lossagen, die folgten, und wenn sie die Strafe sehen, sind die Bindungen zwischen ihnen abgeschnitten! Und diejenigen, die folgten, sagen: ›Wenn wir umkehren

---

[47] Überliefert nach *Ahmad,* Hadith-Nr. 17647.

könnten, so würden wir uns von ihnen lossagen, wie sie sich von uns losgesagt haben!‹ So lässt sie Gott ihre Werke sehen und sie entrinnen nicht der Strafe.«[48] Diejenigen, denen wir blind folgen, werden uns weder die Konsequenzen noch die Verantwortung unserer Handlungen abnehmen. Der Koran ruft uns zur geistigen Freiheit auf, bevor es zu spät ist, diese Freiheit zu würdigen.

Ich betone bewusst diesen Aspekt der geistigen Befreiung, da sehr vieles an Unheil, das wir in der islamischen Welt und unter Muslimen erleben, auf eine geistige Abhängigkeit zurückgeht, die zwischen uns und uns selbst steht. Wenn sich ein Sunnit in einer schiitischen Moschee im Irak in die Luft sprengt, oder umgekehrt ein Schiit in einer sunnitischen Moschee, und dabei viele Betende in den Tod reißt in der Vorstellung, er tue damit Gott einen Gefallen; wenn ein Muslim einem anderen Muslim seinen Glauben bzw. seine Religiosität abspricht oder diese in Frage stellt; wenn ein Muslim bereit ist, alles, sogar sein Leben, für seinen eigenen politischen Verband, seine eigene politische Partei oder seine eigene Gruppierung unhinterfragt zu opfern, dann sind all diese Menschen geistige Sklaven, weil sie all dies tun, ohne wirklich darüber reflektiert zu haben, was Sinn und Zweck ihrer Handlungen ist. So entstehen verblendete Loyalitäten, durch die Menschen bereit sind, zu töten, zu entwürdigen, zu diskreditieren, ohne zu wissen, warum sie dies tun. Man lässt sich von der eigenen Partei, dem eigenen Verband, dem eigenen Lehrer versklaven. Man folgt dem, was von einem erwartet wird, einfach weil man dazu gehört. Der Mensch verschenkt so seinen Geist, er verliert alles und an erster Stelle sich selbst: »Sag [Muhammad]: ›Sollen Wir euch die kundtun, die Verlierer sind ob ihrer Werke, die, deren Bemü-

---

[48] Koran 2:166–167.

hung verfehlt ist im diesseitigen Leben, während sie meinen, sie täten Gutes?‹«[49]

Wer einfach anderen folgt und unhinterfragt mitmacht, verpasst die Chance, Gott selbst kennen-, lieben und vertrauen zu lernen. Man kann seine Beziehung zu Gott nicht an Dritte delegieren. Niemand kann stellvertretend für uns Gott lieben und seine Liebe erfahren. Diese Erfahrung muss jeder von uns selbst machen. Anderenfalls stirbt das Herz ab, denn das Herz ist der Ort der Liebe, des Vertrauens und der Geborgenheit. Wer seine Religiosität im Folgen eines anderen definiert, lässt sein eigenes Herz auf der Strecke. Gott muss man schmecken, Gott muss im Herzen ankommen, erst dann beginnt Religiosität. Erst wenn das Herz mit Liebe gefüllt ist, beginnt Gotteserfahrung. Und so beschreibt der Koran die Gläubigen: »Nur die sind Gläubige, deren Herzen demütig werden, wenn Gottes gedacht wird, und deren Glaube vermehrt wird, wenn ihnen seine Verse vorgetragen werden, und die auf ihren Herrn vertrauen.«[50] Wenn Gott im demütigen Herzen ankommt, wächst Glaube und somit Vertrauen: »Und verkünde die frohe Kunde den Demütigen, wenn sie Gottes gedenken, deren Herzen sich erheben und die ertragen geduldig, was sie trifft, und die verrichten das Gebet und von dem spenden, was Wir ihnen beschert haben.«[51] Oder: »(…) die spenden, was sie spenden mit demütigen Herzen, dass sie zu ihrem Herrn zurückkehren, das sind die, die eifern um die guten Dinge und die darin zuvorkommen.«[52]

Religiosität ist keineswegs eine rein kognitive Angelegenheit, religiöse Erkenntnis findet ihren Ausdruck im Pulsieren des Herzens, in der Demut des Menschen, in dem, was der

---

[49] Koran 18:103.
[50] Koran 8:2.
[51] Koran 22:34–35.
[52] Koran 23:60–61.

Koran mit dem Berühren des Bodens mit dem Kinn metaphorisch zum Ausdruck bringt: »Sag [Muhammad]: ›Glaubt
an den Koran oder glaubt nicht. Die, denen das Wissen zuvor gegeben wurde, wenn er ihnen vorgetragen wird, berühren sie mit dem Kinn den Boden, indem sie sich niederwerfen. Und sie sagen: ›Preis unserem Herrn! Wahrlich, das
Versprechen unseres Herrn ist vollbracht.‹ Und sie werfen
sich nieder auf ihr Kinn, weinend. Und vermehrt wird ihre
Demut.«[53] Sie weinen, weil Gott ihre Herzen berührt hat.
Sie weinen, weil das Herz überwältigt ist von der Begegnung
mit der unendlichen göttlichen Liebe. Es ist die Begegnung
mit dem Barmherzigen. Daher verlangt Gott von Muhammad im Anschluss an diese Verse, sich daran zu erinnern,
dass, wenn man Gott anruft, er den absolut Barmherzigen
anruft: »Sag: ›Ruft Gott an oder ruft den Barmherzigen an,
wie ihr Ihn anruft, Sein sind die schönsten Namen.‹«[54]

Die göttliche Barmherzigkeit berührt das Herz wie kein
anderes göttliches Attribut. Ich habe mehrfach die Erfahrung gemacht, dass, wenn ich von dem liebenden barmherzigen Gott spreche, der eine oder andere Muslim meint, das
höre sich so christlich an. Abgesehen davon, dass diese
Muslime vergessen, dass Gott im Koran über sich selbst
sagt: »Wenn ihr euch abwendet, dann wird Gott Menschen
bringen, die Er liebt und die Ihn lieben«[55], es also eine ge-
nuin islamische Vorstellung ist, dass Gott die Menschen
liebt und auf die Erwiderung seiner Liebe wartet, lobt Gott
gerade die Christen für ihre demütige Haltung ihm gegenüber: »Gewiss findest du [Muhammad], dass den Muslimen
diejenigen am nächsten in Liebe stehen, die sagen: ›Wir sind
Christen.‹ Dies, weil es unter ihnen Priester und Mönche

---

[53] Koran 17:107–109.
[54] Koran 17:110.
[55] Koran 5:54.

gibt, sie sind nicht hochmütig. Und wenn sie hören, was dem Gesandten herabgesandt, siehst du ihre Augen überfließen von Tränen kraft der Wahrheit, die sie erkennen. Sie sagen: ›Unser Herr, wir glauben, verzeichne uns unter den Zeugen! Warum sollten wir nicht glauben an Gott und an das, was uns gekommen von der Wahrheit, da wir ersehnen, dass uns unser Herr eintreten lasse mit den rechtschaffenen Leuten?‹ Und für das, was sie gesagt haben, belohnt sie Gott mit Gärten, unterhalb derer Bäche fließen. Darin weilen sie ewig. Das ist der Lohn der Schönhandelnden.«[56] Der Koran lobt die gläubigen Christen, deren Herzen von Gottes Verkündung ergriffen werden, denn sie sind von göttlicher Liebe erfüllt und genau dies war der Ruf an alle: »Und Wir haben denen, denen vor euch die Schrift gegeben wurde, und euch auferlegt: Seid fromm!«[57] Alle göttlichen Verkündigungen waren an die Herzen der Menschen adressiert.

Das Herz spricht eine eigene Sprache, die Sprache der Schönheit, der Liebe, der Barmherzigkeit, die Sprache der Ästhetik. Religiöse Erziehung ist eine Erziehung des Herzens in und zu dieser Sprache. Der Koran kombiniert den Glauben mit dieser ästhetischen Dimension und bezeichnet die Gläubigen als diejenigen, die Sinn für Ästhetik haben, die den Koran nicht als trockenes Wissensbuch lesen, sondern ihn schön und herzergreifend rezitieren: »Die, denen Wir die Schrift gegeben, und die sie rezitieren, wie man sie zu rezitieren hat, sie sind es, die glauben.«[58] Leider vermisst man die Erziehung zum Ästhetischen in vielen islamischen Kreisen. Und es verwundert nicht, dass genau dort, wo die ästhetische Dimension verdrängt wird, dass ausgerechnet

---

[56] Koran 5:82–85.
[57] Koran 4:131.
[58] Koran 2:121.

dort die harten Herzen zu finden sind. Salafisten etwa verbieten die Musik, verbieten viele Formen von Kunst, damit
versiegeln sie die Herzen. Sie verbieten dem Herzen seine
Sprache, nach der es sich sehnt. Und dann verwundert es
nicht, dass ausgerechnet diese Gruppierungen ein herzloses
Auftreten haben. Sie verkörpern einen Islam ohne Herz, sie
argumentieren aggressiv, sprechen anderen Muslimen, die
andere Positionen vertreten, den Glauben ab, äußern sich
über sie mit Hochmut. Es bleibt nichts vom Menschen außer einer aggressiven Maschine, die meint im Sinne von
Gott zu handeln. Der Koran spricht solchen Menschen den
Glauben mit der Begründung ab, ihre Herzen seien krank:
»Manche Menschen sagen: ›Wir glauben an Gott und an
den Jüngsten Tag‹, doch sie sind keine Gläubigen. Sie möchten Gott und die Gläubigen betrügen, doch sie betrügen sich
selbst, und sie bemerken es nicht. In ihren Herzen ist Krankheit (...) Sagt man zu ihnen: ›Stiftet auf der Erde kein Unheil‹, so sagen sie: ›Mitnichten, wir stiften Heil!‹ Aber mitnichten, sie sind die Unheilstifter, ohne es jedoch zu
bemerken. Sagt man zu ihnen: ›Glaubt wie die Menschen,
die glauben‹, so sagen sie: ›Sollen wir etwa glauben wie die
Toren?‹ Aber mitnichten, sie selbst sind die Toren, ohne es
jedoch zu wissen.«[59] Sie sind verblendet, sie sehen die Dinge
verkehrt, denn »es sind nicht die Augen, die erblinden, sondern die Herzen«[60].

Ein Student hat einmal, als wir über diesen Vers diskutiert haben, angemerkt, dass jeder diesen Vers beliebig
auf seine Gegner anwenden könnte. Der Vers offenbart jedoch einen wesentlichen Indikator, der deutlich macht, wie
man weiß, ob man auf dem rechten Weg ist oder nicht, und
zwar sind diejenigen auf dem falschen Weg, die »sagen: ›Sol-

---

[59] Koran 2:8–13.
[60] Koran 22:46.

len wir etwa glauben wie die Toren?‹« Wenn man nun Menschen mit anderen Positionen diskreditiert, ihnen ihren Glauben abspricht, ist man auf dem falschen Weg. Man kann anderer Meinung sein, eine andere religiöse Position vertreten und völlig davon überzeugt sein, dies gibt einem jedoch keineswegs Anlass dazu, über andere zu urteilen. Dies liegt nur und nur in der Kompetenz Gottes. Der Koran belehrt Muhammad bescheiden zu bleiben und das Richten Gott zu überlassen: »Sag [Muhammad]: ›Entweder sind wir, oder ihr rechtgeleitet oder in Verirrung.‹ Sag: ›Nicht werdet ihr danach befragt, was wir an Vergehen begangen, und nicht werden wir danach befragt, was ihr tut.‹ Sag: ›Unser Herr wird uns versammeln, dann wird Er richten zwischen uns nach der Wahrheit.‹ Und Er ist der unübertrefflich Entscheidende, der Wissende.«[61]

Wer seine Religion ausübt um des Gefühls willen, er sei besser als andere, der übt nicht Religion aus, sondern Hochmut. Gerade das rituelle Gebet und das Fasten sollen dem Gläubigen helfen, Demut zu üben und buchstäblich auf den Boden zu kommen. Durch das Niederwerfen und das Berühren des Bodens mit der Stirn im Gebet, durch das Hungern und Dürsten im Ramadan sollen die Herzen erweicht werden. Die Herzen werden dabei aufgerufen, sich ihrer Angewiesenheit auf Gottes Erbarmen zu erinnern, sich zu seiner Gemeinschaft zu beeilen. Ein demütiges Herz, das von Gottes Liebe und Barmherzigkeit erfüllt ist, wünscht sich und anderen Menschen, ob sie seine Meinung teilen oder nicht, ob sie Muslime sind oder nicht, dass sie an Gottes Liebe und Erbarmen teilhaben werden. Religiöse Erziehung ist eine Erziehung solcher Herzen, in denen sich Gottes Liebe und Barmherzigkeit manifestieren. Wie entfernt sind wir Muslime heute jedoch von diesem Bewusst-

---

[61] Koran 34:24–26.

sein! Wer wissen will, wie es mit seinem Herzen steht, der möge sich fragen, was in ihm vorgeht, wenn er an Menschen denkt, die andere weltanschauliche Positionen vertreten als er selbst. Diskreditiert er diese Menschen deshalb, fühlt er sich ihnen gegenüber überlegen? Oder ist er zwar nicht von der anderen Position überzeugt, tritt jedoch diesen Menschen voller Respekt gegenüber (»Entweder sind wir, oder ihr rechtgeleitet oder in Verirrung«[62]) und wünscht ihnen die Teilhabe an der ewigen göttlichen Glückseligkeit?

Wir benötigen eine Erziehung des Herzens, in der Liebe und ein Bewusstsein für Ästhetik im Mittelpunkt stehen. Das Herz muss lernen zu lieben, zu vergeben, zu opfern, aber auch das Schöne zu schmecken, Liebe zu schmecken, Gott zu schmecken, Demut zu erfahren. Dies geschieht nur durch die Selbsterfahrung von Liebe, von Geborgenheit, von Barmherzigkeit, und eben auch von Schönheit. Liebe ist kein Lippenbekenntnis, Liebe muss erfahren werden; sowohl sie zu geben als auch sie zu empfangen muss durch Erfahrung gelernt und geübt werden. Das ist religiöse Erziehung, das ist Erziehung zum Menschsein.

Der Koran spricht diese spirituelle Dimension an und sagt: »Das ist ein Koran, ein edler, in einer Schrift, einer wohlverwahrten, die nur die Geläuterten berühren können«[63], um noch einmal die Aussage des zweiten Verses der zweiten Sure, »er ist Rechtleitung für die Frommen«, zu bekräftigen und zu betonen, dass nur die reinen Herzen vom Koran berührt werden können. Doch die Gelehrten machen aus dieser Aussage eine juristische und leiten daraus ab, dass erstens nur Muslime den Koran berühren dürfen und zweitens, dass nur Muslime im Zustand der rituellen Reinheit den Koran berühren dürfen. Es gibt heute auch lange Dis-

---

[62] Koran 34:24.
[63] Koran 56:77–79.

kussionen darüber, ob Studentinnen den Koran im Koran-
unterricht berühren dürfen, wenn sie ihre Menstruation
haben, ob für Missionszwecke Nichtmuslime den Koran lesen dürfen usw. Aus der spirituellen Dimension wurde eine
juristische. Und so wird im Islam die Spiritualität zugunsten
der juristischen Auseinandersetzungen verdrängt.

7. Der missverstandene Gott

Gott war durch seine Barmherzigkeit immer schon zu der Schöpfung des Menschen entschlossen. Die Barmherzigkeit Gottes drückt nicht nur die Treue zur ewigen Erwählung des Menschen und damit seine Beziehung und Nähe zum Menschen aus: »Ich bin dem Menschen näher als seine Halsschlagader.«[1] »Und wenn dich [Muhammad] Meine Diener nach Mir fragen, dann sag ihnen: ›Ich bin nah und erfülle den Ruf der Rufenden‹«[2]. Durch seine Barmherzigkeit lädt Gott den Menschen auch in seine Gemeinschaft ein. Daher offenbart sich Gott dem Menschen. Damit zeigt er sein Interesse an der Beziehung zum Menschen. Er macht sich dadurch zugänglich und erfahrbar, aber der Mensch muss dieses Angebot in Freiheit annehmen. Denn ohne Freiheit kann es keine Liebe geben.[3] Gott würdigt die Freiheit des Menschen, er hätte ihn gleich in einem paradiesischen Zustand erschaffen und ihn gleich in seine Gemeinschaft aufnehmen können, ohne dass dieser die Möglichkeit gehabt hätte, sich für oder gegen Gott zu entscheiden. Das hätte jedoch bedeutet, dass der Mensch determiniert wäre, dass er nicht durch die Annahme der Einladung Gottes in Freiheit in die Gemeinschaft Gottes gekommen wäre. Gott sucht jedoch nicht nach Marionetten, die ohnehin nicht anders können, als ständig »Ja« zu ihm zu sagen. Er sucht also nicht nach Engeln, sondern nach Mitliebenden, die in Freiheit die Liebe Gottes erwidern wollen. Der Koran macht einen Hinweis

---

[1] Koran 50:16.
[2] Koran 2:186.
[3] Vgl. *Khorchide* 2012, S. 33ff.

darauf, als er das Argument der Engel wiedergibt, in dem sie sich skeptisch gegenüber der Idee der Erschaffung des Menschen äußern: »Willst Du [Gott] auf der Erde jemanden einsetzen, der auf ihr Unheil stiftet und Blut vergießt? Da doch wir Dein Lob preisen und Dich heiligen!«[4] Die Engel gingen davon aus, dass Gott nach einem Wesen sucht, das ihn lobpreist und heiligt, so wie sie selbst es immer getan haben, da sie, wie der Koran an einer anderen Stelle beschreibt, dazu determiniert sind: Sie können nicht anders als Gott zu heiligen.[5] Gott sucht allerdings nach einem Wesen, mit dem er seine Liebe und Barmherzigkeit teilen kann und welches diese nicht für sich selbst behält. Aufrichtige Liebe setzt jedoch Freiheit voraus. Nur wenn jemand in Freiheit »Ja« zu der Liebe eines Anderen sagt, ist diese Liebe aufrichtig, nicht jedoch wenn sie erzwungen ist.

Wenn wir diese Gedanken konsequent weiterverfolgen, dann ist ein Verständnis von Scharia im Sinne von Instruktionen, an die sich der Mensch halten muss, um Gott dadurch zu heiligen, eine Wiederholung des Missverständnisses der Engel, die davon ausgegangen sind, dass es Gott eben um diesen Aspekt der Verherrlichung geht. Scharia ist vielmehr ein Prozess aus vielen dynamischen Elementen, die einerseits das Individuum im Sinne der Läuterung seines Herzens und andererseits die Gesellschaft im Sinne der Herstellung einer gerechten Gesellschaftsordnung betreffen. Scharia will nicht bevormunden. Sie ist weder ein Gesetz noch eine allgemeingültige Anleitung dazu, wie man im Konkreten zu Gottes Gemeinschaft gelangt. Sie skizziert vielmehr den Weg zu Gott als Weg des Herzens: »An dem Tag werden weder Geld noch Kinder helfen, erfolgreich sein wird der, der mit einem gesunden Herzen zu Gott

---

[4] Koran 2:30.
[5] Vgl. Koran 66:6.

kommt.«[6] Scharia, verstanden als der Weg des Herzens zu Gott, gibt dem Menschen selbst das Ruder in die Hand. Er muss als Individuum eruieren, was in seinem Herzen vorgeht, welche Stärken und welche Schwächen das Herz aufweist. Auch jede Gesellschaft muss eruieren, wie in ihrem jeweiligen Kontext und mit welchen geeigneten Mitteln eine gerechte Gesellschaftsordnung hergestellt und garantiert werden kann. Sowohl für das Individuum als auch für die Gesellschaft handelt es sich hierbei um Erfahrungen, aus denen geschöpft werden soll. Die gelebte Wirklichkeit ist dabei entscheidend für die Gestaltung von Prozessen der Selbstläuterung, aber auch von Prozessen der Herstellung einer Gesellschaftsordnung. Weder das Innere des Menschen noch die Gesellschaftsordnung können abseits der Konfrontation mit der gelebten Wirklichkeit reflektiert und gestaltet werden. Und da sich die Lebenswirklichkeit sowohl des Individuums als auch der Gesellschaft im ständigen Wandel befindet, müssen Prozesse der Selbstläuterung und der Herstellung einer gerechten Gesellschaftsordnung ständig neu überdacht werden, um den Lebensbezug und folglich die Dynamik dieser Prozesse nicht aus den Augen zu verlieren. Das Streben nach endgültigen Antworten, wie das Herz zu läutern ist bzw. wie eine gerechte Gesellschaftsordnung auszusehen hat, macht aus der Scharia einen starren Weg zu Gott, in dem der Weg selbst heilig wird. Scharia als unhinterfragbare Instruktionen wie Körperstrafen oder juristische Regelungen macht aus diesen Körperstrafen bzw. juristischen Regelungen selbst das Ziel. Dabei ist aber Gott das eigentliche Ziel. Scharia ist nur der Weg dahin. Den Weg selbst zu heiligen ist eine Form der Beigesellung und der Unterstellung, Gott würde es lediglich um sich selbst und seine Verherrlichung gehen. Medien, die der ritu-

---

[6] Koran 26:88–89.

ellen Kommunikation mit seinem Inneren, seinem Herzen und mit Gott dienen, wie das rituelle Gebet, das Fasten, oder die Pilgerfahrt, sind göttliche Angebote, die vom gesellschaftlichen Wandel nicht betroffen sind und daher so in ihrer äußeren Form bestehen bleiben. Deren innere Gestaltung jedoch hängt vom Grad des Pulsierens des Herzens mit göttlicher Liebe und Verbundenheit ab. Jedes einzelne Gebet, jeder Fastentag ist ein Fest für sich, eine ganz besondere Begegnung mit Gott, die für die Ewigkeit einzigartig bleiben wird. Das nächste Gebet, der nächste Fastentag sind demnach eigene Feste, in denen neue Begegnungen und Erfahrungen gemacht werden. In diesem Sinne haben auch religiöse Rituale neben ihrer statischen Form eine dynamische Dimension, die den Menschen in seiner Lebenswirklichkeit begleitet.

Die Dynamik der Scharia bedeutet keineswegs Beliebigkeit, denn neben der unveränderten Form religiöser Rituale steht Scharia für allgemeine Prinzipien, deren Gültigkeit kontextunabhängig bleiben muss. Das sind u. a. Prinzipien der Gerechtigkeit, der Unantastbarkeit menschlicher Würde, der Freiheit, der Gleichheit und der sozialen Verantwortlichkeit. All diese religiösen Rituale und Prinzipien münden in dem höchsten, dem eigentlichen Ziel: die Aufnahme in die Gottesgemeinschaft. Diese Aufnahme beginnt nicht erst mit dem Tod, sondern mit der Geburt selbst. Das Leben ist dann der Prozess, der zur Aufnahme in die Gemeinschaft Gottes münden soll.

Ich wollte mit diesem Buch keine Fatwas (Rechtsgutachten) formulieren, auch keine konkreten Antworten auf vereinzelte Fragen geben, sondern eine Perspektive zeigen, wie man Scharia jenseits einer dogmatischen oder juristischen Auffassung verstehen kann, um der islamischen Botschaft möglichst gerecht zu werden. Im Zentrum dieser Perspektive steht der Gedanke, dass es Gott um den Menschen selbst geht. Das Verständnis von Religionen und die Interpretation von religiösen Texten werden der göttlichen Intention nur dann gerecht, wenn sie nach dem Menschen fragen, nach seiner Glückseligkeit hier und jetzt auf der Erde und dort im Jenseits, wobei »Hier« und »Dort« keine Gegensätze oder zwei getrennte Sphären sind, sondern zwei Abschnitte desselben Weges, der mit dem »Hier« beginnt: »Wer rechtschaffen handelt, ob Mann oder Frau, und dabei gläubig ist, dem werden Wir ein schönes Leben [hier auf der Erde] bescheren. Und Wir werden ihnen gewiss ihren Lohn bemessen [im Jenseits] für das Schönste, das sie stets getan haben.«[7]

Durch ein solches Verständnis von Scharia öffnet sich Raum, der es ermöglicht, sich als Muslim stärker entfalten und seine Gesellschaft bereichern zu können. Man muss nicht mit all den Thesen dieses Buches einverstanden sein, dennoch würde ich mit den Worten von Tariq Ramadan appellieren: »Es lohnt den wiederholten Hinweis, dass es besser wäre, Kritik nicht an der Person festzumachen, sondern in die einzige Debatte einzubringen, die ergiebig sein kann: sich nämlich mit den vorgebrachten Thesen und Überlegungen auseinanderzusetzen und gegebenenfalls eine sachliche Kritik und gute Argumente dagegen vorzubringen (...) [Das] Ausbleiben einer ernsthaften kritischen Debatte ist meiner Ansicht nach eines der Übel, die das zeitgenössische islamische Denken untergraben.«[8]

---

[7] Koran 16:97.
[8] *Ramadan* 2009, S. 11.

Dank

Von ganzem Herzen danken möchte ich an erster Stelle meinen Eltern und meiner Familie, die mir meinen akademischen Werdegang ermöglicht haben und viele Opfer auf sich genommen haben, um mir diesen zu erleichtern. Danken möchte ich auch der Westfälischen Wilhelms-Universität Münster, vor allem der Rektorin, Frau Prof. Dr. Ursula Nelles, die durch ihr großes Engagement für die Etablierung des Zentrums für Islamische Theologie an der Universität Münster optimale Rahmenbedingungen für die Forschung im Bereich der islamischen Theologie geschaffen hat. Auch dem Exzellenzcluster der WWU »Religion und Politik« möchte ich für die Aufnahme in den Cluster und für die Schaffung von hervorragenden Möglichkeiten für die Forschung und für den fachlichen Austausch herzlich danken.

Ich bin für den fachlichen, aber auch menschlichen Austausch mit Herrn Prof. Dr. Hassan Hanafi sehr dankbar. Herrn Prof. Dr. Thomas Bauer, Herrn Prof. Dr. Marco Schöller, Herrn Prof. Dr. Norbert Oberauer, Herrn Prof. Dr. Perry Schmidt-Leukel, Herrn Prof. Dr. Jürgen Werbick und Herrn Dr. Milad Karimi danke ich für die zahlreichen geistigen Begegnungen, die mich immer wieder fachlich und menschlich bereichern.

Des Weiteren danke ich Frau Dr. Dina El Omari für ihr kritisches Lesen des Manuskripts und für ihr wertvolles Feedback, das dieses Buch bereichert hat.

Für die mühevolle Arbeit am Manuskript und die wertvollen Rückmeldungen danke ich von ganzem Herzen meinem Lektor Herrn Dr. Patrick Oelze. Nur durch seine große Unterstützung konnte dieses Buch in dieser Form erscheinen.

Danken möchte ich meinen Studierenden am Zentrum für Islamische Theologie der WWU Münster, die mich mit ihren Fragen, Gedanken und Diskussionsbeiträgen immer wieder bereichern. In diesem Dank eingeschlossen sind alle Mitarbeiterinnen und Mitarbeiter am Zentrum für Islamische Theologie der Universität Münster.

Ich bin dem Herder-Verlag, der mir ermöglicht hat, auch dieses Buch in seinem Hause zu veröffentlichen, sehr dankbar.

Widmen möchte ich dieses Buch meinem Sohn Uways Khorchide.